2021年度江苏省教育科学"十四五"规划重点课题"OBE理念下高职院校思政课教学模式研究"成果

由2023年度江苏省"青蓝工程"学科带头人项目资助

基于OBE理念
高职院校思政课
教学改革研究与实践

王增芬 —————— 著

东南大学出版社
SOUTHEAST UNIVERSITY PRESS

·南京·

图书在版编目(CIP)数据

基于OBE理念高职院校思政课教学改革研究与实践 / 王增芬著. — 南京：东南大学出版社，2025.3
ISBN 978-7-5766-1670-5

Ⅰ.G711

中国国家版本馆CIP数据核字第2024H08U34号

策划编辑：张丽萍　责任编辑：陈　佳
责任校对：子雪莲　封面设计：毕　真　责任印制：周荣虎

基于OBE理念高职院校思政课教学改革研究与实践

著　　者	王增芬
出版发行	东南大学出版社
出 版 人	白云飞
社　　址	南京市四牌楼2号　邮编：210096
网　　址	http://www.seupress.com
电子邮箱	press@seupress.com　电话：025 - 83795842
经　　销	全国各地新华书店
印　　刷	广东虎彩云印刷有限公司
开　　本	700 mm×1000 mm　1/16
印　　张	14.5
字　　数	289千字
版　　次	2025年3月第1版
印　　次	2025年3月第1次印刷
书　　号	ISBN 978-7-5766-1670-5
定　　价	59.00元

本社图书若有印装质量问题，请直接与营销中心联系，电话：025 - 83791830。

PREFACE 序言

欣闻南京信息职业技术学院王增芬副教授的专著《基于 OBE 理念高职院校思政课教学改革研究与实践》即将由东南大学出版社出版,全书 20 余万字,是作者近 6 年来在思政课教学改革创新中持续深耕的理论成果。该研究总结了她多年从事思政课一线教学以来的实践经验,其成果在思政课教学改革研究中有较高的学术和应用价值。

该著作从落实思政课立德树人根本任务出发,以 OBE 理念(即 Outcome-based Education,简称 OBE,中文称"成果导向教育")为研究视角,从理论探索与实践发展中,探索了 OBE 理念与思政课高质量建设内涵的契合性,分析了 OBE 理念下高职院校思政课建设面临的困境,并在此基础上,基于 OBE 理念重构了教学理念、课程体系、教学主体、教学内容、师生关系、教学设计、教学组织、情境创设、教学评价等基本要素,形成了独具特色的职业教育课堂教学形态,从而较好地解决了传统教学中"教"与"学"脱节的问题。该著作逻辑缜密、布局合理、条理清晰、论证严谨,是一部系统呈现思政课教学改革研究与实践的力作,一定程度上弥补了目前国内在此方面研究的不足。总体上讲,该著作的研究特点和优点表现在以下三个方面:

一、对 OBE 理念在思政课教学实践中的作用进行了创新性分析和理论梳理

书中追溯了 OBE 理念的理论来源和实践发展历程,作者认为,成果导向教育理念及课程发展的理论基础是人本主义理论、建构主义理论和 PDCA 循环理论。OBE 理念从首次提出至今一直备受关注,它强调课程设计回归学生毕业后能"带走"的实际能力,而不是具体的课程要求;更强调围绕学生的专业设置、职业范围、学习任务开展,重视培养学生适应未来和适应社会的综合能力,因而美国、英国、加拿大等国家将其作为教育改革的主流理念。当前我国正面临百年未有之大变局,也是最接近中华民族伟大复兴中国梦的历史时刻,随着中美力量的变化,中美博弈进入战略相持阶段,这给我国产业结构升级、发展新质生产力

等战略举措带来了前所未有的挑战,为此,关键要解决好"培养什么人、怎样培养人、为谁培养人"这一教育的根本性问题。OBE 理念高度契合我国追求职业教育高质量发展的价值意蕴和时代要求,顺应思政课程改革的"实践化"趋势,对接国家对高素质应用性人才的迫切需求,能够满足学生对思政课的美好期待。基于 OBE 理念创新思政课教学,需要完成四个转变,即由威权式"教"转向以平权式"学"为中心、由"教内容重灌输知识"转向以"教方法重培养能力"为中心、由"静态应然的宣讲式教学"转向"动态实然的建构式教学"、由"单一静态考核"转向"多元动态考核",这"四个"转变将教与学有机结合起来,在培养学生的主体性和发展性人格方面发挥出了独特优势。

二、针对性提出了高职院校思政课建设面临的困境

虽然新时代高职院校思政课教学的育人成效显著,但仍然表现出许多亟待解决的问题,思想政治教育的实效性还有待进一步加强,某些积累已久的深层次问题仍未完全触动。为精准把握当前思政课改革的痛点、堵点和难点,作者从四个方面深度剖析了当前高职院校思政课建设面临的困境,包括来自新时代学生成长环境变化的挑战、思政课学习内生动力不足、思政课教学主渠道和主阵地相脱节、思政课教学精准供给仍待提升等。

思政课教学要素是由供给侧、需求侧及供给手段共同构成的,科学高效的思政课教学离不开这三者的协调发力和高效配合。当前,高职院校思政课教师的教学供给能力与学生需求侧的美好期待之间仍然存在较大的"供给差",诸如存在思政课教学针对性不强、供给低效、供给不精准、存在碎片化倾向等现实难题,其具体表现在:过于突出社会化的目标要求,忽视了学生个性化需求;价值取向的多元化,消解了社会主义核心价值观的引领力;过于重视教学形式,淡化了教学"内容为王"本质追求;过于重视教学理论知识的评价,弱化了能力和价值性评价等。因此,思政课教师时刻面临着更新教学理念,优化教学内容、教学设计和教学策略方法等供给能力的挑战。

三、基于 OBE 理念从多维度对思政课教学改革进行了探索

青年思想政治素养的形成是一个系统工程,单靠思政课的教学实践是远远不够的。必须多管齐下,要从专业课教育、通识课教育、实践课教育、思想政治理论课教育、校园文化营造、网络文化建设、大学生社团文化建设等多方位着手,通过构建协同育人机制、融合"主渠道"和"主阵地"助力课程育人、整合协同育人资源和平台等举措,打造"大思政课"新格局,形成育人合力,发挥协同育人效应,为

社会培养输送优秀的应用性人才。教学设计是达成教学目标、完成教学任务和提高教学效果的重要前提。高职院校思政课的教学设计要有自己的规律和特色，既要从思政课的基本属性和所承载的育人功能来考量，又要从高职院校人才培养规格来谋划，才能提高教学的针对性和实效性。以"大思政"教育观为引导，基于OBE教育理念，厘清思政课培养目标的价值取向和主要特征，明确思政课核心素养及培养目标设置，并在此基础上对高职院校思政课的理论教学、实践教学和混合式教学进行统筹设计，构建课堂、网络以及实践联动贯通的"三位一体"教学模式，从而实施动态的多元化教学质量评价体系和"三全"教学质量保障体系。

因此，《基于OBE理念高职院校思政课教学改革研究与实践》一书的出版，具有重要的理论和实践意义。在理论上，成果导向思政课教学模式的建构是在高职院校思政课建设相关理论相对"匮乏"现状下的一种尝试，它将马克思主义的人本主义理论、建构主义理论和PDCA循环理论的先进理念引入思政课教学中，有助于促进高职院校思政课教学实践的科学化研究，也促进教研人员自身教育教学理念和理论的更新，有助于丰富和提升思想政治教育教学的理论水平，更有助于完善职业教育课堂教学理论，进一步扩大该理论的应用范围。在实践上，该研究立足目前大部分高职院校思政课教学实际和学生实际，围绕学生毕业时应达到的能力及水平来回溯教学设计、组织实施和评价教学，倒逼职业院校从高职学生的特点和人才培养目标出发，将职业岗位所需的关键能力融入人才培养方案和教学体系之中，使学校的人才培养目标更加符合企业和社会需求。该书是一部呈现高职院校思政课教学创新实践的力作，兼具理论性与通俗性，无论是作为学术研究的理论专著，还是作为了解高职院校思政课教学改革的大众读物，皆值得一看。

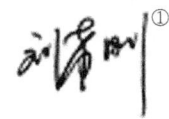[1]

2025年1月

---

[1] 刘希刚，1973年生，南京财经大学马克思主义学院教授、博士生导师，校学术委员会委员，院学术委员会主任。江苏省第五期"333高层次人才培养工程"第三批次，国家社科基金通讯评审专家。主要研究方向为马克思主义生态理论、习近平生态文明思想、党的意识形态建设等。在核心期刊发表论文30余篇，出版专著4部；主持国家社科项目2项、江苏省社科项目2项等等。获江苏省哲学社会科学优秀成果三等奖、全国行政学院优秀科研成果著作二等奖等多个奖项。

CONTENTS 目 录

导言　问题缘起与研究意义 ……………………………………… 001

第一章　OBE 理念与思政课高质量建设内涵的契合性 ………… 004
 第一节　OBE 理念的理论探源与实践发展 ………………… 005
  一、OBE 理念的理论探源 ……………………………… 005
  二、OBE 理念的实践发展 ……………………………… 010
 第二节　新时代高职院校思政课高质量建设的价值意蕴 …… 012
  一、落实立德树人根本任务，发挥思政课的关键课程作用 … 013
  二、遵循"八个统一"原则，创新和改革思政课教学 ……… 015
  三、善用"大思政课"，建设高质量育人体系 ……………… 023
  四、贯彻新时代思政课一体化建设目标，彰显高职院校思政课教学特色 …………………………………………… 024
 第三节　基于 OBE 理念推进高职院校思政课教学改革的必要性 ………………………………………………………… 026
  一、契合新时代对思政课高质量建设的新要求 ……… 027
  二、顺应思政课程改革的"实践化"趋势 ……………… 029
  三、适应国家对高素质创新型应用性人才的迫切需求 … 031
  四、满足学生对思政课美好期待的现实诉求 ………… 033
 第四节　OBE 对高职院校思政课教学理念转化的启示 …… 035
  一、由威权式"教"向平权式"学"为中心的转变 ……… 036
  二、由"教内容重灌输知识"向"教方法重培养能力"为中心的转变 ………………………………………………… 036

三、由"静态应然的宣讲式教学"向"动态实然的建构式教学"为中心的转变 ………………………………………………………… 037

四、由"单一静态考核"向"多元动态考核"为中心的转变 …………………………………………………………………………… 038

第二章 OBE 理念下高职院校思政课建设面临的困境 …………… 040

第一节 新时代大学生成长环境对思政课教学提出新要求 …… 041
一、社会思潮的影响 ………………………………………………… 041
二、市场环境的影响 ………………………………………………… 042
三、网络环境的影响 ………………………………………………… 043
四、多元文化环境的影响 …………………………………………… 044
五、部分社会问题的误读 …………………………………………… 045

第二节 高职学生对思政课学习的内生动力有待提高 ………… 046
一、高职学生对思政课学习内生动力不足的表现 ………………… 046
二、高职学生对思政课学习内生动力不足原因分析 ……………… 049

第三节 高职院校思政教育主渠道、主阵地两张皮现象有待防范 ……………………………………………………………………… 052
一、主渠道、主阵地协调链接不够，致协同育人功能发挥不强 …………………………………………………………………… 052
二、主渠道、主阵地结合不充分，致理论教学与社会实践相脱节 …………………………………………………………………… 053
三、小课堂与大课堂衔接不紧，致校内与校外空间相分离 …… 054
四、各领域各环节联动不强，致育人资源整合有限 …………… 054

第四节 高职院校思政课教学的精准供给有待提升 …………… 057
一、高职院校思政课教学精准供给面临的新困境 ………………… 058
二、思政课教学精准供给不足的原因分析 ………………………… 061

第三章 基于 OBE 理念的高职院校"大思政课"协同育人 ……… 068

第一节 构建"大思政课"视域下"三全"协同育人机制 …… 069

一、党政齐抓共管，形成"大思政课"新格局的良好局面 …… 069

　　二、构建"三全育人"保障体系，提升协同育人整体效应 …… 072

　第二节　推进唯物史观视域下课程思政与思政课程同向同行 … 078

　　一、时代维度：实现思政课"独奏"向课程思政"合奏"转变 …………………………………………………………… 079

　　二、主体维度：满足学生对高质量教育期待的需求 ………… 081

　　三、价值维度：实现价值塑造、知识传授和能力培养有机统一 …………………………………………………………… 083

　　四、实践维度：构建课程思政协同育人教学体系 ………… 085

　第三节　融合"主渠道"和"主阵地"助力课程育人 ………… 089

　　一、保持内在协同 …………………………………………… 089

　　二、注重外在协同 …………………………………………… 092

　第四节　整合"大思政课"育人资源与平台 ………………… 094

　　一、有效整合各类课程资源 ………………………………… 095

　　二、有效整合各类活动教学资源 …………………………… 096

　　三、有效整合网络思政育人资源 …………………………… 096

　　四、搭建"资源"大平台 …………………………………… 097

第四章　基于OBE理念的高职院校思政课教学设计 ………… 099

　第一节　高职院校思政课培养目标的价值取向和特征 ……… 099

　　一、培养目标的价值取向 …………………………………… 100

　　二、培养目标的主要特征 …………………………………… 104

　　三、核心素养及培养目标设置 ……………………………… 112

　第二节　思政课理论教学设计 ………………………………… 132

　　一、以专题方式整合教学内容 ……………………………… 132

　　二、回应现实关切巧设问题链 ……………………………… 135

　　三、贴合学生实际选取教学案例 …………………………… 136

　　四、贴近生活转换教学语言 ………………………………… 137

　第三节　思政课实践教学设计 ………………………………… 138

一、高职院校思政课实践教学的主要形式 ………………………… 138
　　二、高职院校思政课实践教学存在的问题 ………………………… 142
　　三、建立健全高职院校思政课实践教学的运行机制 ……………… 145
　第四节　思政课混合式教学设计 ………………………………………… 148
　　一、思政课混合式教学的必要性 …………………………………… 148
　　二、思政课微课资源设计的原则 …………………………………… 151
　　三、思政课微课资源开发的策略 …………………………………… 153
　　四、基于 OBE 理念的单元教学整体设计举例分析 ……………… 156

第五章　基于 OBE 理念的高职院校思政课教学实施 ……………… 163

　第一节　善用"大思政课",实现"三课堂"联动贯通 ……………… 163
　　一、在"贴近"中同频共振,打造"教师主导、学生主体"理论主
　　　　课堂 …………………………………………………………… 164
　　二、思政"小课堂"融入社会"大课堂",打造实践大课堂
　　　　………………………………………………………………… 166
　　三、信息技术赋能,建好"互联网+思政"网络新课堂 ……… 168
　第二节　以任务为导向,实施议题式教学 …………………………… 169
　　一、设定有现实价值的议题,提高学生综合思维能力 ………… 169
　　二、科学组建合作小组,充分发挥学生主体性作用 …………… 171
　　三、开展探究式学习,培育学生核心职业素养 ………………… 172
　　四、利用教学资源创设情境,提高学生知识迁移能力 ………… 173
　第三节　聚焦核心素养,实施基于行动导向的教学 ………………… 175
　第四节　创新教学策略,采用适切的教学方法 ……………………… 183

第六章　基于 OBE 理念的高职院校思政课教学质量评价 ………… 192

　第一节　思政课教学质量评价面临的困境 …………………………… 193
　　一、从评价制度看,重"评教"轻"评学" …………………… 193
　　二、从评价过程看,重"静态评价"轻"动态评价" ………… 194
　　三、从评价性能看,重"工具理性"轻"价值理性" ………… 195

四、从评价主体看，重"单一主体评价"轻"多元主体评价" ………………………………………………………………… 195
   五、从评价效果看，重"终结性评价"轻"发展性评价" …… 196
  第二节 基于OBE理念实施动态的多元化教学质量评价 ……… 197
   一、思政课教学质量评价体系的基本框架 ……………… 197
   二、基于OBE理念实施高质量教学评价的关键点 ………… 200
  第三节 基于OBE理念构建"三全"教学质量保障体系 ……… 205
   一、强化"全员"持续参与的组织队伍保障 ……………… 205
   二、夯实"全过程"持续推进的长效监控机制 …………… 207
   三、推进"全方位"持续贯通的良性循环机制 …………… 209

参考文献 …………………………………………………………… 211

后记 ………………………………………………………………… 217

导　言

问题缘起与研究意义

党的十八大以来，我国经济社会进入了以全面深化改革、促进高质量发展为主题的新时代，高等教育发展也进入新阶段。随着我国产业转型升级加速演进，大量的新技术、新产业、新业态、新模式催生出来，这就对技能型应用人才有了新需求。加快职业教育的供给侧改革、提升技能型人才培养质量，就成为新阶段高职院校的新任务。高职院校思想政治理论课（简称"思政课"）的教育使命和任务也面临新局面，高职学生的价值体现发生了深层次变化。

改革开放以后，我国职业教育经历了从规模扩张到内涵发展的阶段。2006年，教育部将就业率及就业质量作为衡量高职院校绩效的主要指标；2011年，高职高专从原来的高等教育规划司被划归到职业教育与成人教育司；2012年，国家启动了高水平示范院校建设；2015年，国家实施了高等职业教育创新发展行动计划，随之启动了优质高等职业院校建设工作；2019年，教育部发布《中国特色高水平院校和专业建设计划》，推动职业教育高质量发展成为时代所趋和社会所需，也是职业教育的内在发展诉求。我国经济、教育等领域的高质量发展必然会对青年学生的思想政治素养提出更高的要求。高校思政课是落实立德树人根本任务的关键课程，承载着社会主义意识形态的教化功能，反映着党和国家的意志，承担着培养担当民族复兴大任的时代新人的特殊使命。如何突显思政课的实效性和针对性是推进职业教育高质量发展的核心任务，成为当前思政课教学改革的重要课题。

高职院校思政课的主要任务就是从践行"立德树人"理念出发,对大学生进行系统的马克思主义中国化时代化的理论成果教育、思想品德与法治教育和形势政策教育,引导他们坚定中国特色社会主义的"四个自信",树立科学的马克思主义世界观、人生观、价值观,提高他们的科学精神、思想政治素质、道德修养、职业素养、法治意识、人文精神素养和创新精神,使之成为中国特色社会主义事业合格建设者和可靠接班人。从高职教育培养"面向生产、建设、服务、管理一线的高素质高技能应用型人才"的目标来看,高职教育具有职业性、技能性、实用性等特点,这必然要求思政课教学内容不仅要培养具有必备的基础理论知识和专门知识的学生,也要培养具有从事本专业领域实际工作所需的职业道德、职业素养、工匠精神、创新精神和基本技能的专业人才。

当前,传统的以学科知识为本、以教师为中心的教育模式已经较难满足经济社会发展和产业升级转型对人才的高要求,高等教育特别是高职教育亟须变革现有的教育理念和教育模式,内涵式高质量发展应成为新阶段高职院校思政课教学改革的主要导向。因此,我们必须结合时代特点,顺应时代要求,寻找新的时代主题,有的放矢进行改革。作为一切教学改革的出发点,课堂教学价值观决定着教学改革的方法、策略、内容乃至成效。欧美国家倡导的"成果导向教育"(Outcome-based Education,OBE),其核心是以学生受教育后的产出成果(outcome)来衡量教学质量,成果除了课程分数,还有学生受教育后所真正拥有的核心能力,既包括了学生毕业前所学到的知识,又包括运用所学解决实际问题的能力,还涉及世界观、价值观等,涵盖知识、能力和情感三个方面。也就是说,学习成果代表的是一种能力结构,而这种能力结构主要是通过课程教学来实现的。相比传统教育,基于OBE理念的职业教育强调从学科导向转变为目标导向、从教师中心转变为学生中心、从质量监控转向持续改进。其核心环节有三个重要追问:教育者想让学生取得什么样的学习成果?学生取得学习成果的目的是什么?教育者该怎样去帮助学生有效地取得所需学习成果?

基于OBE理念的思政课教学改革主张重建课堂价值观,将课堂教学的基点定为学生获得的学习成果,力求将传统教学专注知识传授转到聚焦于学生最终能成功地做什么。这一价值观的改变将决定思政课教学改革的方向将是基于成果导向和问题解决,这势必要求思政课教师改变传统的课程教学设计范式和课堂教学整体模式，以学生为中心，围绕学生要"获得"什么、如何"获得"、为谁"获得"而设计，一切基于学生需求和社会需求来确定思政课堂的学习成果。这对于教师来讲是颠覆性的，教师的教学设计要紧紧围绕"学生应取得的学习成果"来进行。在这个过程中，师生都要明确自己要努力达到的结果及其原因，并寻找最切实的教学策略达成学习成果。最后，通过一定的评估方法来检验这个学习成果达成状况，并将评价结果作为持续改进教学质量的依据，及时优化课程建设和教学改革的举措。目前高职院校思政课教学改革主要聚焦在课程建设和教学改革的片段化环节，缺乏将思政课作为整体系统加以考查和操作的精准思维和理念指导，OBE 理念与我国高职院校思政课高质量建设内涵有着高度的契合性，对从整体视阈把握高职院校思政课改革创新路向具有重要的方法论意义。

第一章

OBE 理念与思政课高质量建设内涵的契合性

完善教育事业需要人们持续不断地从根本上思考教育功能和结构。传统教育基于"投入和产出应成正比"的假设，侧重于人力、财力和物力的"投入"，往往通过考试、评价和优劣等级来评定学习效果，却忽视了学生是否真的"学有所获"。随着社会经济的飞速发展和信息技术的日新月异，如今"00"后职业院校学生的学习空间、学习期待、学习习惯、思想观念等已发生了变化，这对思想政治理论课教师的供给能力提出了更高的要求。传统以课程知识为本、以教师为中心的思政课教学模式已很难满足大学生对课堂教学的想象期待。教育改革的重点也逐步从重视教育投入转变为重视学生的学习成果，"成果导向教育"（OBE）应运而生。OBE 理念是一种以学生为中心、以学习成果为导向、以持续改进为原则的教育模式，主张聚焦学习结束后所有学生能够获得的关键成果来组织和安排教学活动，它契合了职业院校思政课的育人目标导向和根本任务，也切合高质量技能型人才培养知行转化的教学目标，为职业院校思政课高质量建设提供了新的思路。

第一节
OBE 理念的理论探源与实践发展

OBE 理念兴起于 20 世纪末多元化教育改革浪潮，是为应对新工业革命对高等工程教育挑战的产物，同时也是为了适应公共问责制的兴起，人们更加关注教育投入回报与实际产出的现实需要，于 1981 年由美国的学者斯派蒂（Spady）率先提出。之后，斯派蒂、斯洛克、布兰迪等美国教育家进行了长期的研究，强调学习成果的重点在于经过学习历程后学生真正拥有的能力，而不是学生的课业分数。经过十几年的迅速发展，美国、英国、加拿大等国家纷纷将 OBE 理念作为教育改革的主流理念。美国工程教育认证协会（ABET）将 OBE 理念贯穿于工程教育认证标准的始终并广泛应用。2013 年，伴随我国成为"华盛顿协议"签约成员，OBE 理念被引入国内应用于指导工程教育改革，后逐渐被国内的高职院校理解和认同，并成为高职教育改革的主要潮流。目前，学术界对成果导向教育的研究主要集中在两个方面：一是对这一理论本身的深入研究与阐释；二是将理论与具体课程相结合进行研究与探索。

一、OBE 理念的理论探源

"成果导向教育"这一概念首次出现在斯派蒂的代表作《成果导向教学管理：社会学视角》（*Outcome-based Instructional Management：A Sociological Perspective*）中，斯派蒂曾多次对成果导向教育进行阐述，并将其定义为"清晰地聚焦和组织教育系统，使之围绕确保学生获得在未来生活中取得实质性成功的经验"。斯派蒂主张，学校将所有课程及其教学精力都聚焦于清晰界定学习成果上来，并以促使学生完成预期成果为指引，在最后能展示课程的学习预期。斯派蒂的主张主要基于六个基本信念：（1）所有学生均有学习能力，均可以获得学习成果，只是他们有着不同的学习进度与学习方式；（2）成功还能够促进更多的成功；（3）学校可以为学生创设成功的条件；（4）强调清晰界定真实的、可评价的学习成果，高层次的学习成果是课程设计与评价的重心，尤其关注学生毕业时能达成的顶峰成果；（5）不同利益相关者的责任都应追究，如教师、学习者本人、用人单位以及领域内专家等；(6)促使学校在课程、教学以及评价等方面变革。[1]

后来，研究者们在斯派蒂主张的基础上陆续推进，演绎的重点还有：成果导向教育是一个聚焦于"学什么"（学习成果）的过程[2]；成果导向教育是一个以学生为中心，结果为导向的系统，并期许所有学习者都能学习和成功[3]；成果导向教育也是一种教育模式，其教学与评价都聚焦于学生的学习成果，能促进学校对学习的持续关注，并为学生的学习负责。其课程发展的核心思想是基于"产出"即学生"学到了什么"，而不是学校和教师"教了什么"。课程设计是回归学生毕业后能"带走"的实际能力，而不是具体的课程要求，强调围绕学生的专业设置、职业范围、学习任务开展，重视培养学生适应未来和适应社会的综合能力。

二战后，美国教育改革的步伐和对课程的调整从未中断过。美苏争霸和日本经济强势发展让美国上下充满危机感，公众将批评的矛头指向教育。20世纪80年代后，越来越多的教育家、企业家和政治家认为，美国需要一套新的系统理论来重新构建教育系统，以增强教育在面对外部经济、政治等问题时的竞争力。于是，"各种与教育改革相关的理念相继提出，其中，成果导向教育以尤为惊人的速度获得了广泛的支持"[4]，1983年4月，美国国家高质量教育委员会发表了《国家处于危险之中：教育改革势在必行》的报告后，美国社会再次掀起学校重建运动。在此背景下，斯派蒂提出了成果导向教育及其课程发展理论，并以惊人速度广泛推行。1991年，美国出台的《美国学校目标》（National Goals for America's Schools），要求学校透过课程、教学、评价等方式来提高学生学习成果。联邦政府要求，各区认证评鉴机构将各校提供的测评结构作为重要的认证指标。2000年，美国工程及技术教育认证委员会（Accreditation Board for Engineering and Technology，ABET）率先对

---

[1] Harden R M. AMEE Guide No. 14: Outcome-based education: Part 1—An introduction to outcome-based education[J]. Medical Teacher, 1999, 21(1): 7-14.

[2] Kudlas. Implications of OBE: What should you know about outcome-based education? [J]. The Science Teacher, 1994, 61: 32-35.

[3] Towers G W, Towers J M. An elementary school principal's experience with implementing an outcome-based curriculum[J]. Contemporary Education, 1996, 68(1): 67-72.

[4] Spady W, Marshall K. Beyond traditional outcome-based education[J]. Educational Leadership, 1991(49): 67.

美国工程教育进行改革，发挥了实质性的影响①。其后，Harden 和 Mollie 对 1981 年到 2002 年间的成果导向教育发展历程进行了详细的说明，并具体研究了成果导向教育的 12 条优势。

成果导向教育理念及课程发展理论从首次提出至今一直备受关注，获得众多教育界研究人员及教育工作者的重视和认可，被公认为"追求教育卓越的一个正确的方向和值得借鉴的教育改革理念"②，时至今日，历经多年发展逐渐趋于成熟。成果导向教育也被美国、德国、澳大利亚、日本、加拿大、南非等国家和地区广泛运用于课程发展模式、教育教学改革以及教育认证与评价等。实践证明，其不失为一种为学校、学习者和学习提供良好支持的方式。

国内学者对 OBE 理念的常见表述是"成果导向教育"，也有"能力导向教育""行动导向教育"或"目标导向教育"的提法。我国高职教育长期存在着重知识传授、轻技能训练的不同程度的"两张皮"现象，职业性特征不突出，高职不"职"成为高职教育的通病。自 21 世纪初，OBE 理念逐渐被引入我国高等教育领域，最先始于我国台湾和香港地区，渐进在大陆教育领域受到关注，越来越广地应用于各专业教育模式和课程教学的改革与创新实践中。我国最早开始借鉴的是德国"双元制"、加拿大 CBE（Competency Based Education，以能力培养为基础的教育体系）、国际劳工组织 MES（Modules Employable Skill，模块式技能培训）和澳大利亚 TAFE（Technical and Further Education，技术与延续教育）等职业教育的先进经验。西方模式面向职业和岗位，以职业分析为起点，以开发学生职业能力为核心，以培养学生职业技能为目标，注重校企合作、理论联系实际。2000 年，教育部出台了《教育部关于加强高职高专教育人才培养工作的意见》（教高〔2000〕2 号），拉开了校企合作、能力导向的课程体系设置模式改革的序幕。该意见提出，高职高专教育培养面向"生产、建设、管理、服务第一线需要的，德、智、体、美等方面全面发展的高等技术应用性专门人才"③。随后各高职高专院校以此为指导，大力借鉴西方职业教育先进理念，强化多元整合，

---

① Engineering Change: A Study of the Impact of EC2000[J]. The International Journal of Engineering Education, 2004, 20(3): 318-328.
② 徐联恩, 林明吟. 成果导向教育（OBE）的教育改革及其在美国实践的经验[J]. 教育政策论坛, 2005(8): 55.
③ 关于印发《教育部关于加强高职高专教育人才培养工作的意见》的通知（教高〔2000〕2 号）[EB/OL]. (2000-01-17)[2021-09-01]. http://www.moe.gov.cn/srcsite/A08/s7056/200001/t20000117_162628.html.

以能力训练为导向,以适应社会需求为目标,以培养技术应用能力为主旨主线,设计学生的知识、能力、素质结构及其培养方案,并构建课程和教学内容体系。高职教育的类型特征逐渐凸显,职业特征逐渐显现,但也不同程度存在着学生的综合素质、可持续发展能力和发展后劲不足的短板,高职不"高"广为诟病。

2006年,教育部颁布《关于全面提高高等职业教育教学质量的若干意见》(教高〔2006〕16号),提出了加强素质教育、强化职业道德、明确培养目标、大力推行工学结合改革人才培养模式、加大课程建设与改革力度、增强学生的职业能力等八大举措,提升人才培养质量。随后,教育部在《关于2007年度高职高专国家精品课程申报工作的通知》(教高司函〔2007〕68号)中指出:"基础课要针对高职高专特点,注重与后期专业课内容衔接,适应高技能人才可持续发展的要求;专业课要突出职业能力培养,体现基于职业岗位分析和具体工作过程的课程设计理念,以真实工作任务或社会产品为载体组织教学内容,在真实工作情境中采用新的教学方法和手段进行实施。"① 在高职不"高"、高职不"职"的思考与争论中,高职界逐渐认识到高等职业教育课程设置要体现高等教育和职业教育的双重属性,满足社会发展要求和学生职业发展的需要,既要培养高技能"职业人",也要培养"高素质的社会人",既要满足高职学生"下得去、留得住、上得来"的个人发展需要,也要满足培养担当民族复兴大任的时代新人的需求。

由国内外关于成果导向教育理念与实践应用的研究可见,成果导向教育的发展轨迹主要体现在以下三个方面:一是在研究视角上,经历了由局限于宏观的人才培养教育教学理念转到微观的将理念应用于具体专业、具体课程的探索与实践;二是在研究逻辑上,经历了由从概念界定、原则梳理等对该教育理念进行原理探究到该理念的工程认证再到医学人才培养领域的实践应用;三是在研究主体上,经历了由欧美学者创设、我国台湾地区学者引进到大陆学者进行发展和创新的过程。通过对成果导向教育理论探源与发展轨迹的系统梳理和探究,可以使我们更好地理解OBE理念的重要价值,熟悉其典型案例的实践应用,有助于本研究更好地借鉴与学习。

成果导向的理论基础是人本主义理论、建构主义理论和PDCA循环理论。人本主义理论的教育观认为,教育的真谛是使知识转化为智慧,主张充分发挥教

---

① 《关于2007年度高职高专国家精品课程申报工作的通知》(教高司函〔2007〕68号)[EB/OL].(2007-04-23)[2021-10-14]. http://www.moe.gov.cn/srcsite/A08/s7056/200704/t20070423_124515.html.

育的"育人"功能,旗帜鲜明地倡导全人教育和情感教育等;强调树立"以学生为中心"的教育观,注重学生的学习和发展,教学过程始终以学生学习和发展为中心,学校为学生而设,教师为学生而教,教学评价的核心应该是"学",而不是"教";提倡"有意义的学习",其包含四个因素,分别为"个人卷入程度因素、自我主动投入因素、知识的渗透因素以及学习者对事件的评价因素"[①]。

20世纪以来,随着建构主义的兴起,人本主义的理念更加深入人心,教学设计理论也呈现出融合发展趋势。建构主义者认为,学习者是在原来知识经验和技能的基础上,通过创设真实的学习环境,与外界相互作用来习得知识和获得技能,从而完成对新知识意义建构的过程。意义建构是指学习者结合已有的经验,通过自身努力学习、消化和吸收新知识,能用自己的理解和语言表达所学的内容。创设能提供真实情景的学习环境是建构主义学习理论应用于教学设计的条件。建构主义学习环境是由硬资源和软资源组成的融合体,以学生的"学"为中心,不仅为学生提供包括认知工具和师资设备等硬资源,而且为学生提供包括真实社会活动、社会协作等软资源。其中软资源是建构主义学习环境的核心部分,"情境""协作""会话"和"意义建构"是建构主义学习环境的四大属性。学生借助一定的情景(即社会文化背景),结合自己的知识经验和心理结构,通过协作和会话等方式,实现对知识的意义建构。成果导向教学以建构主义为理论依据,以"行动"为导向,重构了教学理念、课程体系、教学内容、师生关系、教学设计、教学组织、情境创设、教学评价等基本要素,将"可视化"贯穿于教学始终,使学生由被动接受式学习转为主动的意义建构式学习,从传统教学中单一的知识性学习向知、情、意、行多维人格的协调发展,从而形成了独具特色的职业教育课堂教学形态。从1997年开始,建构主义学习理论在信息技术加持下日益彰显出其强大的生命力,逐渐被人们所认识和接受。我国也由此开展了许多基于建构主义学习理论的教学设计研究,并建立了与之相应的理论和方法。目前,这一领域的研究仍然在不断地深入发展。

PDCA循环理论是成果导向教学质量保障的科学依据。它是在20世纪20年代由美国质量统计控制之父休哈特博士提出的PDS(Plan Do See)演化而来的,然后由美国质量管理专家戴明逐步发展成了PDCA模式。因此,PDCA循环理论

---

① 罗杰斯,弗赖伯格.自由学习[M].王烨晖,译.北京:人民邮电出版社,2015:42.

又叫做"戴明环"理论。PDCA 是英语单词 Plan（计划）、Do（执行）、Check（检查）和 Action（处理）的第一个字母 PDCA 构成的，在质量管理中也是依照这个顺序，并且是不间断循环进行下去的科学程序。PDCA 循环理论强调产品质量保障的精髓是过程控制和持续改进（Process Control and Continual Improvement），其循环过程就是发现问题和解决问题的过程，通过一个闭合的回路，可以使各项工作保持一个持续提高的过程。其中：（1）P 计划阶段：总体任务是确定质量目标，制订质量计划，拟定实施措施，即做什么和怎样做。（2）D 实施阶段：在确定计划之后，执行计划，按照计划的要求去做。（3）C 检查阶段：根据计划的目标和要求，检查计划的执行情况和实施效果，分析是非对错，及时发现和总结计划在执行过程中的经验和教训以备持续改进。（4）A 处理阶段：对总结检查的结果进行处理，总结经验，对成功的经验加以肯定，避免日后工作再出现此问题，最后为下一次循环做准备。

总之，OBE 的核心要素是以学生为中心，以成果为导向，质量持续改进，其理论依据是人本主义理论、建构主义理论和 PDCA 循环理论。该教育理念的核心思想是聚焦学生接受教育后习得的学习成果，开展教学设计、教学活动等教学实践；教学实施要以学生为中心，制定多元的教学策略，满足学生个性化学习需求；教学评价要依据学生个体差异和特质，准确掌握学生的学习状态，制定个性化的评价等级，适时评价和反馈，及时修正教学设计与内容，帮助学生获取良好的学习体验，在成功的学习中获得学习的成功。

二、OBE 理念的实践发展

成果导向教育理念，相较于我国传统的教育理念，重视学生能力的增长与行为的转变，强调成果是教学过程终端的产物，通过激发他们的学习意愿和学习意识，提升其自主学习能力，进而提升他们的综合素质，强调"教育是一种能力培养、能力训练的过程"。它同样要求学生识记基础知识，但更注重学生对知识的迁移能力和应用能力，力图通过学习和思考能够达到融会贯通、举一反三的效果，就思政课教学而言，就是能够运用马克思主义基本理论分析解决大学生生活、学习和未来工作中遇到的问题以及当前的社会热点、难点问题，因而能够成就优质教育。OBE 教育理念实践层面的探索主要集中在以下四个方面：

一是成果导向教育对课程发展模式的探索。国外研究者基于 OBE 理念，结合自身的需要和所处的环境,创造了多种具有特色的课程模式,如1995年美国工程与技术教育认证组织推出的"EC2000"。该工程课程计划与认证标准的核心是将学习成果作为评价教学成效的依据,并作用于持续改进的过程。欧盟动态环境课程规划、国际高等商管教育联盟之确保学习成效流程、美国WASC"学生学习成果本位评估模式"等①,也都是很具特色的课程模式。1998年,肯(Kem)和托马斯(Thomas)将问题确认与需求评价、指定学生的需求评价、目标、教育策略、实施、评价与反馈等作为医学教育课程发展模式遵循的六个步骤②。由此可见,不同学科基于对"成果"的不同理解,开发出了各具特色的课程发展模式。

二是成果导向的教学模式探索。成果导向教育最早被应用于工程教育认证领域,接受认证的专业要求必须明确学习成果,围绕学习成果设计教学活动,并对学习成果的达成情况进行客观评价,同时将教学的重点聚焦在"学生的学习成果产出",再通过灵活的教学方式和多元化的评价方法使得课堂教学更加生动。以上是成果导向教育实施的关键,既取决于教学设计,又有赖于教学评价。Harden和Crosby对成果及其模型进行了比较透彻的研究,据此提出了"Dundee模型"和"Three-circle模型"。

三是成果导向教学实施和教学评价探索。成果导向教学是指导和组织整个教学设计和教学实施过程的一种思路,教师通过"信息、计划、决策、实施、坚持、评估"六个步骤,引导学生在周密的计划中"获取信息、制订计划、实施计划、评估计划",让学生通过亲身实践,理解并运用知识解决实际问题,获取职业技能,从而形成自己的知识和能力③。成果导向教学评价借鉴"第四代评价理论",该理论以响应式建构主义为核心,坚持"价值多元化"的信念,主张评价的结果是各利益相关者通过协商整合而成,对事物形成的一种公认的、相对一致的看法和观点,从而聚焦学生学习成果达成,并通过多元评价主体对课程、教学单元和学习成果开展达成性评价、专项评估、质量调查、复核回访等工作,最终形成多元化、全过程质量评价数据链,也就是"基于成果链的评价数据系统分

---

① 李志义.成果导向的教学设计[J].中国大学教学,2015(3):32-39.
② 申天恩,洛克.论成果导向的教育理念[J].高校教育管理,2016(5):47-51.
③ 姜大源."学习领域"课程:概念、特征与问题:关于德国职业学校课程重大改革的思考[J].外国教育研究,2003(1):26-31.

析，建立教学质量综合测评系统，实现以数据驱动精准诊断，将评价、诊断和改进贯穿落实到每门课程、每个教学单元、每位教师和每个学生中"[1]，建立评价结果运用机制，形成评价反馈、"教学—课程—专业"递进诊改和评价考核等环环相扣的良性循环，保障评价赋能有效改进。

四是学习成效的实证研究。美国高等教育认可审议会（Council for Higher Education Accreditation）举办过"学生学习成效"工作坊[2]，尝试将学生的学习成效作为大学未来认可的重点，鼓励各高校建立保障学生学习成效的评估机制，评估标准则依据学习成效的信息公开、学习成效清晰度与证据、学习成效的成就、学习成效的改善运用等。2007年联合国教科文组织在《品质保证与认证：基本词汇与定义》中首次界定了"学生学习成效"，即学习者经历一段学习，并完成某一单位时数、课程或学程后，所被期待应该了解、知道，并能展现出来的智能与技术[3]。由此，各高校开始了关于整体学科学习成效的相关实证研究。

21世纪初以来，OBE理念逐渐被引入我国高等教育领域，越来越广地应用于各专业教育模式和课程教学的改革与创新实践中。总体来说，我国对实践成果导向教学培养的人才培养计划、教学模式以及毕业生要求达成等仍处在紧锣密鼓的建设中，国内研究也多局限于对理念的认知和单纯的课程改革，很多研究仍局限于经验参考和同行借鉴的层面上，多采用描述性和思辨性为主的研究方法来进行理论层面的探讨，缺少对思政课教学体系的整体架构研究和大数据的定量分析支撑。

第二节
新时代高职院校思政课高质量建设的价值意蕴

思政课是"巩固马克思主义在高校意识形态领域指导地位，坚持社会主义办学方向的重要阵地，是全面贯彻落实党的教育方针，培养中国特色社会主义事业合格建设者和可靠接班人，落实立德树人根本任务的主干渠道，是进行社会主义

---

[1] 马国勤.成果导向的高职教学质量评价改革探索与实践[J].职教论坛,2021,37(5):62-69.
[2] 王晓典,田文君,陈桂香,刘宁.成果导向教育的理论内涵及对高职教育改革的启示[J].职业技术教育,2018(3):26-31.
[3] 赵昱,庞娟,杨传喜.成果导向的管理学课程教学模式探讨[J].高教论坛,2016(2):65-67.

核心价值观教育、帮助大学生树立正确世界观人生观价值观的核心课程"①。党的十八大以来,思政课取得显著成效,但面对新形势、新任务,思政课教学面临新挑战,需要以学生为中心,关照学生、服务学生,不断推进思政课改革创新,做到因事而化、因时而进、因势而新,有效贯彻落实习近平总书记关于教育的重要论述,特别是在学校思想政治理论课教师座谈会上的重要讲话精神,习近平总书记强调,全面贯彻党的教育方针,解决好"培养什么人、怎样培养人、为谁培养人"这一根本性问题,思政课不仅要增强亲和力和针对性,还要不断增强"八个相统一"来推动思政课教学改革,回答了长期困扰人们思想的一些问题,这为思政课高质量建设指明了方向。

一、落实立德树人根本任务,发挥思政课的关键课程作用

当前我国正经历百年未有之大变局,也是最接近中华民族伟大复兴中国梦的历史时刻,我们面临着前所未有的挑战,"培养什么人"成为教育的首要问题。高校一直是意识形态斗争的前沿阵地,各种社会思潮纷至沓来,网络上一些不良信息在校园内暗流涌动,在一定程度上影响民族复兴的思想基础和国家未来的国际竞争力。高职院校思政课坚持将"立德树人"作为教育的根本任务,用中国特色社会主义共同理想凝聚力量,用以爱国主义为核心的民族精神和改革创新为核心的时代精神鼓舞斗志,用社会主义核心价值观引领风尚,引导青年学生能够正确认识时代责任和历史使命,筑牢民族复兴之魂和精神之基,从而能够在激烈的国际竞争中提升核心竞争力,屹立于世界强国之林。

(一)立德树人是高校立身之本

继党的十八大首次将"立德树人"作为教育的根本任务写入大会报告后,党的十九大明确将"立德树人"作为高等教育的根本任务,报告指出:"要全面贯彻党的教育方针,落实立德树人根本任务,发展素质教育,推进教育公平,培养德智体美全面发展的社会主义建设者和接班人。"② 2019年,中共中央办公厅、国务院办公厅印发了《关于深化新时代学校思想政治理论课改革创新的若干意见》,

---

① 中宣部 教育部关于印发《普通高校思想政治理论课建设体系创新计划》的通知[EB/OL].(2015-07-30)[2022-01-14]. http://www.moe.gov.cn/srcsite/A13/moe_772/201508/t20150811_199379.html.

② 习近平在中国共产党第十九次全国代表大会上的报告[EB/OL].(2017-10-28)[2020-05-04]. http://cpc.people.com.cn/n1/2017/1028/c64094-29613660.html.

提出思政课是落实立德树人的关键课程,发挥着不可替代的作用,强调"办好思政课要放在世界百年未有之大变局、党和国家事业发展的全局中来看待,要从坚持和发展中国特色社会主义、建设社会主义现代化强国、实现中华民族伟大复兴的高度来对待"①。由此可见,新时代落实高等教育立德树人根本任务,是实现以人为本和素质教育的根本保障,是培育和践行社会主义核心价值观的必然要求,也是培养社会主义建设人才的迫切需要。思政课是落实立德树人根本任务的关键课程,发挥着不可替代的作用。落实高等教育立德树人根本任务不仅明确了思政课在课程体系中的重要地位,也强调了思政课对培养人才的重要价值。

（二）立德树人是思政课的根本任务

在教育部印发的《新时代高校思想政治理论课教学工作基本要求》的通知中明确指出:"思想政治理论课承担着对大学生进行系统的马克思主义理论教育的任务,是巩固马克思主义在高校意识形态领域指导地位、坚持社会主义办学方向的重要阵地,是全面贯彻党的教育方针、落实立德树人根本任务的主干渠道和核心课程,是加强和改进高校思想政治工作、实现高等教育内涵式发展的灵魂课程。"②习近平总书记在主持召开学校思想政治理论课教师座谈会上也指出,办好思政课,"最根本的是要全面贯彻党的教育方针,解决好培养什么人、怎样培养人、为谁培养人这个根本问题"。习近平总书记进一步强调,"新时代贯彻党的教育方针,要坚持马克思主义指导地位,贯彻新时代中国特色社会主义思想,坚持社会主义办学方向,落实立德树人的根本任务……扎根中国大地办教育,同生产劳动和社会实践相结合……培养德智体美劳全面发展的社会主义建设者和接班人。"③ 这为我们如何办好思政课指明了方向。作为立德树人的关键课程,思政课在学生世界观、人生观和价值观的形成中发挥着非常重要的作用。

（三）办好思政课关键在教师

思政课教师承担着传播知识和真理、塑造时代新人灵魂的重任。大学生是祖

---

① 中共中央办公厅、国务院办公厅印发《关于深化新时代学校思想政治理论课改革创新的若干意见》[EB/OL].(2019-08-15)[2020-06-30]. http://www.moe.gov.cn/jyb_xxgk/moe_1777/moe_1778/201908/t20190815_394663.html.

② 教育部关于印发《新时代高校思想政治理论课教学工作基本要求》的通知[EB/OL].(2018-04-12)[2020-08-02]. https://www.gov.cn/zhengce/zhengceku/2018-12/31/content_5443368.htm.

③ 习近平.思政课是落实立德树人根本任务的关键课程[EB/OL].(2020-08-31)[2020-10-20]. http://www.qstheory.cn/dukan/qs/2020-08/31/c_1126430247.htm.

国的未来、民族的希望。大学阶段是人生的关键时期，需要正确的引导和悉心的教育。思政课教师能否引导学生扣好人生的第一粒扣子，树立正确的"三观"，坚定"四个自信"，使之成为一个德智体美劳全面发展的人，直接关系到我们能否培养出合格的社会主义建设者与接班人。立德树人是高等教育的根本任务和时代使命。从党和国家所肩负的使命来看，高职院校思政课教师队伍的建设水平如何，直接关系到高素质技能型人才的培育质量，也关系到落实立德树人根本任务的完成程度。所谓"亲其师而信其道"，教师的思想修养、政治信仰、学识水平、职业操守、人格魅力等是引导大学生成长的主导性力量，只有加强高职院校思政课教师队伍建设，才能充分发挥其自觉运用新时代中国特色社会主义思想铸魂育人的作用，更好地引导学生认清自身所承担的时代重任和肩负的历史使命，积极主动地把个人的前途命运融入国家、民族、党和人民的伟大实践中来，将个人价值与国家命运、社会发展统一起来，在中华民族伟大复兴的伟业中彰显自己的人生价值，为推动中国特色社会主义事业向前发展贡献力量。因此，在新时代将立德树人作为教育根本任务在教学实施中具有现实依据，是民族复兴的时代之需。

二、遵循"八个统一"原则，创新和改革思政课教学

党的十八大以来，各地区各部门各学校采取有力措施认真贯彻落实党中央对思政课建设作出的一系列重大决策部署，取得了显著成效，但教学的实效性有待加强，学生的获得感、满意度有待进一步提升。为此，习近平总书记提出了增强思政课的思想性、理论性和亲和力的"八个相统一"原则，进一步明确了课程定位和教学目标，从理论与实践结合上深刻回答了应该如何推动思政课守正创新，同时也深刻揭示了思政课教学的内在规律性，是新时代思政课教学方法创新和优化的基本原则及方法论，推动着思政课高质量发展。

（一）坚持政治性和学理性相统一

高职思政课是集思想性、政治性和理论性于一体的铸魂育人的关键课程，具有显著的思想性、政治性、理论性特征。思政课在教学过程中，既要坚持政治性，又要兼具学理性，这就要求思政课教师在教学过程中既要坚持价值引领的方向性，又要用深厚的学理来阐释政治理论。思想政治理论课的核心是培养德才兼备的社会主义建设者和接班人，是在马克思主义指导下的社会主义意识形态的宣传和教育，是落实立德树人根本任务的关键课程。我们要明确了解该课程的政治

属性，要将其政治属性的理论以学生可以接受且能理解的学理展现。习近平总书记在学校思想政治理论课教师座谈会上发表重要讲话时指出，"以透彻的学理分析回应学生，以彻底的思想理论说服学生，用真理的强大力量引导学生"[①]。学理性，即指以科学严谨的学术研究态度进行课程建设与备课准备，以科研促教学，使课堂教学具备深厚的学术研究氛围，并在事实认知与理论辨析中以马克思主义基本理论为学术底蕴。只有在教学中注重理论性，才有学术底蕴，教学才有理论支撑，说服才有力量。思想政治教育说到底是帮助大学生构建思想（观念）上层建筑的学科，它无疑具有科学性与逻辑性。思想政治教育学科处于不断完善与发展中，这就为思政课教学改革同步提供学理依据。高职思政课理论性要求主要表现在以下两个方面：一是对大学生进行思政课程的学科意识、学科方法、学科素养等思维理念的教育，培养学生形成思政教育学科的思维方式。二是对学生进行马克思主义中国化时代化理论成果的教育，阐释思政课程的基本理论，引导学生掌握人类思想政治现象的内在本质规律。

从政治性和学理性的关系看，坚持价值引领的政治性教学方法是思政课教学顺利开展的根本保证，帮助大学生坚持正确的政治导向，树立科学的世界观、人生观和价值观，培养学生的政治认同素养。首先，只有在教学中注重了政治性，坚持以正确的政治方向引领理论教学，教学才不会偏离正确的轨道。其次，思政课教学内容的学理性为思政课教学的政治导向性提供了坚实的理论基础和保障。教师在课堂教学中需注意不要把课讲成单纯的政治宣传，而要研究理论、深挖理论，以透彻的思想理论回应和说服学生的核心关切，以强大的真理力量引导和启迪学生。思政课的理论是承载着思想和信念的。思想政治理论课教学主要是要解学生之惑的，并非知识之惑，而是成长道路上的思想之惑、政治之惑。师者，传道、授业、解惑也。理论知识是思政课教学的基础，但思政课教学不能仅仅停留在知识传授之上，应该寓价值引导于知识传授之中，知识为思想服务，对学生思想道德教育要高于理论知识的传授。理论性居于从属地位，思想性处于主导地位，政治性则决定着方向。离开了政治性与学理性相统一，思政课堂就会呈现活泼有余而严肃不足或者是浅显有余而深度不足的情况，这样教学效果会大大削弱，学生对政治的认同也停留于浅层，不利于提升内心情感认同。

---

① 习近平.思政课是落实立德树人根本任务的关键课程[EB/OL].(2020-08-31)[2020-10-20].http://www.qstheory.cn/dukan/qs/2020-08/31/c_1126430247.htm.

(二) 坚持价值性和知识性相统一

思政课的教育目标是将正确的价值观念和正能量传递给学生，为学生的人生成长奠定正确科学的思想基础，这就需要坚持价值性和知识性相统一，找到并把握好思政课教学中知识传授与价值观塑造的结合点。思政课与任何一门课程一样，具有知识传播性的特点。教学过程是知识层面的丰富展开，并且有着专门学科的学科体系、知识体系、教学体系和话语体系，这也是思政课教学的学科支撑。思政课教师应当立足教材内容，在将知识性向价值性转化的过程中，要以知识为基石，在增长知识和见识上下功夫，让知识成为道德培养和信仰培育的坚实基础，做到融专题凝练的探究性、基本观点的科学性、教学案例的鲜活性、资料信息的权威性和理论阐释的彻底性于一体，系统梳理和深入挖掘教材中的知识体系、逻辑脉络和价值导向信息，构建起完善的教学体系。

与其他课程相比，思政课是价值性特点十分鲜明的课程，具有塑造学生价值观的本质特性。在价值导向上，教师需要引导学生树立积极的世界观、人生观、价值观和实践观，增强学生爱国意识、奉献精神和劳动精神。价值导向的原则性和政治性要求教学中要做到：**首先要有鲜明的立场**。在政治立场上，要坚定高职学生对马克思主义的信仰、对社会主义的信念，厚植爱国主义情怀，增强对改革开放和实现社会主义现代化的信心，把握思政课的政治属性和意识形态特质，增强对党和政府的信任，为党代言、为国分忧。**其次要教授正确的思想**。思政课是马克思主义中国化时代化理论传播的主渠道，教学的首要目标是精准讲授马克思主义原理理论及其中国化时代化的创新成果。在专题化教学中，教师要善于识别、分析各种纷繁复杂的思潮、理论、主义和主张，确保以正确的方式传播正确的思想。**再次要传播正能量**。大学生处于世界观、人生观和价值观的快速建构阶段，思想上常常会面临着多种价值体系的冲击以及容易受到不良环境的影响，从而在思想认知上出现一定程度的困惑和价值判断上的偏离。坚持健康向上、持续有效的正向教育教学，符合环境育人的教育规律，也是立德树人的内在要求。为此，要选取和打磨正能量的案例来丰富佐证专题内容，讲述那些新时代中国特色社会主义的伟大实践成就，以及成就背后的坚定者、搏击者和奋进者的故事，以此培养学生的民族自豪感和爱国情怀，才能使学生在不断地学习马克思主义理论知识的过程中感受到真理的力量，促进大学生政治理论素养和思想道德素质的提升，有效解决大学生思想认知和行为上面临的问题和困惑，凝聚起同心共筑中国梦的磅礴力量，帮助学生形成符合社会主流意识形态的世界观、人生观和价值观，引导学生树立科学的理想信念。

因此，思政课堂教学必须处理好知识传授与价值观引导塑造的关系，满足学生知识需求。知识是载体，能力是根本，价值是目的，教师教学要寓价值引领于知识传授和能力培养之中。思政课教师不能为了价值性而忽略知识性，同样也不能为了知识性而牺牲价值性，要引导学生将所学知识内化于心、外化于行。

（三）坚持建设性和批判性相统一

思政课建设性与批判性相统一是马克思主义的理论特性。马克思曾指出，"我指的就是要对现存的一切进行无情的批判，所谓无情，就是说，这种批判既不怕自己所作的结论，也不怕同现有各种势力发生冲突"[①]。诞生在19世纪的马克思主义之所以今天依然闪耀着真理的光辉，必然离不开这种批判精神和科学精神。批判性、建设性、发展性是我国的思政课必须秉承的本质特征，教会学生运用批判的、理性的思维来分析现实问题，具有十分重要的现实意义。习近平总书记指出，"建设具有强大凝聚力和引领力的社会主义意识形态，是全党特别是宣传思想战线必须担任起来的一个战略任务"[②]，思政课是做好大学生意识形态工作的重要阵地，面对意识形态工作的新形势，既要发挥思想政治理论教育的正面引导功能，又要发挥其批判错误观点和社会思潮的积极作用。所谓建设性指的是积极促进事态良性发展的属性。思政课建设性的根本指向是进一步巩固和发展主流思想舆论阵地，坚持以主流意识形态铸魂育人，主要体现在不断完善改进支撑其完成立德树人根本任务的内生要素的性质。所谓批判性是指富于辨别力、判断力、洞察力以及敏锐捕捉和反思的性质，思政课具有鲜明的意识形态属性，必须确保意识形态坚持正确的价值导向，才能落实好立德树人根本任务。思政课批判性根本指向是通过去伪存真来坚持马克思主义在意识形态领域的一元指导地位，主要体现在要立场坚定地批驳一切与主流意识形态相悖谬论的政治属性上。

在自媒体时代，大学生极易接触各种鱼龙混杂的思想，由于他们的世界观和

---

① 中共中央马克思恩格斯列宁斯大林著作编译局.马克思恩格斯文集：第十卷[M].北京：人民出版社，2009：7.

② 习近平在全国宣传思想工作会议上强调 举旗帜聚民心育新人兴文化展形象 更好完成新形势下宣传思想工作使命任务[EB/OL].(2018-08-23)[2022-01-20]. http://media.people.com.cn/n1/2018/0823/c40606-30245183.html.

价值观还不稳定，明辨是非的能力有所欠缺，有可能对某些所学思想政治理论产生怀疑。为此，思政课改革必须加强建设性和批判性相统一。在教学内容上，深入挖掘思政课理论渊源和发展脉络，讲清讲透理论的建设性、批判性两方面，明晰理论建构过程中面临的各种纷繁复杂思潮的冲击。在教学方法上，也要不断地改革、调整和发展，并且只有通过不断地对现有教学方法进行批判性反思和调整，思政课教学方法才能不断得以优化，提升针对性和实效性。同时，要求思政课教师不断培养自己丰厚的知识储备、敏锐的洞察力和深厚的家国情怀，用马克思主义的真理武装自己，做到能够晓之以理、动之以情和持之以恒。这样，教师在进行社会主流意识形态教育时，才会具有正确的立场，讲述正确的观点，才能在面对错误思潮和观点时用好批判的武器，进行旗帜鲜明地剖析和批判，引导学生对正确观点的把握，提高学生的思想水平和政治认同素养。

总之，思政课程的建设性和批判性是矛盾统一的两个方面，既相互联系又相辅相成，二者是辩证统一的。批判是建设性的批判，建设是以批判作为重要手段的建设。只有做到既建设又批判，才能加速错误观点和思潮的瓦解。思政课程的建设性主要是为了充分发挥其功能和作用，并且是在其实践中善于发现问题解决问题，不断创造、更新、完善和支撑思政课发展的内在要素的属性。

（四）坚持理论性和实践性相统一

理论知识与现实需求从来不是彼此隔离的。思政课的理论性是思政课的基本属性，其内容中不仅蕴含着一定的历史逻辑和历史规律，而且还包含对实践经验的理论提升，因而具有很强的理论性和科学性。同时，思政课并不只是单纯讲理论，它还具有突出的实践精神。毛泽东在《实践论》中指出，"通过实践而发现真理，又通过实践而证实真理和发展真理。从感性认识而能动地发展到理性认识，又从理性认识而能动地指导革命实践，改造主观世界和客观世界。实践、认识、再实践、再认识，这种形式，循环往复以至无穷，而实践和认识之每一循环的内容，都比较地进到了高一级的程度"[①]。由此可见，思政课要始终坚持与实践相统一，倡导理论从实践中来、到实践中去，在实践中接受检验，并随实践发展而与时俱进地发展。思政课具有较强的理论性和鲜明的实践性，要在遵循学生的认知规律的基础上以科

---

① 毛泽东.实践论:论认识和实践的关系:知和行的关系(汉英对照)[M].商英,注释.北京:商务印书馆，1965:50-52.

学理论培养人，对学生进行系统的马克思主义理论教育，把马克思主义中国化时代化理论讲清楚、讲透彻，用习近平新时代中国特色社会主义思想铸魂育人，传播党的创新理论。习近平总书记指出，要用好课堂教学这个主渠道，思政课要坚持在改进中加强提高思想政治教育亲和力和针对性，满足学生成长发展需求和期待[①]，同时，教师教学中要密切关注社会现实，结合学生关心的社会热点问题和疑难问题来给予深刻的理论剖析和合理的解答，不断提升理论讲授的针对性，使学生在不断的求知中自觉地去深入学习理论并提升自身分析问题、解决问题的能力，让学生在教学的实践过程中领略到科学理论的实践价值。因此，思政课需要在实际教学过程中做到坚持理论性和实践性相统一，才能真正地兼顾大学生知、情、意、行四个方面，使科学理论的学习、道德情感的培养、意志品质的提高最终体现在具体实际行动中[②]。促进思政课的理论性与实践性相统一，就是要深化思政课理论阐释与实践转化的有机统一，促使科学信仰在学生心中内化，并外化为行动。

（五）坚持统一性和多样性相统一

坚持立德树人的教学方向和目标，培养社会主义的建设者和接班人，是思政课教学应坚持的统一性标准。高校是各种社会思潮交锋的前沿阵地，作为高校课程体系中直接服务于党的意识形态建设的思政课，务必在纷繁复杂的现实中坚持价值导向的一元性，弘扬社会正能量。在高校思政课当中，无论是课程设置、教学目标和任务、教材使用、教学活动、教学管理都要始终坚持马克思主义在意识形态中的一元指导地位，体现中宣部、教育部关于马克思主义社会科学方法论课程的教材使用、教学目标、教学要求、教学管理和教学大纲等方面上的统一性要求。同时，又要因地制宜、固时制宜、因材施教，在尊重差异、包容多样中达成思想共识，对学生进行科学的价值引领。因此，一方面，思政课是由国家统一设置和规范的课程，既具有鲜明的政治性和主导性，又坚持教材编写的权威性和正统性、教学目标与要求上的规定性以及教学管理的统一要求，这是确保其性质和要求的基本前提和重要保障。另一方面，倡导因地制宜、因时制宜、因材施教的多样性。要注意不同学生的差异性和特点，他们的知识背景、思维方式和价值判断标准都是不尽相同的，如果单纯地要求教学方法统一未必能满足学生的不同需

[①] 习近平主持召开学校思想政治理论课教师座谈会强调 用新时代中国特色社会主义思想铸魂育人 贯彻党的教育方针落实立德树人根本任务[N].人民日报,2019-03-19(01).

[②] 许涛.构建课程思政的育人大格局[N].光明日报,2019-10-18(15).

求，这就要求我们在坚持教学方法统一性的基础上，还要坚持教学方法的多样性原则。要根据学生认知和思想的特点，充分考虑教育教学过程中学生的多样性和教育教学实施方式方法的多样性，探索行之有效的方法。同时要依据时代特征，注重运用新媒体技术，创新教学方法。面对新形势下不同层次的学校和不同的教育对象，教学方法不仅要更加灵活多样且具有针对性，也要倡导多种教学方法的组合和优化。只有这样，思政课教学才具有亲和力和针对性，才能有效培养出德智体美劳全面发展的社会主义事业的建设者和接班人。

（六）坚持主导性和主体性相统一

思政课教师与学生互动的教学过程，既要体现教师的主导性，又要重视学生的主体性，充分结合教师"教"的能力和学生"学"的能力。习近平总书记指出，思政课教学离不开教师的主导，同时要加大对学生的认识规律和接受特点的研究，发挥学生主体性作用[①]。首先，思政课中教师的主导性应该是在对被教育者主体地位和教学规律尊重的基础上，引导学生运用马克思主义和中国特色社会主义思想的世界观和方法论来思考理论问题或现实问题，从专题划分到问题设置，督促学生撰写读书笔记和补充、完善学生课堂讨论的内容，布置学生阅读哪些书籍，再到课下学习任务等教学过程中对学生予以启发和正确引导，根据教学目标、教学内容等因素来选择和运用恰当的教学方法，加强课堂引导和总结提炼，在组织、部署和控制教学全过程中起着主导作用。同时，教师应研究并遵循大学生的知识需求、认知规律和接受能力，重视激发学生学习积极性和调动主观能动性，"坚持工学结合、知行合一，加强学生认知能力、合作能力、创新能力和职业能力培养"[②]，采用课堂讨论、情景展示、启发互动等灵活多样的方法，使学生自主自愿地参与到教学过程中，营造良好的课堂氛围，使思政课变为真正学生喜爱的高效课堂。其次，思政课中学生的主体性是指学生自觉认同教师的教学目标和要求，做出自己的判断和选择，并能够为了实现自身发展的需要和目的，在教师的引导和启发下，根据自己的需求和自身实际积极主动地对教育内容和信息进行选择、加工和处理，与教师进行交流互动，将课堂学习到的理论内化

---

① 习近平主持召开学校思想政治理论课教师座谈会强调 用新时代中国特色社会主义思想铸魂育人 贯彻党的教育方针落实立德树人根本任务[N].人民日报,2019-03-19(01).

② 教育部,财政部.关于实施中国特色高水平高职学校和专业建设计划的意见（教职成〔2019〕5号）[Z].2019-03-29.

为自己的知识和思想，应用于指导自己的实践活动，以做出正确的道德判断和价值选择，充分发挥自主性、能动性和创造性。

（七）坚持灌输性和启发性相统一

讲授思政课应坚持灌输性和启发性相统一，这是由思政课的政治性和思想性特征所决定的。大学生的世界观、人生观、价值观的树立和发展，需要外部有目的、有计划地进行教育和引导。让学生接受马克思主义理论，坚守马克思主义意识形态主流阵地，坚持中国特色社会主义道路，离不开必要的灌输，但这不等于填鸭式"硬灌输"。大学生正处于"拔节孕穗期"，由于受自身年龄和社会阅历的局限，对复杂多变的社会现象和错误思潮容易陷入迷茫困惑之中，此时特别需要教师发挥主导作用。教师通过由外向内的系统性的知识传授和价值引导，使学生能够接受并继承科学的理论、观点和方法来辨析诸多社会现象。这里的灌输性是指通过正面系统的理论传授，用马克思主义中国化时代化理论武装大学生的头脑。而启发性则更加重视教师的主导地位，强调学生的主观能动性。在思政课的教育教学过程中，教师引导学生自主发现和探究问题，在不断启发中让学生通过主动参与和思考并自然地得出结论，自主地建构理论知识体系，不断提高掌握和运用科学理论的思维能力，将科学理论"入脑入心"。教师要通过对学生的引导彰显其学习的主体地位，充分调动、发挥学生的主观能动性和学习积极性，让思政课摆脱传统的"说教课"模式，而成为生动的"铸魂育人课"，使思政课的理论教育内化于心，外化于行。所以灌输性和启发性二者相辅相成，缺一不可。

（八）坚持显性教育和隐性教育相统一

显性教育和隐性教育是思想政治教育的两种形态。习近平总书记强调，我们办中国特色社会主义教育，就是要理直气壮开好思政课，用新时代中国特色社会主义思想铸魂育人，引导学生增强中国特色社会主义道路自信、理论自信、制度自信、文化自信，厚植爱国主义情怀，把爱国情、强国志、报国行自觉融入坚持和发展中国特色社会主义事业、建设社会主义现代化强国、实现中华民族伟大复兴的奋斗之中①。思政课是铸魂育人的关键课程和显性课程，它以课堂为依托，有组织性地实现思政课教育目的、传达教育内容及完成教学任务，旗帜鲜明、观点明确地向学生传授马克思主义和中国特色社会主义理论成果。显性教育注重通

---

① 习近平主持召开学校思想政治理论课教师座谈会强调 用新时代中国特色社会主义思想铸魂育人 贯彻党的教育方针落实立德树人根本任务[N].人民日报,2019-03-19(01).

过直接外显、旗帜鲜明的教育活动使学生受教育。与此同时，思想政治教育应该是全员全过程全方位育人，需通过拓展课程教学以外的领域，让思想政治教育如春风化雨，以潜隐无形、润物无声的方式，实现教育的"全员全过程全方位"。除了学校教育，思想政治教育还体现在学校、家庭、社会三位一体的育人体系中。习近平总书记在全国教育大会上提出"要把立德树人融入思想道德教育、文化知识教育、社会实践教育各环节，贯穿基础教育、职业教育、高等教育各领域，学科体系、教学体系、教材体系、管理体系要围绕这个目标来设计，教师要围绕这个目标来教，学生要围绕这个目标来学"[①]，由此可见，学生思想政治素质和道德水平的提高、科学价值判断的养成、理论思维能力的提升是一个长期的过程，受到多方面因素的综合影响。因此，除了显性课堂教育，也离不开隐性教育方法。隐性教育对学生的政治情感认同往往有着更加深入持久的感染和熏陶作用。此外，思政课教师本身的人格魅力和良好道德品质也是一种示范性隐性教育资源。一位具有正确政治立场、坚定政治信仰和爱国情怀的教师，自会在潜移默化中影响学生的政治认同情感，使学生将其信仰、情怀、希望移于内心之中。只有将显性教育和隐性教育有机结合并贯穿于教育的各方面各环节，在增强思想政治教育的时代性和感召力上下功夫，才能有效引导学生树立正确的人生观。

三、善用"大思政课"，建设高质量育人体系

习近平总书记对"如何办好思政课"曾经有多次深邃的论述，比如他提出，"思政课不仅应该在课堂上讲，也应该在社会生活中来讲，大思政课我们要善用之"。对此，教育部等十部门印发《全面推进"大思政课"建设的工作方案》，提出要充分调动全社会力量和资源，建设"大课堂"、搭建"大平台"、建好"大师资"，推动思政小课堂与社会大课堂相结合，推动各类课程与思政课同向同行[②]。党的十九届四中全会上，习近平总书记明确指出，要"加强和改进学校思想政治教育，建立全员、全程、全方位育人体制机制"[③]，这就表明，基于"大思政课"视域探讨高校思想政治教育协同育人问题实乃大势所趋。"大思政课"归根结底

---

① 习近平在全国教育大会上强调：坚持中国特色社会主义教育发展道路 培养德智体美劳全面发展的社会主义建设者和接班人[N].人民日报，2018-09-11(01).

② 教育部等十部门关于印发《全面推进"大思政课"建设的工作方案》的通知[EB/OL].(2022-07-25)[2022-08-10]. http://m.moe.gov.cn/srcsite/A13/moe_772/202208/t20220818_653672.html.

③ 中共中央关于坚持和完善中国特色社会主义制度推进国家治理体系和治理能力现代化若干重大问题的决定[N].人民日报，2019-11-06(04).

还是思政课，不是脱离思政课的基本范畴去搞一套别的什么课。从政治属性来说，其站稳政治立场，坚持正确的政治导向没有变；从课程体系来讲，其在落实思政课教育目标、遵循教育规律这一点上没有变；从科学理论体系来看，马克思主义理论仍是它的指导思想，也就是坚持用习近平新时代中国特色社会主义思想铸魂育人。

要推进"大思政课"建设，必须做到：一是在育人场域上，"大思政课"不仅呈现为课堂教育教学，更应延展至学校、家庭、社会等各场域中，在线下教学的同时，还要利用网络技术线下线上相结合，通过整合各类思想政治教育资源，实现现实空间与网络空间层面的覆盖。通过融思政进社会空间打造"全课程"教育形式，架设思政课堂与社会课堂之间的桥梁，把思政场域扩展到社会现实中去，同时引社会实践活动入思政课堂，最终还是回归到课堂之上。二是在育人课程上，思政课程与专业课程相结合。专业课程也要承担思政育人的部分职责，引导学生塑造宝贵的品格。三是在育人主体上，思政教师与其他教职工相结合。建设全员联动的协同育人大队伍，加强课程育人、科研育人、实践育人、文化育人、网络育人、心理育人、管理育人、服务育人、资助育人、组织育人"十大育人"体系建设。育人场域范围的扩大，意味着育人主体的多元化，多方力量参与到"大思政课"建设过程中，能够有效发挥"1＋1＞2"的育人合力。四是在育人方法上，线上与线下相结合。时代的进步需要教师更新育人手段，紧跟时代脚步，尤其是网络技术为课堂传授带来的便利，则需要教师学习新手段，融合新方法，提高育人效率与思政课活力、吸引力。此外，要充分利用各种内外部资源，加强思想政治教育资源共享机制建设，有计划、有组织、有系统地推进校内外、校际间的协同联动。

四、贯彻新时代思政课一体化建设目标，彰显高职院校思政课教学特色

大中小学思政课一体化建设是落实立德树人根本任务的必然选择，是新时代落实党的教育方针的具体要求，是提升思想政治教育工作质量的必经之路。2020年12月18日，中共中央宣传部、教育部印发的《新时代学校思想政治理论课改革创新实施方案》（以下简称《方案》）中基于不同学段学生的认知规律，设置了相对完善的课程内容体系，然而思政课程教学改革内容仍存在一些重复情况，即

同一个知识点在不同阶段的内容设置相同，未能做到层层递进，导致部分学生在高中阶段对知识点一知半解，大学阶段对已熟悉的知识点表现漠视，进而难以满足学生对新知识的渴求，降低了学生对思政课的兴趣，阻碍了预期学习效果的达成。此外，大中小学思政课教学内容在纵向上还缺乏连贯性，存在低学段出现的知识点未在高学段进一步深化、提升等问题，在纵向上缺乏有效过渡衔接。因此，反观新时代大中小学思想政治教育各阶段在衔接目标、衔接要求、衔接内容设置上，仍未摆脱传统的"小学管好小学的，中学管好中学的，大学管好大学的"局面，存在各自为营、各不相管、重复建设、缺乏深度的弊端，缺乏从宏观视角进行一体化的顶层设计。

习近平总书记强调，"要努力构建德智体美劳全面培养的教育体系，形成更高水平的人才培养体系。要把立德树人融入思想道德教育、文化知识教育、社会实践教育各环节，贯穿基础教育、职业教育、高等教育各领域，学科体系、教学体系、教材体系、管理体系要围绕这个目标来设计，教师要围绕这个目标来教，学生要围绕这个目标来学"[1]，这就为新时代加强大中小学思想政治教育衔接的理论研究和实践探索指明了方向。他进一步指出，"要把统筹推进大中小学思政课一体化建设作为一项重要工程，推动思政课建设内涵式发展"。思政课教学要遵循学生的成长发展规律、认知规律以及教育教学规律等，不同学段的学生在认识能力、辨别能力、实践能力等方面各有不同，因此在设置思政课不同学段的内容上要坚持具体问题具体分析，让思政课教学内容能循序渐进，不断深入[2]。要使大中小学思政课在课程目标上螺旋上升，不同年龄不同阶段的教学内容、教学方式及教学目标有所不同，每个阶段的目标是总体目标在各个阶段的具体体现。如果说基础教育阶段着重于传授基本知识，使学生重点了解"是什么"和"知其然"，如小学阶段重在培养学生对党、国家、人民的情感，唤起情感共鸣；中学阶段重在培养学生坚定党的领导、坚定社会主义制度的信念，凝聚政治认同；高等教育阶段则应在拓展基本知识的基础上，着重于培养学生的思想政治和理论意识，使学生重点理解"为什么"和"知其所以然"，明确政治方向，提高政治辨别能力，从而强化学生对党、对祖国、对人民和对社会主义制度的思想认同和行

---

[1] 习近平在全国教育大会上强调：坚持中国特色社会主义教育发展道路 培养德智体美劳全面发展的社会主义建设者和接班人[N].人民日报，2018-09-11(01).
[2] 吴宏政.论大中小学思政课一体化建设中的几对辩证关系[J].思想理论教育导刊，2021(11)：77-82.

为认同，引导他们在人生目标、实践行动上与祖国同心、同向和同行。因此，高校思政课须进一步突出学理方面的教育教学，也就是要通过强化理论教学逐步引导学生确立正确的人生观、世界观和价值观。习近平总书记指出，"政治引导是思政课的基本功能"，就是"要以透彻的学理分析回应学生，以彻底的思想理论说服学生，用真理的强大力量引导学生"[1]，马克思主义理论就是彻底的理论，思政课教师所讲的思想政治理论的观点和结论要经得起学生各种"为什么"的拷问。这就是说，高校思政课教学不能照本宣科、停留在一般知识层面的介绍上，而应联系学生实际和社会实际，以问题为导向，组织高质量的专题教学，切实做到答疑解惑和传道，引导学生牢固确立马克思主义信仰和社会主义信念，强化学生的理论思维和政治素养，提高学生分析判断和鉴别复杂社会问题的实际能力，从而实现立德树人的教育目标。

大学阶段是青年学生"三观"趋于成熟和定型的重要时期，也是巩固深化和验证检验大中小学思政课一体化作用效果的重要环节。相较于普通高校，高职院校的学生来源更加复杂，其中还涉及一些对口的初中生源，以及来自社会的自主招生生源。所以，对高职教育而言，学生成分复杂、层次多，而且来源较广。这些学生普遍不具有良好的文化基础，在学习的过程中，缺少自制力和主动性，大多数学生没有设立明确的人生目标，专业思想的稳定性也比较差。所以，要根据高职学生的特点，将高职院校教学的职业性特点凸显出来，紧密结合其职业道德理想以及价值选择，不断地增强学生的教学体验，合理地安排思政课程的内容和教学模式，确保高职思政课程能够实现因材施教，推进思政课一体化建设目标的实现。

第三节
基于 OBE 理念推进高职院校思政课教学改革的必要性

近年以来，高职院校思政课同样也进入了高质量发展的新阶段，形式多样的思政"金课"建设向纵深推进，思政课教师队伍建设成效显著，思政课建设的政策供给与制度体系构建日臻完善。高职院校思政课在课程建设、教材建设、理论

---

[1] 习近平.论党的宣传思想工作[M].北京：中央文献出版社，2020：383.

第一章　OBE 理念与思政课高质量建设内涵的契合性

研究、教学水平、人才培养等各个方面呈现出蓬勃发展的新态势，铸魂育人优势不断彰显。但当前我国正处于"两个一百年"奋斗目标的历史交汇点，国际格局发生了深刻变化。在新阶段，面对世界百年未有之大变局，发展起来的思政课也面临着挑战，也有些深层次的问题有待解决。OBE 理念契合新时代思想课高质量建设的新要求，顺应思政课程改革的"实践化"趋势，对接国家对高素质应用性人才的迫切需求，满足学生对思政课的美好期待的现实诉求。因此，基于 OBE 理念推进高职院校思政课教学改革成为大势所趋。

一、契合新时代对思政课高质量建设的新要求

OBE 教育理念倡导"以学生为中心、以成果为导向、持续改进"，主张"将传统重视学科知识学习的课程发展，转变为重视学生行为与能力增长"，这为高职教育提供了一种新的课程发展模式，契合了新时代我国对思政课高质量建设的新要求。

须加快职业教育向内涵式高质量发展，助推产业全面振兴。十八大以后，创新驱动、融合创新成为推动经济社会发展的重要动能。2014 年，教育部等六部门组织编制了《现代职业教育体系建设规划（2014—2020 年）》，该规划提出，"要按照'五位一体'社会主义现代化建设总体布局和加快经济发展方式转变的总体要求，坚持以立德树人为根本，以服务发展为宗旨，以促进就业为导向，深化体制机制改革，统筹发挥好政府和市场的作用，系统设计现代职业教育的体系框架、结构布局和运行机制，推动教育制度创新和结构调整，培养数以亿计的工程师、高级技工和高素质职业人才，传承技术技能，促进就业创业，为建设人力资源强国和创新型国家提供人才支撑"[①]，着力解决职业教育发展不平衡不充分的问题，不断满足人民对优质教育的新需求。这标志着我国高等职业教育进入政府统筹、市场需求导向、产教融合发展、各类教育协调发展的新阶段。2015 年9 月，教育部发布了《高等职业教育创新发展行动计划（2015—2018 年）》，强调"切实贯彻执行习近平总书记重要指示精神，服务'四个全面'战略布局和创新驱动发展战略，以立德树人为根本，以服务发展为宗旨，以促进就业为导向，

---

① 教育部 发展改革委 财政部 人力资源社会保障部 农业部 国务院扶贫办关于印发《现代职业教育体系建设规划（2014—2020 年）》的通知[Z/OL].（2014-06-16）[2022-01-21]. https://www.gov.cn/gongbao/content/2014/content_2765487.htm.

坚持适应需求、面向人人，坚持产教融合、校企合作，坚持工学结合、知行统一，推动高等职业教育与经济社会同步发展，加强技术技能积累，提升人才培养质量，为实现'两个一百年'奋斗目标和中华民族伟大复兴的中国梦提供坚实人才保障"[1]。随后，在教育部的指导下，各省启动了中国特色的优质高等职业教育学校的建设计划，推动各高等职业学校走产教融合、创新发展之路，促进高等职业教育高质量发展。2019年，国务院颁布了《国家职业教育改革实施方案》，强调制度创新，突出质量，拓展服务功能，要求"各建设单位扎根中国大地、放眼世界、面向未来，聚焦高端产业链和产业链的高端，强力推进产教融合、校企合作，重点支持和扶植一批优质高职学校和专业群率先发展，进而引领职业教育服务国家战略、服务区域发展、促进产业升级，为促进经济社会高质量发展和提高国家核心竞争力提供优质人才资源支撑"[2]。

须对标职业教育高质量发展，推进思政课守正创新。党的十八大报告与十九大、二十大报告中，分别提出推动并实现高等教育的内涵式发展，培养合格的社会主义建设者和接班人，深刻解决"培养什么人、怎样培养人、为谁培养人"这一根本性问题。当前思想政治教育所处的育人环境以及大学生的思想特征和思维特点，导致当前高职院校大学生的思想政治教育面临一定的压力，加强思政课高质量建设迫在眉睫。这种压力源于三个方面：一是来自一些错误社会思潮的冲击。当今世界处于大发展大变革大调整时期，西方某些国家从未放弃对我国意识形态领域掀起颜色革命的企图，同时历史虚无主义、个人英雄主义、拜金主义、消费主义、物质主义、享乐主义在社会中依然存在。面对复杂的社会环境和多种思潮的冲击，加强高职院校思政课建设变得越发重要。二是当前我国正处于经济增长速度换挡期、产业结构调整阵痛期和刺激政策消化期，三期并存且交织，社会深层次矛盾不时暴露，凝聚社会共识和意识形态工作压力较大，大学生思想政治教育面临一定挑战。三是网络信息良莠不齐，自媒体时代思想政治教育遭遇新情况新压力新挑战。现代新兴信息技术发展异常迅速，以网络为依托的新媒体技术和人工智能技术在不断发展更迭，网络舆情防控监控压力逐渐增大，对学生主

---

[1] 教育部印发《高等职业教育创新发展行动计划（2015—2018年）》[Z/OL].（2015-11-04）[2022-05-21]. http://edu.people.com.cn/n/2015/1104/c1053-27775790.html.

[2] 《国务院关于印发国家职业教育改革实施方案的通知》[EB/OL].（2019-01-24）[2022-01-30]. https://www.gov.cn/zhengce/content/2019-02/13/content_5365341.htm.

流意识的引领和思想政治素质发生着不小的影响。在上述三种因素叠加下，又由于高校学生涉世未深，社会经验少，对不良诱惑抵抗力弱，容易受到引诱和煽动，造成高校思想政治教育面临诸多压力。为此，2024年5月，习近平总书记对学校思政课建设作出重要指示，强调"新时代新征程上，思政课建设面临新形势新任务，必须有新气象新作为……要始终坚持马克思主义指导地位，以中国特色社会主义取得的举世瞩目成就为内容支撑，以中华优秀传统文化、革命文化和社会主义先进文化为力量根基，把道理讲深讲透讲活，守正创新推动思政课建设内涵式发展，不断提高思政课的针对性和吸引力"[①]。

二、顺应思政课程改革的"实践化"趋势

伴随着我国社会日新月异的发展变化，中国特色社会主义的发展成就为立德树人提供了丰富鲜活的现实教材。社会实践是学好用好这部教材的重要载体，能促进大学生在实践体验和感受中强化中国特色社会主义的"四个自信"。党的十八大以来，党中央、国务院高度重视高校思政课实践教学和思政课教师社会实践研修。从教育部到地方教育主管部门，都把加强实践教学作为思政课理论研究和实践探索的重中之重，在经费、时间、政策上都给予了很大的支持，鼓励并创造机会扩大学生参加社会实践的人数比例。教育部2018年印发的《新时代高校思想政治理论课教学工作基本要求》明确要求，"从本专科思想政治理论课现有学分中划出2学分和1学分，用于开展实践教学，并安排专项经费用于高校思政课教师的社会实践研修"[②]。2019年的《关于深化新时代学校思想政治理论课改革创新的若干意见》也明确提出，组织高校思想政治理论课教师以社会实践研修的形式进行国内考察调研，在实践中汲取养分、丰富思想。同时，组织高校思想政治理论课骨干教师赴国外考察调研，以便拓宽国际视野，在教育教学实践中通过比较分析以坚定"四个自信"。在党中央的重视和支持下，高职院校思政课实践教学虽然取得了显著效果，但依然存在一些问题，比如实践的成果和理论教学的融合度还有待提高；在理论教学中结合国内外的重大事件、形势政策的热点、焦

---

① 习近平对学校思政课建设作出重要指示[EB/OL].(2024-05-11)[2022-02-12]. https://news.cnr.cn/native/gd/sz/20240511/t20240511_526701650.shtml.

② 教育部关于印发《新时代高校思想政治理论课教学工作基本要求》的通知[EB/OL].(2018-04-12)[2022-01-12]. https://www.gov.cn/zhengce/zhengceku/2018-12/31/content_5443368.htm.

点进行讲解的较多，但深入结合社会实践中活生生事例讲解偏少；运用理论分析现实问题的穿透力不够，存在着理论教学和实践教学"两张皮"的现象等。为此，高校思政课教学要坚持把大学生德智体美劳全面发展放在突出位置，通过校内校外多种课堂，构建起实践育人共同体，形成多主体、全方位、多层次的育人合力，在保证理论教学的同时，发挥好社会实践在立德树人中的重要作用。

无论是理论教学还是实践教学，两者都是高校思政课教学的教学形式，都应服务于高校思政课价值塑造的目标，并围绕这一目标寻求理论教学与实践教学的最佳切入点，做到以理论指导实践，并以实践丰富理论和印证理论，实现"学与做、知与行"的贯通与融合。思想政治理论来源于实践，并用于指导实践，它贯穿于学生现在的学习、未来的就业和社会生活的每一部分，能对学生的成长、成才、成功起到指引和激励的作用。这要求我们必须把思想政治理论与学生的思想相互融合，将实践育人与理论教学充分结合。总的来说，高职院校的思政课应加强针对性的教导和指引，并在此背景下对实践教学的方式、方法进行丰富与完善，以引导高职院校学生可以将所学理论知识运用到社会实践中去，做到学以致用。并且，高职院校要突出学生就业能力、创业创新能力、理论思维能力和社会实践能力的培养，以实践教学来促进理论教学，让学生在社会中去体会、比较和思考马克思主义中国化时代化理论的科学内涵和深远影响，增加大学生理论学习的历史纵深感、现实真切感和时代紧迫感，做到在实际操作中增强理论应用于实际的能力，在小组合作中提升人际沟通和交往的能力，提升综合素养，初步积累社会经验。

OBE 是一个问题导向型的理念，它以当前课程建设中存在的问题为导向，解决的是思政课教与学脱节的问题。它是以学生获得的综合能力和专业素质作为考核标准，反向设计教学目标，重组课程内容，将教材中结论性的课程内容以"问题"的形式呈现，将问题转化成学习任务，激发学生的学习兴趣，解决"教"与"学"脱节的问题，重点培养学生马克思主义的理论思维和方法论应用的能力。在课堂上讲好中国特色社会主义理论的同时，思政课教师要带领学生走进红色教育实践基地感悟红色文化，传承红色基因，深入企业了解我国现代制造业和服务业的发展现状，走进田间地头了解我国社会主义新农村建设情况，走进社区小院了解社会建设情况，将思政教学内容与具体工作要求结合起来，与现代化经济体系、区域协调发展、乡村振兴、企业文化等内容融合起来，形成具有现实指导意义的教学方案，扎根中国大地办教育，让学生在深度参与中认识国情、增长见识和开阔眼界，观察感受改革开放以来特别是党的十八大以来中国特色社会主义在经济、政治、文化、社会、生态全方位的发展中所取得的历史巨变，增强为实现中华民族伟大复兴而奋斗的信心，自觉维护中国特色社会主义道路和改革发展大局，在不懈奋斗中书写人生华章。

三、适应国家对高素质创新型应用性人才的迫切需求

党的十八大以来，国家将"科技创新"作为提高社会生产力和综合国力的战略支撑摆在发展全局的核心位置，强调实施创新驱动发展战略，走中国特色自主创新道路，这是中国共产党放眼世界、立足全局、面向未来做出的重大战略决策。进入发展新阶段，我国改革开放40多年以来在国际上形成的劳动力和资源环境的低成本优势逐渐消失。实施创新驱动发展战略是全面建成社会主义现代化强国的必然选择。与低成本优势相比，技术创新具有附加值高、不易模仿、竞争力强等突出特点，可以加快产业变革，改变发展模式，为我国可持续发展提供强大动力，进一步提升我国产业核心竞争力，全面提高我国经济增长的质量和效益。高职院校在创新驱动战略中承担引领支撑的重要作用，2014年，教育部发布的《关于学习宣传贯彻习近平总书记重要指示和全国职业教育大会精神的通知》（教职成〔2014〕6号）中提出："要着力提高人才培养质量，努力培养数以亿计的高素质劳动者和技术技能人才；要创新人才培养模式，坚持产教融合、校企合作，坚持工学结合、知行合一，着力提升学生的职业精神、职业技能和就业创业能力。"① 随后，教育部发布的《高等职业教育创新发展行动计划（2015—2018年）》要求"将学生的创新意识培养和创新思维养成融入教育教学全过程"。2019年，国务院颁布《国家职业教育改革实施方案》，方案强调："职业院校应当根据自身特点和人才培养需要，主动与具备条件的企业在人才培养、技术创新、就业创业、社会服务、文化传承等方面开展合作，促进人力资源开发。"② 随着产业的发展变化，国家出台了一系列关于职业教育发展规划的重大决策部署，都强调职业教育要注重创新创业教育，着力提升学生的创新创业能力，在国

---

① 教育部《关于学习宣传贯彻习近平总书记重要指示和全国职业教育大会精神的通知》[EB/OL]. (2014-07-03)[2022-03-12]. https://www.gov.cn/xinwen/2014-10/17/content_2766859.htm.

② 《国务院关于印发国家职业教育改革实施方案的通知》(国发〔2019〕4号)[EB/OL]. (2019-02-13)[2022-02-21]. https://www.gov.cn/zhengce/content/2019-02/13/content_5365341.htm.

家实施创新驱动战略中承担引领支撑作用。

高职思想政治理论课是融思想性、政治性、科学性、理论性和实践性于一体的公共必修课，在促进学生自由全面发展、提升学生职业素养方面具有重要功能。中共中央办公厅、国务院发布的《关于深化新时代学校思想政治理论课改革创新的若干意见》中，明确了"培养什么人"的根本问题，强调"大学阶段重在增强使命担当，引导学生矢志不渝听党话跟党走，争做社会主义合格建设者和可靠接班人"[①]，从而为思政课培养目标的确立提供了重要遵循。高等职业教育不仅是在培养面向生产、建设、管理、服务一线的高素质技术技能型人才，也是在培养社会主义事业合格的建设者和可靠的接班人。要成为合格的建设者和可靠的接班人，必须具有坚定的理想信念、较高的思想觉悟和良好的人文素养，必须具备良好的职业操守、快速的岗位适应能力和优秀的团队协作精神和人际沟通能力等综合职业素质。经用人单位反馈，用人单位录用大学生最看重的条件并不是专业知识和技术能力，而是常常被忽略的职业态度、敬业意识、工匠精神、行为习惯、交流沟通能力、团队协作、创新能力等综合职业素养和人文素养。因此，要培养社会主义事业合格的建设者和可靠的接班人，必须加快补齐思想政治教育、人文素养和综合职业能力方面的短板。

高职院校需要把思政课改革放在校企共同体建设的背景之下，适应校企合作、工学结合的高职特点，从企业对高职人才的综合素质、职业能力要求和人的全面发展要求出发，将学生锁定为即将走向未来职业岗位的社会综合人才，围绕企业需求确定教学内容，努力探索思想政治教育与职业技能教育有机结合的路径，将培养学生的职业道德、就业能力与个人综合素质能力等紧密结合起来，系统设计课程的教学架构，使理论精简、够用、好用。传统思政课教学方式存在以教师讲授为主，教学过程相对枯燥和单调；师生互动环节较少；学生参与度低，更多是在课堂中扮演倾听者角色，缺乏合作交流、创造性思考等情况，教学环节较难激发学生学习兴趣，思政课教学实效难免受些影响。在这种教学手段与方式下，思政课教学的目标主要是知识灌输、理论说教，而学生独立思考、分析和解决问题的能力，包括学习能力的培育目标等均不易实现。而成果导向教育模式聚焦培养具有高度适应性和内在自由性的人，根据经济社会发展要求、用人单位反

---

① 中共中央办公厅 国务院办公厅印发《关于深化新时代学校思想政治理论课改革创新的若干意见》[EB/OL]. (2019-08-14)[2021-04-12]. https://www.gov.cn/zhengce/2019-08/14/content_5421252.htm.

馈意见和学生全面发展的需求,持续改进培养目标,优化课程和教学体系,以保障其始终与社会就业内、外部需求相符合,并持续改进毕业要求,以保障其始终与培养目标相符合。传统非专业能力(主要包括社会能力和方法能力)教学中以知识灌输为主导的教学模式很难适应信息社会发展的需要,而且非专业能力教学和学习的过程不能够实现可视化,教师也不能看见学生学得怎么样,但加强对高职学生非专业能力的学习,也是思政课教学对其职业能力培养之外的有力补充,与习近平总书记倡导的思想政治理论教育教学理念是一致的,它在一定程度上回答了"培养什么人"和"怎样培养人"的难题。

四、满足学生对思政课美好期待的现实诉求

增强大学生获得感是检验课程质量和水平的试金石,也是思政课教学改革的重要目标。思政课的获得感是指思政课在满足大学生现实的或潜在的发展需求和期待后,因"获得"而产生的正向的、持续的"学有所得、学有所用、学有所值"的心理感受。从而使他们在由理论认知向行为外化的过程中,产生从"要我做"向"我要做"的根本性转变,真正地做到内化于心,外化于行[①]。因此,从各个环节、各个方面提升思政课的教学质量,是增强大学生对思政课获得感的切实需要,也是促进大学生自觉提升自身的道德素养、形成正确价值观的关键。要提升大学生思政课获得感,高职院校不仅要体现高职学生特点、教育教学规律和学生成长规律,也要立足高职特色,"不断增强思政课的思想性、理论性和亲和力、针对性"[②]。

(一)注重主体性

高职院校学生普遍存在感性思维能力强而理论思维能力较弱的特点,他们对思政课学习往往表现为:重视度不高,课堂互动活跃度不高;表现欲望强,深度思考能力不足;问题意识强,但辨别是非能力不强;网络技术应用能力强,但集中注意力的能力不强;对专业的认可度高,动手实践能力强等特点,为此思政课教师要将教师的主导性和学生的主体性结合起来,尤其发挥学生在课堂上的主体

---

① 房广顺,李鸿凯.以大学生获得感为核心提升思想政治理论课教学质量[J].思想理论教育,2018(2):56-61.

② 习近平主持召开学校思想政治理论课教师座谈会强调 用新时代中国特色社会主义思想铸魂育人 贯彻党的教育方针落实立德树人根本任务[N].人民日报,2019-3-19(01).

性作用。习近平总书记曾在讲话中充分肯定了思政课多样化的教学探索,他强调,很多学校在思政课上积极采用案例式教学、探究式教学、体验式教学、互动式教学、专题式教学、分众式教学等,运用现代信息技术等手段建设智慧课堂等,取得了积极成效①。思政课教师主导性由思想政治教育的本质决定。习近平总书记在学校思政课教师座谈会上强调,"办好思政课关键在教师",要"调动思政课教师的积极性、主动性、创造性"。教师作为教学过程的掌舵者,具有不可替代的作用。思政课作为国家意识形态建设的关键课程,主要通过教师来实现对高职院校大学生的思想认识、政治观点、道德品质进行引导。学生是学习、研究和实践活动的主体,是具有主观能动性的人。因此思政课教学必须充分尊重和发挥学生的主体性,体现以人为本的价值取向。主导性和主体性是思政课的基本要求,二者统一于思政课教学实践中。正确发挥教师的主导性和学生的主体性作用,思政课教学吸引力将会得到明显的提升。OBE理念与高校思政课教学均坚持以学生为中心的人才培养理念,二者认为学生价值认同与学习成效的提高有着直接关联。基于OBE理念的思政课教学应立足学生个体特征及现实教学需求,优化及创新课程教学,激发学生的学习热情和学习兴趣,推行持续教学优化改革,提高学生学习效果,从而实现立德树人的根本任务和人才培养目标。

(二)立足职业性

"职业性"是高职教育的重点与核心,它将学生综合职业素质的培养放在首位,进而使学生最终成为一线需要的建设人才。"职业性"培养目标的实现意味着高职院校在开展思政课教学的过程中,应该将学生的社会生活、从事职业工作需具备的素质要求等方面考虑到其中,根据学生的实际需求来对教学内容、框架进行优化,特别是需要加强对学生职业规划、就业指导教育,让他们对自己有一个明确的定位,不好高骛远,也不妄自菲薄。同时,还应该加强高职大学生的职业道德教育,针对不同的专业开展不同的职业道德教育,培养他们的进取意识和敬业精神,帮助他们增强职业素养,提升职业竞争力。基于OBE理念的教学正是从学生毕业"需求"出发,设定人才培养目标,强调课程教学设计既要遵循教育教学的一般规律和课程教学的特殊规律,又要考虑学校办学思想和办学定位

---

① 习近平主持召开学校思想政治理论课教师座谈会强调 用新时代中国特色社会主义思想铸魂育人 贯彻党的教育方针落实立德树人根本任务[N].人民日报,2019-3-19(01).

（包括人才培养目标定位）以及教育利益相关方（包括国家、社会和行业、用人单位等）、学生发展的需要等，以实际教学产出为导向反向优化教学模式，重视实际教学产出也是提高思政教学内涵及实效性的重要目标，以实际教学产出为基础，持续提高整体教学质量。职业性同样是OBE教育理念重点关注的学生毕业"需求"。

（三）体现专业性

高职院校学生，不同专业学生的专业学习、实习时间上必然会存在着较大的差异，意味着他们的心理问题、思想困惑也是不同的。在此背景下，假如仍然采用统一的教学方式，使用一刀切式教学和泛泛而谈的"灌输式"宣讲，那么则会产生一定的负面影响。思政课的课堂教学既要坚持统一性和多样性相统一，又要注重启发性与灌输性相统一，充分了解高职院校大学生的专业背景，因地制宜、因时制宜、因材施教；同时，充分发挥启发性教学的作用与价值，引导学生不断地挖掘、分析及思考问题，进而提高学生的自主学习能力。另外，课堂教学应与学生的专业学习和实习实践有效结合，有针对性地进行教学活动。这样不仅有助于吸引学生的关注，提高教学吸引力，引导学生从专业实际出发解决自己的问题，提高思政课的教学实效性；也有助于学生对老师产生高度认同和认可，教师则用理论知识赢得学生，用真理感染学生。思政课教师是先进的精神生产者，应具备对复杂问题和现象的超群解释力和解决力。OBE教育理念突出能力本位，强调培养学生的专业能力、方法能力和社会能力，而这三者的培养是融为一体的。社会瞬息万变、信息传播高度发达的今天，方法能力和社会能力的学习在某种程度上比专业能力的学习更为重要。OBE教育理念所强调的方法能力和社会能力，也是思政课教学要结合学生专业培养的可迁移能力。

第四节
OBE对高职院校思政课教学理念转化的启示

OBE理念主张聚焦"成果、学生、问题"三个方面核心要素，力求实现成果导向、学生中心和持续改进的有机统一，其核心内容和环节围绕"教师想让学生取得什么样的学习成果？学生取得学习成果的目的是什么？教师该怎样有效地去帮助学生取得这样的学习成果?"三个追问展开,这与推进思政课教学改革、要素的路径和目标深入发展具有高度契合性。成果导向教学顺应了当前思政课教学改革的趋势,使教与学有机结合起来,在培养学生的主体性和发展性人格方面有着独特的优势,对于切实增强思政课的针对性、时代性和实效性具有很强的方法论启示意义。

一、由威权式"教"向平权式"学"为中心的转变

成果导向教学强调职业教育的基本出发点应该是以学生为中心,围绕学生未来所从事的职业开展教育教学活动,认为教育要为年轻人应对未来的生活挑战提供"有用的工具",教学理念要遵循"让学生全员全面积极地参与、以行为活动为导向、以能力为本位"[①],关注每一个学生,用发展的眼光看待学生个体。它强调教育工作不等同于上课,教师"多教"会阻碍学生的学习,教师的职责不应局限在教授知识,而更多的是组织学习,要相信学生具备理性、自主学习和自我否定的能力,给学生更多尝试、组织、思考、探究的时机。在组织教学或学习活动中,成果导向教学强调学生应该被置于活动中心,教师要成为"导演",学生则由"观众"变为"演员",项目则是课堂驱动的"剧本",教师则成为平等中的首席,是学生学习的组织者、指导者和促进者。教师需要细心观察学生学习的反馈情况,关注如何学,及时调整教学策略和教学方法,激发学生的学习动力和学习兴趣,让学生在恰当的课堂教学活动中获取知识、提升能力和培养完整的人格。成果导向教学强调学习和情绪密切相关,学生不是机器,需要积极活跃课堂气氛,师生互动也会成为学习的动机、纽带和动因。成果导向教学的重心因此由传统教学模式中的威权式"教"转向了平权式"学",这对改变当前思政课教学中仍然普遍存在的灌输式教学提供了有益借鉴。

二、由"教内容重灌输知识"向"教方法重培养能力"为中心的转变

成果导向教学认为,根据当前职业教育的发展趋势,专业知识的统治地位将逐渐在让位给更重要、更基本的能力即方法能力和社会能力。它强调学生应该具

---

① 张婕英.行为导向教学法在"思想道德修养与法律基础"课中的教学设计与实践[J].扬州大学学报(高教研究版),2016,20(6):80-83.

有独立解决任务和问题的能力，职业教育要以提升学生的职业行动能力为培养目标。胡格教授认为，在当今社会向信息社会转变的背景下，学生为了能够适应劳动力市场需求，必须具有职业行动能力，它由专业能力、方法能力、社会能力组成。专业能力既包括直接与职业有关的知识和技能，如理论知识和实践中形成的机器、设备、材料、工具等操作技能，又包括将知识迁移和应用于新任务的能力；方法能力要求学生在新的工作、学习领域中，能够认识任务结构，运用恰当的方法解决问题、评价问题和决策问题，独立地将已获得的知识和经验，运用到没有预先给定解决方法的特定的学习任务中；社会能力涉及责任、团队意识、宽容度、冲突解决、礼貌、行动、合作、反馈以及个人工作和团队工作时的解决方案。其中，方法能力是最核心的能力；社会能力贯穿于专业能力和方法能力的始终，它有助于团队合作并解决问题；而专业能力是载体，从易到难，以项目的形式呈现，确保能解决职业任务。胡格教授强调，教师不仅"教知识"，更重要的是"教方法"，他致力探索一种侧重于"学生能获得什么"和"他们能做什么"的培养模式。他认为，方法能力和社会能力的学习甚至比专业知识的学习更为重要，它们是由易到难的阶梯式培养。由此而来的教学目的也由专业学习转向学生的全人格和职业素质的培养，即按照工作计划完成工作任务的实施，并对工作结果进行核查和监督，确保工作质量。由此可见，成果导向教育同样要求学生识记基础知识，但更注重学生对知识的迁移能力和应用能力，力图通过学习和思考能够达到"融会贯通""举一反三"的效果，能够运用马克思主义基本理论分析解决大学生生活、学习中遇到的问题。新时代面对世界百年未有之大变局的深刻复杂变化，面对信息时代各种思潮的相互激荡，思政课教学的一个核心目标就是培养学生运用马克思主义和习近平新时代中国特色社会主义思想的世界观和方法论认识问题和解决问题的能力。

三、由"静态应然的宣讲式教学"向"动态实然的建构式教学"为中心的转变

成果导向教学强调教育工作者要在学生已有的知识体系、学习水平和学习能力的基础上，教师在组织实施每门课程和每个单元教学中，以学生为中心，运用适当的教学策略来进行教学设计，重点指导和帮助学生获得预期学习成果，评价预期学习成果的达成度，调整改进和优化教学体系，以更好地保障学生取得学习

成果。胡格教授强调学习是学生根据原有的经验和知识，主动选择和处理外部信息，从而构建新的经验和知识体系的过程。他主张通过自我负责的、整体、过程导向和成果导向的学习，来掌握职业行动能力。成果导向教学是指导和组织整个教学设计和教学实施过程的一种思路。首先，教师要通过"情景""会话""意义建构""协作"等手段促使学生对新知识进行主动选择和建构，提高学生参与学习的积极性，改变当前高职院思政课普遍存在的学生被动学习的状态。推进以"教材"为中心转变为以"学生"为中心的教学改革，教师可以在框定教学内容的基础上自主决定学习形式，建设模块化、项目化的课程和教学内容体系。其次，学生能力的培养要通过具体的行为进行引导。胡格教授认为专业能力是载体，是确保学生能解决职业任务的能力，能力的培养需要融合到各自专业的教学中。他要求教师在教学中以专业知识或课程知识为载体，设计一些重大的问题或任务，将大任务分解成小任务，分层次地按照资讯、计划、决策、实施、检查和评价六个阶段（或环节）给学生下达成果导向任务，每个环节都有学习目标、能力培养、工作方法及完成时间上的要求等。教师要运用适合的教学策略和多样的教学方法，支撑并驱动学生主动思考、探索、构建和解决问题，并及时地进行反思与调控，充分掌握并获取相关知识，"让学生在周密的计划中'获取信息、制订计划、实施计划、评估计划'，让学生在亲身实践中，理解并运用知识解决实际问题，获取职业技能，从而形成自己知识和能力"[①]。再次，要实施可视化教学，要让教师看见学生的"学"，看到自己在学生学习过程中所起的作用；让学生看见教师的"教"，促使学生逐渐成为自我教育的老师。最后，以"团队学习"为基本组织单位和活动方式。在教师的组织引导下，学生以团队合作的形式，基于项目式或任务式学习，通过仿真实验、社会实践、项目竞赛、成果分享等形式，在"学中做、做中学"，充分激发学生的学习动力和成就感。

四、由"单一静态考核"向"多元动态考核"为中心的转变

成果导向教学的一个重要环节是教师指导学生进行成果评价，以实现"以评促学"目的。传统的课堂教学评价以教师为主，主要考查教师风度、课堂知识点含量、语言组织、教学水平和教学方法等，而成果导向教学就如何评价好的课堂

---

① 姜大源."学习领域"课程：概念、特征与问题：关于德国职业学校课程重大改革的思考[J]．外国教育研究，2003(1)：27．

教学，提出了有用、有趣和有效的"三有"课堂评价标准。"有用"指的是围绕学生就业岗位必备的基本专业技能展开教学内容，摒弃过深的专业技能和过多的理论知识，保留真实有用的内容，让学生将学习的时间和精力用在刀刃上；"有趣"则是通过组织形式多样、生动有趣的课堂教学活动，吸引每位学生积极参与；"有效"主要指经过一段时间的教学沉淀之后，学生取得具体的进步或获得持续的发展。对此，成果导向教学主张多元化、可视化评价。多元化评价包括主体多元化、评价标准多元化、评价手段与方法多元化等，强调只有采用以终结性考核为主、过程性考核为辅、自评和他评兼而有之的多元化评价，由关注主观性感受到关注实证、关注教学内容投入转向关注学习成效、关注典型案例到关注整体全面，才能实现评价的真正价值，培养出具有分析和解决问题能力的学生。可视化评价即学生成果的呈现与评价，采用卡片学习、思维导图以及知识海报等可视化形式，使学习成果得到固化和展示；通过小组评价、教师评价、开放式走廊评价等方式，及时评价和反馈学习成果，强化学生的知识记忆和思维训练，层层推进，以促进学生进步与发展。可视化评价注重学习成果的固化，不仅可以提高学生自我反思的能力，也可提升学生对思政课学习的自信心和成就感。

总之，成果导向教学将"可视化"贯穿于教学始终，强调让教师看得见学生的"学"，学生看得见教师的"教"。可视化教学即通过联想、引申、通感等方式，将抽象的理论性知识转化成相关具体形象的学习活动、知识体验和视觉图像等，以促进知识的获取、传播和共享。成果导向教学顺应了当前教育教学改革的趋势，使教与学有机结合起来，在培养学生的主体性和发展性人格方面有着独特的优势。

第二章

OBE 理念下高职院校思政课建设面临的困境

新时代以来，以习近平总书记为核心的党中央高度重视高校思政教学工作。中共中央、国务院以及中宣部、教育部等部门先后出台了《高等学校思想政治理论课建设标准》《关于深化新时代学校思想政治理论课改革创新的若干意见》《新时代高校思想政治理论课教学工作基本要求》《全面推进"大思政课"建设的工作方案》等文件，提出了"三全育人""大思政课"等新理念，不断强化高校思政课建设并取得了显著的效果。就近几年各级党委及各高校的实践探索看，思政课教师队伍壮大了，经费投入增加了，教师工作待遇和条件改善了，教学研究力度加大了，关心支持思政课建设的氛围也明显浓厚起来了。与此同时，思政课改革创新的效果也开始显现了，如大学生的主体地位不断彰显，大学生的思政课获得感显著增强。学生不仅深化了对思政课的认识，且在获取知识的基础上进一步坚定了理想信念，塑造了正确的世界观、人生观和价值观，不断向着自由而全面发展的目标迈进。但改革创新提高没有止境，这些可喜的创新成果距离党和国家的要求、距离学生真心喜欢终身受益的目标还很远，新时代高职院校思政课教学的育人成效仍有不少提升空间。从某种意义上也可以说，某些积累已久的深层次问题仍未完全触动，如学生的学习动力、热情和态度问题等。因此基于 OBE 理念深度剖析高职院校思政课建设面临的困境，充分把握当前思政课改革的痛点、堵点和难点，才能深化教学和管理改革，增强思政课育人实效。

第一节
新时代大学生成长环境对思政课教学提出新要求

随着经济全球化和信息化迅猛发展、我国对外开放水平的不断提升和市场经济体制的深入发展，我国与世界各国间的文化交往、交流活动日益密切，在这一进程中，多元文化环境下国外各种社会思潮、价值观念相互交织，西方国家推行文化霸权主义，企图对其他国家进行文化渗透、价值变迁，这对我国主流文化和主流意识形态带来了一定的冲击，影响了高职学生的思想认识，不利于高职院校对大学生开展思想政治教育。

一、社会思潮的影响

随着经济社会的发展和多元化价值观的呈现，拜金主义、享乐主义、极端个人主义等错误人生观和价值观不时显现，部分大学生受其影响导致精神萎靡、理想涣散、信仰迷失，他们对社会发展中的现象如社会腐败、道德没落、人情冷漠等现象没有正确的认识，连带着对类现象分析以及价值观正确引导的思政课也产生反感和排斥的心理。因此，教师要发挥主观能动性，提高学生的兴趣度和体验度，同时联系实际的教学目标，根据教学内容和学生学习的特点，选取"近、小、实"贴近生活的案例，以落实培养学生基础素质为目标。当前各种社会思潮以更加隐蔽的方式渗透在大学生的学习生活中，呈现出多样化的现实表征：精致利己主义多方面冲击着部分大学生的集体主义观念，主张实现个人主义价值，强调逐利性与自我利益最大化，公共责任感缺失与共同体意识淡薄。他们在政治人格方面表现出非真实性，强调个性张扬，但又忽视奉献精神，缺乏集体责任感。一些大学生将金钱视为人生追求的标准，人生目标功利化、物欲化，漠视人生奋斗标准，滋生拜金主义倾向，将享乐主义奉行为一种人生目的，满足感官的需求和快乐，削弱奋斗意志。这些不良社会思潮的存在会致使新时代大学生政治信仰迷失，不利于大学生主体性政治人格的养成。同时西方敌对势力从未停止过对我国进行意识形态渗透，特别是近年来，我国意识形态领域面临着更加严峻的现实挑战。在我国社会主义制度优越性凸显、中国日益崛起的新形势下，一些别有用心的西方政客和敌对势力,不顾中国的政治实际情况,企图在理论层面和现实层面消解主流意识形态的话语权,试图阻碍中国政治发展的历史进程。理论层面上,他们鼓吹资本主义"优越论",不断抹黑中国特色社会主义,否定中国共产党的领导,肆意歪曲社会主义意识形态,不断冲击着马克思主义话语体系,消解马克思主义的权威性,中国政治实践在西方话语语境中被抽象化、妖魔化。在现实层面,他们利用民众的社会情绪和社会心理,放大中国政治实践出现的社会问题,鼓动人心,煽动民众动摇对执政党和政府的政治认同。如今新时代大学生在全球化的背景下成长起来,他们有机会接触各种不同的多元文化,极易盲目崇尚西方资本主义政治制度,中西方的差距容易引发大学生崇洋媚外,这在一定程度上也弱化了当代大学生的政治认同。同时西方文化霸权主义以更加隐蔽的方式渗透在文化生活的方方面面。他们往往凭借信息技术、互联网的技术优势,打着"平等、自由、民主"的旗号,宣传资本主义平等自由、独立政治人格的普世价值观,致使部分大学生将西方国家推崇的资本主义普世价值观当成世界各国通用的"真理",他们信奉外来主义思潮的"趋同论",主张做"世界公民"[①]。文化产品中蕴含了西方国家的文化意识形态内容,会在无形中侵蚀着当代大学生的主流意识形态认同。另外,信息化时代各种社会思潮充斥于人们的生活当中,大学生也受到来自社会上各种信息的影响。

二、市场环境的影响

市场化的现代社会,人们更多的是追求自我价值的实现,从自我出发去思考问题、从社会集体的角度去看待问题的相对较少,也导致集体道德观念日益淡薄。在现代化进程这样的境域下,社会更多的是注重利益性,对生活中事物的评判更多是立足自我利益的获取和自我价值实现的程度,这让大学生形成理性认知受到不少挑战。社会主义的集体主义是高校思政课需要培养大学生树立的正确价值观。在市场经济这种环境下,大学生要考虑的问题是如何增强自己在学校和未来社会上的竞争力,往往更注重自身的专业能力而忽视内在的精神素养和综合素养,缺乏对他人、社会的责任感。在面对问题抉择的时候,一些大学生则更多的是立足自身利益而缺乏对国家、集体利益的考量。这也使得我国高校思政课倡导

---

① 黄建龙.当代大学生政治认同的影响因素与对策分析[J].人民论坛,2013(8):150-151.

的马克思主义世界观、人生观、价值观和社会主义的道德观等正确观念受到挑战和冲击。在现代社会中,人们越来越多的是强调自我利益的实现,人们的思想更加趋于自我化和去传统化,集体关系越来越弱化,人们的价值观念也呈现出价值多元的特点,主要表现为以下两个方面:第一,集体观念越来越淡化。在现代社会中,人们的集体观念比较弱,对于集体的思考比较少,更多的是关注自我,强调个体与自我,更多的人把个体放在首位。第二,人际关系越来越个体化。现代社会,社会个体成员与组织的关系日益分化,个体成员与组织的关系不再像传统社会一样紧密,个体与外部社会体系之间越发分离,人与人之间更强调个体化。

三、网络环境的影响

在信息化网络化的现代社会,网络媒体已经成为现代人们生活不可缺少的一部分,其信息传播影响力远远高于传统媒介的作用。现代网络媒体、手机等媒介的普及,微信、微博、QQ等平台的运用无时不在、无处不有,渗透着人们生活的方方面面。美国学者凯尔纳指出,"媒介文化"的广泛使用,"意味着我们的文化是一种媒体文化,说明媒体已经拓殖了文化,表明媒体是文化的发行和散播的基本载体,揭示了大众传播的媒体已经排挤掉了诸如书籍或口语等这样旧的文化模式,证明我们是生活在一个由媒体主宰休闲和文化的世界里。因而,媒体文化是当代社会中的文化的主导性形式和场所"。[①] 大众传媒的发展是一把"双刃剑":一方面,大众传媒即时性、互动性、共享性的特点,能够使大学生方便快捷获取社会信息,了解社会动态;另外一方面,大众传媒的广泛应用,也会致使大量良莠不齐的信息充塞在网络空间,误导大学生的政治认知。市场化下的大众传媒追求利益最大化,主要表现为娱乐化、庸俗化和快餐化发展倾向[②],一些负面信息往往会通过大众传媒的传播,影响大学生的认知判断,影响大学生正确思想道德观念的形成。

信息时代的大众传媒使得大学生思想容易受各种思潮影响而波动不定,影响其对高校思想政治理论课教学改革创新的认可与参与。大学生作为大众传媒信息传播受众的主要群体,一方面,他们获取信息的渠道大大拓展。作为青年一代,

---

① 凯尔纳.媒体文化:介于现代与后现代之间的文化研究、认同性与政治[M].丁宁,译.北京:商务印书馆,2004:61.

② 唐昆雄,杨斌.大众传媒与当代大学生价值观困惑问题浅析[J].甘肃社会科学,2008(1):219-221.

大学生更热衷接受新事物，更容易接受网络新媒体，在生活学习过程中，对于网络新媒体的使用程度更大。微信、微博、QQ以及各种网络社交软件已经成为当前大学生学习生活过程中必不可少的社交手段和信息获取工具。另一方面，大学生甄别信息的能力有待提升。在全球互联网时代，网络信息中的政治文化渗透时时冲击着大学生的世界观和人生观。他们鉴别"精华"和"糟粕"的思维能力尚未完全成熟，思想观念正处于可塑期。由于社会经验不足、评判标准不全面等原因，他们信息辨别力有限，容易过度信任网络信息，对社会热点、敏感问题以及党和国家的大致方针往往理解不深、辨别不透。一旦网络上出现捏造歪曲事实、制造网络谣言的情况，有些大学生在各种良莠不齐的网络信息中便容易随波逐流，做出不符合现实的误判，甚至发表不当言论，对现实社会形成不正确的认知。

四、多元文化环境的影响

在经济全球化与信息高速化的浪潮下，我国对外开放的程度进一步扩大。当今时代是价值多元化的时代，世界范围内各种思想文化交流交融更加频繁，社会文化呈现出社会主义部分意识形态与其他各种意识形态交织博弈的局面，高职院校思政课被价值多元化的教育环境置于一种全新场域，这对大学生理想信念和"三观"产生了部分冲击。思政课如何发挥正能量，并在多元化中确立主导，增强对重大理论和现实问题的阐释力，这是面对多元文化环境所必须考虑的问题，由此，思政课所承担的任务也更加艰巨。多元文化环境有利也有弊，一方面，互联网的快速发展，多元文化环境有利于各国文化的相互借鉴，增强对世界各国文化的学习，许多新事物、新思想、新潮流对大学生的教育产生了很大影响；另一方面，多元文化环境下，大学生更加具有独立、自我意识，在知识学习上更加注重主观能动性的发挥，而不倾向于被动接受理论知识传授。同时，由于不同质量与形式的文化良莠不齐，多元的文化形态、思想观念在网络上交融或冲突，极易冲击大学生的思想与理念，侵蚀大学生的心灵，影响大学生价值观的形成，特别是对当代大学生建立正确的国家观、民族观和历史观有着重要影响。因此，要提高大学生的政治觉悟，培养其良好的政治素质，就要认识到政治认同教育的重要性。

五、部分社会问题的误读

国内社会现实环境给大学生成长环境带来机遇的同时，也有部分不良社会现实问题对大学生政治人格的形成产生消极影响。一定程度上，社会上还存在一些顶风作案、滥用权力、贪污腐败的社会现象，比如一些干部贪图享乐、骄奢淫逸之风滋生；一些干部利用职权、以权谋私；还有一些干部工作有名无实，漠视民众的呼声等。这些不良社会现象损害了党和政府的崇高形象和威望。从大学生的心理接受能力来说，他们对民主、权力和效率的追求心理更加急切，他们也易对这些不良社会现象采取零容忍态度。再从大学生的心理状况来讲，他们的社会心理还处于不成熟阶段，有些不具备正确的政治认知能力，缺乏对党和国家的深入了解，往往容易以点带面、以偏概全，以自己在社会生活中仅有的部分认知代替整体认知，个别社会现实问题就会在他们的认知里发生撕裂乃至误判，也容易忽视和否定党和政府所作出的一切积极努力，这在政治情感上就会产生对党和国家的政治疏离感。同时我国正处于全面深化改革的攻坚期，市场变化的不确定性加剧了部分大学生的就业压力和困难，这会使得他们产生严重的挫败感，有些人甚至会把这种挫败感投射到对党和国家社会治理能力的不满和怀疑，这在一定程度上会动摇新时代大学生的政治情感。

当代高职学生政治思想意识主流是积极健康的，对主流思想价值文化具有高度思想认同，对中国特色社会主义共同理想、发展道路和有关基本政治制度也是高度认同的，能够对中国特色社会主义形成广泛的政治共识。但当前世界处于百年未有之大变局，我国全面深化改革进入深水区，高质量发展迫在眉睫，深层次的社会矛盾和问题逐渐凸显出来，代表各种利益诉求的社会思潮空前活跃，西方敌对势力也图谋加紧对我国实施分化、西化，历史虚无主义、"普世价值"论、新自由主义、民主社会主义等错误思潮交织激荡，导致我国意识形态领域的斗争比较复杂。高等学校是思想活跃、各种社会思潮交互碰撞较为集中的地方，随着新媒体技术的发展，面对网上鱼龙混杂的信息和观点，高职学生涉世未深，缺乏科学理性的辨别能力和判断能力，容易成为各种错误信息和社会思潮的易感人群，从而引发其诸多的思想认识困惑、价值抉择困难和知行合一困境。

第二节
高职学生对思政课学习的内生动力有待提高

马克思主义哲学认为世界上一切事物都有其产生、发展和灭亡的历史，都处在永不停息地发展之中。这就要求我们要把握事物发展的客观规律，从整体、全局出发用发展的眼光看待事物。一个人思想政治素质的形成和发展，受到他生活在其中的各种人际关系和环境的影响，包括家庭、学校和社会等各种因素的影响，其思想政治素质也在不断发展变化之中。马克思辩证唯物主义告诉我们，内因决定着事物的性质和发展方向，大学生的内生动力是大学生自我发展的内在驱动力。

一、高职学生对思政课学习内生动力不足的表现

很多大学生在历经了紧张的高考步入大学后开始懈怠，显得非常迷茫，一时找不到奋斗的方向。尤其是我国大学"严进宽出"的做法，使得不少学生抱定一种"六十分万岁"的心态，几乎没有不能毕业的危机感，也因此导致高职学生思政课逃课或不听课现象较多；又因他们自我调节和适应能力欠缺、学习动力不稳定、求知欲望不强，对课堂学习不重视，往往是得过且过、能混则混，这都直接影响学生学习效果及教育质量。因此，准确把握大学生发展的内在因素，激发大学生的学生热情，提升大学生的内生发展动力，对提高他们对思政课的学习动力具有非常重要的作用。

（一）上课存在假在现场、伪在现场现象

部分同学不能正确处理学习与娱乐之间的关系，上课手机不离手，课堂上注意力不集中，很少做笔记，对课堂互动不积极，学习被动应付。难道是思政课学习不重要吗？有调查发现 76.38% 的同学认为"非常重要"，19.95% 的同学认为"重要"，仅有 1.15% 的同学认为"无所谓"或"没必要"，由此可见，绝大多数同学已经意识到学习思政课的重要性。但在关于思政课学习态度的调查中发现，仅有 33.33% 的同学认为自己在课堂上"始终全神贯注，跟着老师思路认真听讲"，35.46% 的同学承认"偶尔在做与课堂无关的事"，5.73% 的同学"基本不

听课，上课玩手机"，仍有 21.58% 的同学存在学习实用主义倾向，"只听与考试有关的内容"，3.90% 的同学"只听感兴趣的内容"（图 2.1）。调查还发现，大学生对提高自身思想政治素质、了解当今国内外形势、参与社会公共生活有着强烈的认同和需求，但他们往往满足于从网络上去获取碎片化的知识和信息。这些碎片化知识往往降低了获取知识的难度，且被省略了前因后果，东拼西凑、杂乱无章，缺乏逻辑性，浮于表面难成体系。对于当代大学生来说，他们正处于人生"拔节孕穗期"，其心智尚未完全成熟，甄别能力欠缺，容易被不良信息误导而产生认知偏差。同时他们由于过度摄取大量简短化、泛娱乐化和功利性信息，很容易养成单层次和简单化的思维方式，导致注意力涣散，产生急躁心理，不利于进行长时间系统学习。

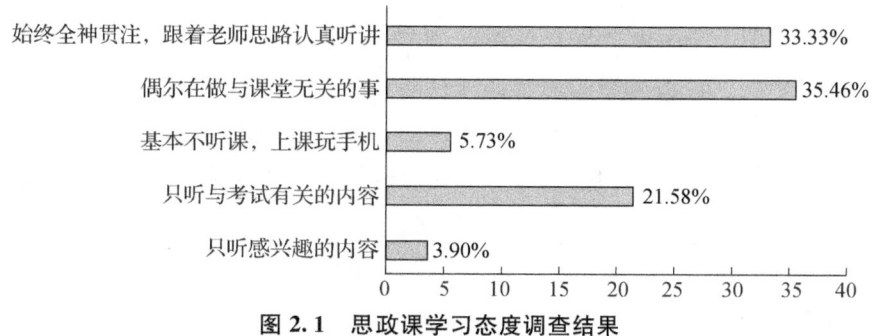

图 2.1 思政课学习态度调查结果

（二）自我调节和适应能力欠缺

大多数高职学生中考、高考中成绩并不理想，进入大学后，普遍学习自信心不足，他们在学习方法、学习习惯上往往有所欠缺，学习成就感不强烈，荣辱感不强。他们常常考试通过后没有喜悦，考试不及格时也感觉无所谓，等着开学前补考或重修。部分大学生没有明确目标或因受社会因素、家庭因素、周边同学因素等干扰影响，也可能因遭遇挫折甚至失败而怀疑自我。究其深层次原因，更多可能是因为理想信念缺失或不够坚定，对专业及个人发展了解不够，对自身定位不够准确，学习目的不够明确或学习态度不够端正，致使意志力不够坚定，难以持之以恒。而且，高职学生普遍习惯于小学、中学学习阶段老师的全方位帮扶及"灌输式"教学模式下的被动学习，到大学阶段的自主学习、拓展与创新等教学方式，存在或多或少的不适应。到了第二、三学年，伴随着对大学新鲜感的渐失、学习科目增多、部分科目难度较大的情况，他们常因没有主动调整学习节奏、积极探索适合自己的学习方法，导致部分科目考试成绩未达预期，有的则进一步产生厌学甚至畏惧心理，在不适应新的学习方式、学业成绩欠佳、学习动力减弱的恶性循环中无法自拔。

（三）学习动力不稳定

很多高职学生学习无规划，或者有规划但是因自身意志力薄弱，遇到困难或挫折易受环境等外部因素干扰而执行不到位，导致学习规划朝令夕改。就三个学年而言，他们在第一学年特别是第一学期积极性整体较高，上课纪律意识强，听讲认真，能看到很多同学在做笔记，课后主动向任课教师索要课件补充笔记和消化学习，主动跟老师探讨问题。但从第二学期开始，很多同学开始学习懈怠，记笔记的同学少了，课上老师提问，有的同学回答不上来问题甚至还理直气壮，这与第一学期时回答不上老师的问题感到羞愧对比鲜明，由此可见，这与新环境、新同学、新预期等有关。第三学年开始，面临较为激烈的转本竞争、找工作准备等因素，大部分学生的学习积极性较第二学年又会明显提升。调查发现，高职学生的厌学情绪是比较普遍的，不仅表现在思政课上，不少人对其专业课也大多采取平时不努力、考试搞突击的办法。"及格容易，毕业不难"，如此这般，恶性循环；"中学难读，大学好混"已成路人皆知的事实。对此，有关部门和高校似乎都没有有效的方法，角色尴尬的高职教师也鲜有勇气和办法去严肃课堂纪律、严格考试考核，大多采取"我尽力、你随意"的应对策略。现如今，大学生因考试不及格而毕不了业反而成了教师和学校的一个负担。由此可见，包括思政课在内的大学教育要不要加强教学管理、如何加强管理，仍然是一个令人头痛的问题。

（四）主动求知问学的兴趣不浓

大学生学习动机复杂多样，部分存在急功近利、肤浅急躁的学习风气，特别在思想政治理论课的学习上，有部分学生学习动机或为及格而学，或为入党而学，再或者为毕业优先推荐资格而学，不同学习动机导致学习态度的不同。思政课大多是大班教学，学生人数多，课堂讨论和课后实践开展有一定难度，教师控制和管理课堂教学相对耗时。所以部分学生课堂上开小差、看手机甚至是睡觉的现象时有发生。这反映了学生自我管理能力的薄弱。也有部分学生在思政课的学习中能够自觉发挥主体性，主动求知问学，学习思政课的情感体验比较愉悦。"主动求知问学"是指学生在学习过程中的由"要我学"转变为"我要学"，让学习成为学生的内在需求，是大学生从自身出发评价思政课教学价值的一种体现，也就是说，大学生认可思政课教学的作用和价值，他们便能主动学习。虽然大学生在参与思政课教学的过程中，可以获得即时的满足感与愉悦感；但是只有大学生在课堂场景之外，依然能保持对思政课内容探索的兴趣，才能体现出思政课教学对大学生产生持久性的影响力。学生在思政课学习中具有积极主动探索的兴趣，那么学习活动才是一种内心的享受，充满愉悦感。与之相反，学习思政课的自主性如果不够高，学生就较难收获愉悦的情感和体验。调查结果显示，大学生在学习思政课过程中，遇到难题或不懂的地方时仅有 19.37% 的大学生坚定地认为自己能够自始至终地保持主动向老师请教或自己主动探索。可以看出，大部分大学生主动求学的兴趣并不是很积极，大学生在参与思政课学习过程中主动性和积极性略有不足，思政课教学在激发大学生学习兴趣这一方面有待提高。

二、高职学生对思政课学习内生动力不足原因分析

马克思主义认为，内因、外因是唯物辩证法关于事物发展原因和动力的一对基本范畴，外因是事物发展变化不可或缺的条件，而内因才是一切事物发展变化的依据。内因和外因相互依赖、相互联系，这要求我们在认识和分析问题时，应该坚持内外因相结合的方法。新时代大学生学习动力不足，既受到自身内因的影响，也受到包括社会环境、校园环境、思政课教学质量等外因的影响。

从大学生自身认知状况来看。高职学生对自身全面发展的期待和要求往往不高。远大的理想与目标是产生持久学习动力的主要源泉。大学生要保持对自身全面发展的严格要求与积极期待，才能更好地意识到思政课对自身成长与发展的助力，积极主动地参与到思政课的学习中，获得愉悦的情感体验。如果大学生对自身全面发展的要求不够严格，可能会在没有真正明晰思政课对自身成长发展的实际价值时就认为思政课是"无用"之课，认为专业课比思政课更"有用"而不认真学习思政课，那么大学生会错失自我全面提升与成长的机会，也不会在学习思政课过程中感受到愉悦。大学生还可能存在即使认识到思政课对自身发展的有益之处，但学习态度依然不积极，只关注考试的成绩而不关注学习思政课的过程，那么他（她）就不会在思政课教学中充分发挥主体性作用，也不会产生学习的兴趣与动力，更不会产生学习愉悦感。因此，大学生在思政课学习中情感体验不够愉悦，有很大一部分原因在于大学生对自身全面发展的要求不够严格。很多高职

学生进入校园后，会面临理想与自身定位现实不符的情况，面对学习、情感、人际关系、就业等多方面的压力，再加上各种不良信息、网络游戏等各种外在的诱惑，很多意志力脆弱、心理承受能力差、竞争意识不强的学生便逐渐沉迷于及时行乐和随波逐流中，失去了目标和方向，也就失去了对自身未来发展的期待。

从社会环境来看。社会环境中的具体影响因素众多，较为直接的影响因素主要包括：第一，就业问题。近年来大学生面临就业难以及激烈的就业竞争，易产生学业成绩与就业状况相关度低甚至无关的误解，致使部分大学生的自信心受挫，学习积极性受到打击。第二，市场经济的发展导致价值追求更加物质化，拜金主义、个人主义以及"读书无用论"等在一定程度上影响着大学生的学习和生活，对大学生正确的人生观、价值观的树立产生了一些消极影响。

从校园环境来看。立德树人是一项系统工程，也是一项长期、重要、复杂的教育实践活动，与之相关的各类课程、各类实践活动、各种学习生活场景相互联系、相互依存、相互作用、互为发展的统一整体，对学生的成长和发展发挥着重要作用。作为受教育者，学生是一个完整的人，他们的成长是一个完整的过程，因而育人工作也应该是一个有机统一的整体。在高职学生求学生活中，丰富的课外活动、社会实践和岗位实习，乃至校园环境对学生都起着潜移默化的浸润和影响作用。由于课外活动更加生动有趣、贴近个人生活，尽管在课外活动中学生学到的可能是非正式的知识，却比常规课程更能够留下深刻长久的印象。校园环境是大学生重要的"隐性课程"，诸如管理制度、校风学风、校园文化、社团生活、创新创业氛围、师生关系等，都会潜移默化地对他们的成长产生积极而深远的影响。调查发现，仅有49.08%的同学认为自己与思政课教师之间"关系和谐融洽，经常交流"；30.96%的同学认为除了上课交流外，"师生关系平淡，只有上课交流"（图2.2）。校园文化是任何一所学校所具有的特定的文化气氛和精神环境，它承载了一所学校历史发展所积淀的大学精神，健康的校园文化本身就是一种隐性的思政资源，虽然它不是直接可以触摸到的，却是生活在校园之中的大学生时时处处都可以感受到的，以润物细无声的方式陶冶着学生的情操，潜移默化地促进学生的全面发展。校园文化活动是一种以学生为主体，以课外文化为主要内容的活动，在开展的过程中潜移默化地培养了学生的团队精神和合作意识。同时，各种社团活动及学术报告所创设的积极向上的文化氛围，让置身这种氛围和环境中的学生们，久而久之耳濡目染，成为一个有知识、有教养、有进取精神的人。

高职院校要充分运用好各种育人资源,发挥好各种育人渠道的作用,人人都在育人,时时都在育人,处处皆可育人,发挥协同育人效应,提升学生思想政治素质。

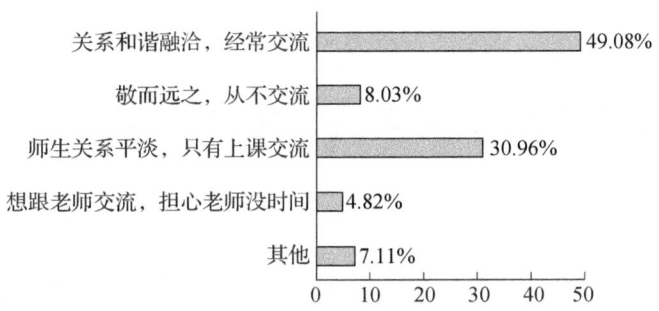

图 2.2　高职学生与思想政治理论课教师的关系及联系情况

从思政课教学效果来看。思政课是立德树人的关键课程,只有提高教育的针对性和实效性,才能有效激发学生学习的主动性和创造性。高职学生动手能力强,思维方式偏向形象思维,逻辑思维能力相对偏弱。他们学习上不太喜欢深奥的理论学习,而喜欢操作性、互动性的教学方式。在当前的思政课教学中,虽然大部分思政课教师意识到要发挥学生的主体作用,但实际教学中由于教师自身的教研水平不高、教学能力不足等原因,致使他们仍然片面强调对学生的教化作用,一厢情愿地把理论知识灌输给学生,忽略理论知识传授和价值观引导相结合,过于强调政治知识和价值观的外部输入,从而导致思政课课堂教学死板、教学效率低下和学生学习动力不足等问题。思政课教学存在的问题集中表现在教师讲通思想性难、讲透理论性难、讲准规范性难、讲活趣味性难、讲好实效性难,具体体现在如下几方面:一是教材内容更新与课堂授课相对滞后的矛盾。思想政治理论课的内容具备变动性,马克思主义中国化、时代化、大众化的最新成果会被及时补充进教材,以凸显课程的时效性;课堂授课虽然常备常新,但教师要深刻把握最新理论成果是需要时间和资料储备的。我们知道,理论创新与实践创新是相辅相成的,新时代会涌现出大量新问题,"问题倒逼"是进行理论创新的助推器,而创新了的理论应具备更强大的解释力。教师承担着对新理论成果进行正确解读的课堂责任,思政课教师要有精湛的专业素养,不但要尽快弄懂新理论成果,还要能运用通俗易懂和丰富多彩的课堂语言传授给学生,引起学生的兴趣,启发学生对理论学习的热情。因此,思政课教师在教学中应该不断提升自身的专业水平和教学能力,以知识为工具来支撑学习内容,以原理为支点培养学生的方法能力，以思想和理论的力量去感召和教育学生，才能激发学生的学习兴趣，进一步提升学生的价值判断和培育政治认同素养。

第三节
高职院校思政教育主渠道、主阵地两张皮现象有待防范

铸魂育人是一项系统工程。高等职业教育培养高素质技术技能性人才，涉及课内外、校内外、线下与线上、教育与管理、引导与约束等多个领域，涉及科研育人、网络育人、文化育人、实践育人、管理育人、服务育人、资助育人、心理育人、组织育人等多个环节，仅靠思政课教师是不够的。铸魂育人的教育主体还包括党政团学干部和辅导员等专兼职队伍、职能部门行政人员、其他学科教师、教辅人员、后勤服务人员等。教育主体的全员性，不仅要求高职院校所有教职员工都要高度重视立德树人工作，强化铸魂育人使命，也要求"主渠道"和"主阵地"要协同育人，才能取得良好的育人成效。但就目前的思政课教学状况来看，"主渠道"与"主阵地"两张皮现象仍然普遍存在。

一、主渠道、主阵地协调链接不够，致协同育人功能发挥不强

在发挥主渠道与主阵地协同育人作用的过程中，高职思政课教学存在着横向协调不够、纵向链接不够的情况，导致协同育人的功能发挥不强。部分高职院校思想政治教育主体没有形成立德树人的价值共识，教育理念不一，甚至存在个别教师只教书不育人，教师群体各唱各的调，协同性差，导致教育效果存在相互消解、相互抵消的情况。高职院校育人资源分布在教学、管理、服务、党建、文化、实训、心理、资助等不同部门和领域，部门之间平时缺少沟通和协作，会造成育人资源没有被充分利用；同时也由于缺乏有效的监督和评估机制，各部门各领域协同育人的主动性、积极性和创新性没有被充分调动和激发。高职院校思想政治教育既贯穿于学生从入学到毕业的整个过程，又贯穿于人才培养方案制订到课程设置、从备课授课到各项教学活动开展、从毕业设计到毕业实习的全过程。但在此过程中，各项思想政治教育活动缺少顶层设计和系统思考，一些学校在思

想政治教育的持续性和衔接性上做得不够，导致思想政治教育断层、缺位或重复，教育亲和力和针对性差强人意。因此，思想政治工作需要高职院校各部门各领域协同联动，互相配合，但在现实教育过程中，仍然存在着思政课程与课内外教学、课堂教学与课外实践、课堂教学与网络教学、柔性教育与刚性管理等不同领域之间各自为政、相互脱节的现象，致使高职院校思想政治教育工作较易出现盲区和真空，不能持续巩固与循序渐进地提升育人效果。

二、主渠道、主阵地结合不充分，致理论教学与社会实践相脱节

主渠道与主阵地是大学思想政治教育的重要组成部分，思政课教学是进行思政育人工作的主渠道，日常校园思政活动及其相关的活动实施人员，如辅导员、行政人员、党团干部等构成主阵地，思政课要有效发挥教育功能，离不开日常思想政治教育的协同，日常思想政治教育需要思政课的方向指引与理论支撑，两者相辅相成形成教育合力。但在推进协同育人实践中，却存在部分育人主体育德意识不强、育德能力偏弱、学科建设基础薄弱、教师队伍素质有待提升、课程内容丰富性不足、教学方式方法单一的情况。虽然，党政干部、思想政治理论课教师、团学干部、辅导员育人意识较强，而文化通识课教师、专业课教师、职能处室人员育人意识则偏弱，重知识传授，轻思想引领，忽视或轻视服务、管理、科研、资助、实践等环节当中蕴含的育人作用，呈现主渠道与主阵地相脱节的问题，这将消减思想政治教育的功能。二者之间的脱节性主要表现在：主渠道重视理论灌输，忽视学生的思想行为和生活实践，弱化了思政课的亲和力；主阵地则侧重满足学校管理要求与学生的生活需要，鲜少触及其中的思想政治教育意义，淡化了思政课的思想性。两者相脱节的主要原因在于不同职能部门相互之间互不干涉、各行其是，其工作职责、工作经验、理论基础等方面存在不小的差异，关注点也各有侧重，便容易出现各自为政、各管一摊的现象，致使教育合力难以形成，教育成效大打折扣。另外由于本位主义和功利主义作祟，部分育人主体对各自育人边界和相互关系认识不清，缺乏沟通协作，谁也不愿向前跨一步主动作为，导致各自为政、推诿扯皮，甚至产生条块分割的"壁垒"和"分力"现象，没有形成协同育人效应。

三、小课堂与大课堂衔接不紧，致校内与校外空间相分离

高等职业教育主张产教融合、校企合作、工学结合的教育模式。在学生社会化的成长过程中，离不开企业行业项目实训和顶岗实习，离不开社会教育、家庭教育、朋辈群体交往的影响。学生正是在丰富多彩的社会活动中，心智逐渐成熟，生活逐渐独立，为今后由校园人向社会人转变打下坚实基础。2022年，教育部等十部门印发的《全面推进"大思政课"建设的工作方案》提出，要充分调动全社会资源和力量，推动思政小课堂与社会大课堂相结合。高校应汇聚更加开放多元的"大思政课"资源，构建协同一体的"大思政课"机制，形成全域融通的"大思政课"合力，实现校内校外教育资源的有机整合。实践性是"大思政课"的本质属性，"大思政课"的鲜明特征之一就是把思政课放到社会生活中来讲，用思政小课堂来撬动社会大课堂。这明确了大思政课具有不同的课程形态，也强调了讲好思政课的思路是要与现实结合起来，这样思政课才具有生命力和现实感。但"大思政课"由传统的学校场域向社会延展的建设过程中，未能很好地实现思政课与社会现实的良性互动。一是校内计划与校外实施相背离。学校计划的制订没有综合考虑实际情况与学生特点，校内和校外分属两个场域容易造成计划执行偏离教学轨道，使具体的实施与预设目标不符。在计划上落实、在实施上落空造成小课堂与大课堂相互独立、相互脱离。二是理论与实践比重失调，重小课堂轻大课堂。重视理论教学轻视实践教学是思政课依然存在的问题，首先思想上就存在轻视的想法，认为只有理论教学才是主要的教学方式，社会实践只起辅助作用甚至可有可无。虽然国家早已明确提出了思政课实践的学时学分配比要求，但学校以及老师考虑到学生群体庞大、安全得不到保障、经费不足等问题，实践教学并未得到充分开展。三是社会教学内容与理论教学目标不统一。社会实践的目的是在理论与实践的配合中搭起一座桥梁，使学生增进对校内课堂内容的理解与吸收，再将知识转化为自身内在思想行为。但在实际工作过程中，存在分裂理论教学与实践活动的问题，未将实践内容与课堂知识有机统一，学生达不到"知其然，更知其所以然"的思想升华。

四、各领域各环节联动不强，致育人资源整合有限

坚持以习近平新时代中国特色社会主义思想铸魂育人，以政治成长引领学生

健康成长，是教育者的神圣职责。如何通过创新机制，整合人才培养各领域各环节的育人资源，提高思想政治教育的实效性，是思想政治教育工作的重点，也是思想政治教育工作的痛点。那么何为课程资源？理论资源与实践资源是课程资源的重要组成部分。理论资源包含经典思想、丰富建设经验等具有系统性的资料；实践资源包括社会活动、生活实例、场馆场所等以实践活动呈现的资料。"大思政课"的提出很大程度上就是要充分利用理论资源的同时，开发实践资源运用于课堂教授过程中。但就目前的思政课教学状况来看，思政课所需的课程资源不足，未能有效转化成为推动思政课发展的正向力量。

首先，各门课程理论资源衔接不顺畅，思政课理论资源没有得到有效开发。思政课是在党领导下的具有社会主义特征的国家课程。在百年奋斗征程中，中国共产党带领人民浴血奋战、百折不挠，创造了新民主主义革命、社会主义革命和建设、改革开放和社会主义现代化建设、新时代中国特色社会主义的伟大成就，只为实现中华民族伟大复兴的历史使命。学习这四个阶段的发展历程，不是单纯地掌握历史知识，而是通过学习教育引导学生深刻认识中国发展进程中所蕴含的理论渊源和实践逻辑，学会从历史经验中习得看待事物的方法，简言之就是政治教育。思政课中蕴含着丰富的"五史"内容，具有丰厚的史料背景。所以"五史"教育在当下乃至未来都是思政课教学极好的理论资源，但在各高校思政课教学过程中，"五史"教育未能很好地赋能思政课教学。一是缺乏整体和系统规划。"五史"内容庞大，与各门思政课程都有联系之处，由于其没有设定明确的课程实施教学方案，因而二者之间未能形成有机地衔接和配合，因此在各门课程学习中存在大量内容重复的现象，这使得学生难以全面系统地掌握。二是部分教师知识结构和专业素养不足，未能及时向当代大学生系统、完整地阐述清楚，让学生真切感悟中国共产党百年来创造的"四个伟大成就"其中的核心要义和重要价值。三是学生接受能力有较大差异，主要是理工科学生知识结构和人文社科类存在很大的不同，历史知识储备不足，当然部分人文社科类学生也存在同样问题，从而影响教学活动的开展和效果的呈现。

其次，课程思政与思政课程有机联动不够，学科育人资源挖掘不深。大力推进课程思政与思政课程的协同，发挥课堂教学育人主渠道作用，实现各类课程资源的有效整合。习近平总书记在全国高校思想政治工作会议上发表重要讲话，要求课程思政和思政课程要同向同行，发挥协同育人作用。一方面，要更加重视思政课，配齐建强思政课教师队伍，推动思政课创新改革，不断增强思政课的思想性、理论性和亲和力、针对性，提高学生对思想政治理论教学的获得感和满意度。另一方面，其他各类课程都要与思政课同向同行，形成协同育人效应。要充分挖掘文化通识课和专业课程蕴含的育人资源，坚持显性教育和隐性教育相统一，整合并发挥这些课程和教学方式的育人功能，让所有任课教师都切实承担起育人职责。但思想政治教育与学生专业教育之间某种程度上存在"不相往来"的现象，高职院校思想政治教育存在着教育资源没有充分整合与优化的弊端。思政课教师平时不太关注专业教育导致教学的针对性和实效性不强，文化通识课教师和专业课教师不大熟悉思想政治教育而重知识传授轻价值引领，二者相向而行、协同育人做得不够，各学科的思想政治教育资源没有充分挖掘。

  再次，课内与课外的有机联动不够，课外资源整合不够。近年来，由于课程思政与思政课程协同育人的大力推进，高等职业院校在挖掘课堂的德育资源上取得了一定进展，但大部分仍然停留在校内理论教育的层面，社会教育资源没有得到有效利用，与思政课程融合不具体。同时，校内校外、课内课外的资源整合机制不畅，诸如对产教融合育人、地方博物馆与规划馆等蕴含的育人资源挖掘不深，利用不充分；高职院校校园文化教育、图书馆、体育馆、宿舍、专业实习实训场馆等教育教学空间的教育功能没有充分发挥，没有形成处处皆可育人的叠加效应。可以说，社会教育资源能否深度转化为课程教学资源，是有效检验"大思政课"建设成效的标准之一，也是"大思政课"建设价值的重要体现。"大思政课"最终是为了培养社会主义建设者和接班人，在育人过程中，关键是让大学生能把理论转化在实践的运用当中，只是一味地灌输理论很难做到"入脑""入心"，必须结合实际资源，真切感受与体验。但是，很多实践资源困于场域受限、思想跟不上等因素，在思政课实际教学中，没有将其转化为教育资源，使之无法贴近学生生活，引起学生共鸣，达不到思政课育人效果。此外，虽然各级各单位组织学生开展校外社会活动的场次不少，部门投入的资金力度也较大，然而这些实践活动却没有取得与之匹配的效果，存在流于表面的现象。具体表现在：首先是思维不够宽阔，视野未放长远。不少高校只注重本校内的实践资源的开发，对于社会资源的利用没有融合进来，忽视了社会素材的真实性和鲜活性，以至于学生对所学理论内容难以理解和信服。其中各地高校最容易忽视的就是地方特色资源，那是距离学生最近、最容易接触到的社会资源，也是最方便开展理论与实践相结合的教育场所。地方特色资源拥有极具意义的价值。其次是教育管理部门和学校对实践活动的规范化管理不够，对过程缺乏指导，对结果缺少监督，导致资源的开发与利用都受到了限制和阻碍。

最后，线上线下的联动不够，网络空间资源使用不够。 尽管很多高职院校探索了网络公开课程，开通了一些在线课程和网络教育平台，包括大学 MOOC 在线开放课程、易班平台、职教云资源库等，试图突破时空的限制，但是大多局限于将教材内容或课堂教学知识等简单地复制到网络空间，很多微课大都是知识和概念性的介绍，缺乏新度和深度，且学生仍然是被动接受知识和信息的"旁听者"，师生互动性差，学生主动参与性不强，教师线上线下混合翻转教学的技术运用不精，线上线下两个场域的优势资源没有很好互动，协作互补育人不强，各个领域的育人效应发挥不足，难以通过联动来实现育人的融合效应。在网络空间方面，没有搭建相应的社会实践网络平台，现有社会实践资源缺乏统筹规划。社会大环境的教育合力作用尚未充分形成，各教育载体之间的联系与合作不够紧密，无法做到各种资源实现综合开发、利用、高效整合。

第四节
高职院校思政课教学的精准供给有待提升

思政课教学，既要授人以鱼，又要授人以渔，既教知识又教方法，对学生思维品质进行训练。马克思主义理论既是世界观的学说，又是方法论的学说。思政课程闪耀着马克思主义唯物辩证法的光芒。思政课的教学实施可以提高学生的理论思维能力和政治认同素养，教会学生认识世界和改造世界的根本方法，拓展其理论视野和思维空间，提高大学生透过现象把握本质、通过偶然现象揭示事物内在规律的能力，帮助学生辩证、历史、客观地认识事物，树立科学的世界观、人生观和价值观，更好地认识世界、参与实践、规划人生，科学看待经济社会发展的新常态，使学生能在错综复杂的社会现象中把握人生航向，身处逆境而百折不挠，身在顺境而不沾沾自喜。从当前高职院校教学"供需平衡"的角度看，教师的"供给侧"与学生的"需求侧"在一定程度上存在一定脱节或错位情况。

一、高职院校思政课教学精准供给面临的新困境

高校思政课教学要素是由供给侧、需求侧及供给手段共同构成的，科学高效的思政课教学离不开这三者的协调发力和高效配合。当前思政课教学供给与学生需求之间仍然存在较大的"供给差"，主要表现在思政课教学针对性不强、供给低效、供给不精准、存在碎片化倾向等现实难题。

（一）供需失衡：过于突出社会化的目标要求，忽视学生个性需求

新时代高校大学生作为21世纪中叶实现伟大复兴的中坚力量，面对两个大变局的挑战，对他们进行思想教育及让他们产生对党和国家制度的高度认同至关重要。党和国家高度重视培养大学生的思想政治素质，对高校思政课建设提出了更高的要求。但这些要求往往是从社会需要本位出发，强调服务于国家大政方针和意识形态需要，关注大学生的思想要与国家和社会要求相契合，坚定他们一生的理想信念，完成其灵魂塑造，引导他们承担社会责任。因此，思政课教材所指向的价值认识和学生能力的培养目标宏大、任务艰巨。在思政课教学的实际过程中，大学生往往站在个人角度来认识和解决问题，他们普遍追求课程对个人职业发展和未来成长的作用，注重教育教学对个人素质和能力的提升，偏爱个性化、精细化和品质化的教学内容和教学设计。而思政课的内在要求更多的是引导学生能够从国家和社会全局的角度去认识问题。这造成了教学内容与他们的生活和愿望相脱节的情况，导致了在实际教学中出现了一系列影响思政课教学质量的因素，思政课教学仍未达到党和国家的期望，思政课的功能和作用没有被充分发挥出来。只有切实解决好既符合国家的需要又满足学生的成长期待之间的矛盾，才能切实提高思政课教学的质量和实效性。

（二）供给乏力：价值多元消解社会主义核心价值观的引领力

高校思政课承载着我国主导价值即社会主义核心价值观的教化功能，反映着党和国家的意志，旨在帮助大学生形成与我国主流意识形态相协调的理想信念、思想品德、政治和法制等观念，塑造其优秀的个人品质。而当今世界大国间的政治博弈和战略竞争非常激烈，以美国为首的西方国家善于操纵新兴的媒介工具，通过政治、经济、文化等手段影响世界舆论风向，图谋用它们的意识形态、政治观点、价值观念和生活方式等，伺机对我国青年一代进行历史虚无主义、极端个

人主义、犬儒主义、享乐主义和拜金主义等价值观念的渗透和围猎，妄图以此来解构和颠覆中国的主流意识形态。尤其是"00后"的大学生群体，他们面对互联网带来的冲击，极易受网络"意见领袖"、负面新闻"爆点"和西方价值观的影响。面对纷繁复杂的国内外舆论环境挑战，尤其我国正处在实现中华民族伟大复兴的关键时期，思政课教学必须培养出具有坚定信仰、使命意识、家国情怀、创新能力及国际视野的竞争性人才。为此，高职院校思政课教学首先要从价值认同上，统一大学生的思想认识。任何国家和社会都要有一种主导价值或价值认同来整合社会的多元认识，否则这种情况将对社会和谐发展不利。要成功化解我国大学生思想意识中普遍存在的社会主义核心价值观与多元价值取向之间的矛盾，就必须以社会主义核心价值观为主导，统领和整合多元价值取向，这是思政课教学的重要任务。

（三）供需错配：过于重视教学形式而淡化教学本质追求

随着信息技术的发展，"00"后高职学生成为"网生一代"，他们学习空间、学习期待和学习习惯等在无形中发生了变化。与传统学习相比，他们在进入课堂学习之前，已经将上游的互联网平台上的信息过滤了一遍，课堂成为他们学习的下游空间，因此他们对教学的期待更高，一旦感受到教学实际和教学期待之间的落差，就会对课堂教学产生一系列的排斥反应，立马将注意力转移到通过互联平台进行虚拟化和感性化的学习上。而且他们的认知方式呈现出"易变化、碎片化、多维度"的特征，喜欢猎奇，对新奇事物有极强的兴趣度和关注度，而不会长时期地关注某个事物的发展。他们惧怕抽象思维，对理论学习容易产生排斥态度或具有理论上的冷淡主义，习惯于虚拟化影像的直观感性刺激，这成为思政课教学的一大困境。同时，为了迎合大学生的学习特点和学习兴趣，在高校思政课教学实践中，教学供给主体尤其是年轻教师往往将教学重心放在教学方式方法的创新和改善上，更多注重思政课教学的外在形式，热衷于在课堂中嵌入现代化的教学手段包括视频、图片、VR虚拟仿真、动画等，片面追求博取学生的眼球，从而把大量的备课时间和精力消耗在教学视频剪辑与教学课件美化上。思政课变成了轻松欢快的视频、PPT展示课，教学内容供给的学理性、思想性、政治性和价值性却被忽略。单纯追求标新立异、哗众取宠很难让需求侧的思想、思维、知识、能力、态度、意志、情感得到提升。从表面和形式上看，这样的思政课教学方法和手段先进、课堂氛围轻松活泼，但从教学效果上看，它偏离了"以学生为本，以学生需求为导向、以内容为主"的思政课精准供给原则，很难从质的层面真正推动教学创新改革。在一项对新媒体教学及智慧教学工具所持态度的调查中显示，37.84%的同学选择了"一般喜欢"（图 2.3），这说明不少同学并不是很在意教学形式。因此，思政课教师必须根据时代变化，在坚持"内容为主"的前提下，适当借助新媒体，用以增强教学趣味性，吸引学生在教学活动中的注意与投入。

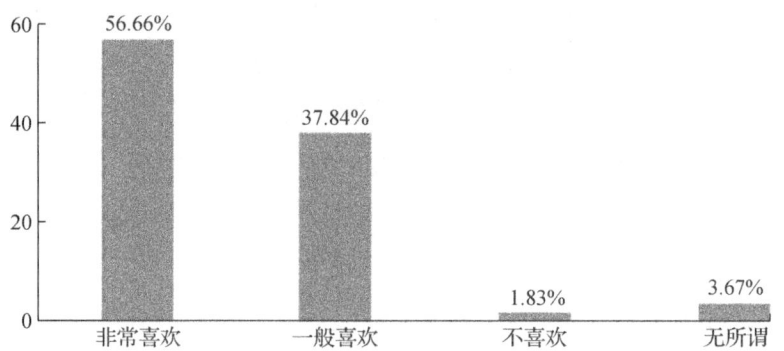

图 2.3　学生对新媒体教学及智慧教学工具所持的态度调查结果

（四）供给不周：过于重视理论知识评价，弱化能力价值评价

课堂教学评价本质上是督导教师培养学生适应社会需求的品格、素养与核心能力，是对课程教学是否达成育人目标的验证。探索构建科学、合理、有效的评价考核体系，是提升思政教学质量和调动学生学习积极性的根本遵循。由于思政课教学的育人效果在短时间内难以得到有效体现，很多学生眼前认识不到思政课对于自身未来发展的价值，往往将思政课学习过程仅仅归于为了获得学分，严重影响思政课在价值引领、知识传授和能力培养方面的主渠道作用发挥，这在高职学生身上体现得尤为明显。因而，思政课教学质量评价中应包括学生掌握的理论知识、科学价值观的形成、解决问题的能力三个方面的评价模块，而当前的教学评价侧重于对大学生掌握马克思主义中国化理论知识的评价，更多的是着眼于学生最终学到了什么知识，还欠缺什么知识，而对大学生世界观、人生观和价值观发展变化及其运用马克思主义理论思维解决现实问题能力的评价较少。对教师的教学评价则更多偏重于课程内容的推进、教学任务的完成、理论逻辑的推理和教学方法手段的多样化，对教学是否符合学生特点和学生需要、是否能够激发学生学习动力等方面的评价明显不足。这种评价机制重知识、轻能力和弱价值引领，不利于提升大学生认知判断能力、创新能力和实践能力。同时考核过程中，教师

对学生的学习过程和学习效果缺乏动态有效跟踪，因而无法准确掌握学生的学习情况，也就不能及时调整和改进教学策略和教学方法，更不能针对学生的个性需求及时做出反馈。学生一旦缺乏学习获得感，就会逐渐丧失学习兴趣和动力。

二、思政课教学精准供给不足的原因分析

教学是由"教"和"学"共同组成的双向互动活动，是教师主导性与学生主体性协调统一的过程。离开教师的主导，学生主体性就会因缺乏相应引导和帮助难以发挥出来；而如果忽视学生的主体性，思政课就会变成机械的灌输，学生的学习热情和积极性就会因此被压抑，良好的教学效果也就成为空谈。教师时刻面临着更新教学理念、优化教学内容、教学设计和教学策略方法等供给能力的挑战。高校思政课教学要素是由供给侧、需求侧及供给手段共同构成的，科学高效的思政课教学离不开这三者的协调发力和高效配合。当前思政课教学供给与学生需求之间仍然存在较大的"供给差"。分析造成思政课教学精准供给不足的原因，主要有以下几点：

（一）部分思政课教师专业化程度不高

教师是行使教育职权的主体，主体综合素质高低决定着教育水平与教育效果。思政课教师肩负重大使命，他们要传授知识，还要创新价值；他们要博学多识，还要具备亲和力；他们要传播信仰，还要做信仰的践行者。当前，一些思政课的教师还处于偏低的水平，主要表现在专业化程度偏低、知识的掌握较为陈旧、专业知识技能基本素养偏低等。此外，还有些思政课教师的知识不能够顺应时代发展而更新换代，一些教师对社会热点问题并没有及时关注，在教学中更多的就是利用简单的名词解释进行说教，并未结合当前的社会热点问题进行阐述相关理论，使思政课变得索然无味，降低了思政课教学的吸引力。其实，思政课不只是一门知识类课程，它更注重对学生价值观念的建构，需要教师对意识形态领域的各种问题具备敏锐的判断力，并进行认真研判，对不良观念要及时纠偏，在大是大非原则问题上要敢于亮剑。在课程授课方面，教师应钻研授课技巧与课堂设计，以问题为导向，做到以德育人、以理服人、以情感人。新时代国家对思政课教学质量和思政课教师队伍建设尤为重视，在职称评定方面，思政课教师也得到格外"照顾"，可以实行单列计划、单设标准、单独评审，这极大地增强了思想政治理论课教师钻研业务、专心教学的信心；同时国家也加大了思政课教师培

训的力度，对思政课教师进行系统培训逐渐成为常态，大大提高了他们的业务水准，对课程教学大有裨益。但也存在大量面向思政课教师的培训针对性不强、质量不高的问题，再加上仍然有很多教师不够重视自身业务能力的提升，培训应付了事，这从整体上影响了思政课教师专业素养的提升。此外虽然近几年国家要求，严格按照师生比不低于1∶350的比例核定专职思政课教师岗位，各高职院校对此也做出了缩小差距的努力。但整体上而言，因为担心学生生源下降问题，高职院校思政课教师的师生配备比例普遍不足，教师工作量大，教学任务重，不得不把主要精力放在完成教学上，缺乏钻研教学和进行业务学习进修的时间和精力，难以进一步学习专业知识和提高自身专业素养。

上好一堂思政课要求任课教师具有高超的教学技能，熟练地组织和安排教学环节、教学节奏、教学过程，而且要求具有高度的政治意识、扎实的专业功底和宽广的学术视野。正如习近平总书记所说，思政课教师"视野要广，有知识视野、国际视野、历史视野，通过生动、深入、具体的纵横比较，把一些道理讲明白、讲清楚"。在对"哪些原因影响思想政治理论课教学效果"的调查中发现，38.76%的同学认为"教材过于偏重理论，与现实结合不足"，41.06%的同学认为"教学方式不够丰富多彩，灌输型的教学模式，学生参与度低"，34.17%的同学认为"教学内容与学生实际需求的关联度不高"，24.54%的同学选择了"教师授课方式及教学手段缺乏感染力与体悟力"，18.58%的同学选择了"受社会环境的消极影响"（图2.4）。而在另一项关于"您认为教师的以下因素对您学习思想政治理论课有怎样的影响程度"的调查结果显示，排在第一位和第二位的分别是教师的"人生观、价值观"和"人格魅力（包括课堂表达能力、幽默感、亲和力等）"。由此可见，教师自身的专业素养及业务能力，直接影响着学生的获得感和教学的实效性。要成为一名好的思政课教师必须做到：第一，应具有较高的政治素质。思政课教师政治性要强，要牢固树立起对马克思主义的科学信仰，真学真懂真信真用马克思主义世界观和方法论。第二，应具有深厚的马克思主义素养。思政课教师应熟读马克思主义原著，善于运用马克思主义原理，提高教学的针对性和现实的解释力。第三，应具有广阔的知识视野。思政课教师只有不断学习，才会具有宽广的知识视野，才能有效地指导学生运用马克思主义社会科学方法论解决本专业领域中的理论问题或现实问题，从而凸显马克思主义世界观方法论的吸引力，提高学生的获得感和满足感。

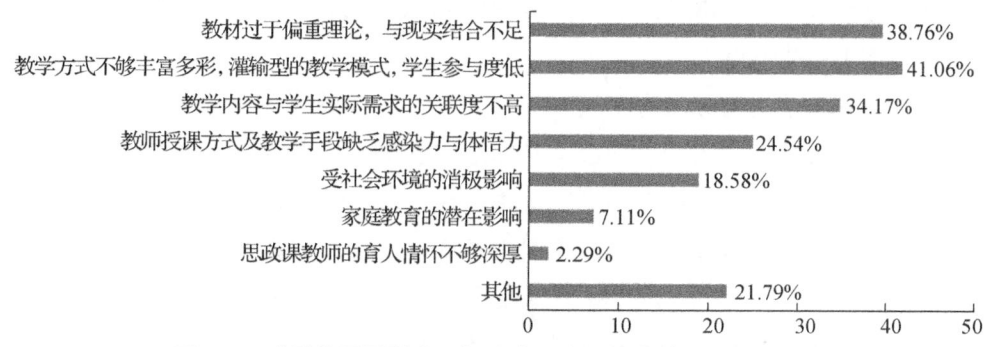

图 2.4 "哪些原因影响思想政治理论课教学效果"调查结果

（二）思政课教学内容吸引力不强

教学内容是开展教学过程的关键，教学内容能否适应新时代要求，能否充分体现高职院校学生特色要求，能否紧密结合学生实际，是高职院校思政课教学是否具有吸引力的关键所在。换而言之，思政课教学要紧跟时代发展要求，既要坚持根本的思想政治教育导向，又要兼顾职业和就业导向，教育和培养学生的职业能力、就业能力和实践能力；既要掌握马克思主义基本理论及其立场、观点、方法，又要考虑实用性和实践性，学会运用其分析和解决社会现实问题的能力，两者不可有所偏废。但在目前，思政课教学内容仍然存在这样那样的问题。主要表现在：一是教学目标定位过于偏重思想政治和意识形态导向，而忽视了职业导向和方法能力的培养；二是教学体系和教学内容未能真正体现高职教育的实用性、实践性特点。教学内容过于强调统一性而忽视高职教育的特定性、实用性和职业性，与学生实际、社会实际、就业工作实际结合得不够紧密，比较普遍存在着重课本、轻应用和重理论、轻实践的现象，具有高职教育特色的思政课教学内容体系尚未建立起来。传统教育内容所占比重偏大，教学内容的现实性、针对性不够强，未能更好地直面学生关切。有的任课老师没有及时更新讲稿内容，未能运用原理评析重大国内外时事，缺乏反映时代特点和现实的鲜活材料，教学内容与社会现实相脱节。而大学生作为社会公民，较为关注社会热点并具有了解社会以及理性认识社会发展的需要，所以他们希望思政课教学能够对其所关注的社会问题进行有透彻力、批判力与重塑力的解释。思政课教学内容如果未能回应学生关注的社会现实问题，未能让大学生掌握分析社会现实的立场、观点和科学的思维方法,则会导致大学生"需求外溢"向其他的知识场域寻求满足[1],从而稀释大学生思想认知上的受益感。

教学内容与学生实际结合不密切。结合高职院校特点的教学内容相对较少,比如"毛泽东思想和中国特色社会主义理论体系概论"这门课,政治性和理论性强,与大学生的思想实际结合不是很紧密,在一定程度上无法提高学生学习思政课的兴趣和积极性。思政课教学的吸引力降低,导致教学效果大打折扣。调查中显示,虽然60%以上的同学选择了思政课教学"知识逻辑严密,具有说服力"和"课上内容生动有趣,具有吸引力",但依然有51.61%同学认为自己目前所学的思政课教学内容是"贴近学生日常学习与生活"实际的,另外仅有43.81%和41.97%的同学认为思政课"有解答学生成长发展困惑""积极回应学生关注的社会热点问题"(图2.5)。由此可见,近半成学生认为当前的思政课教学内容与学生实际、社会现实联系不密切。高职院校思政课教学内容的改革创新,除了理论要密切关注社会现实外,还应把思想政治教育与就业导向结合起来,既要突出思政课本身的特点和功能,坚持根本的政治导向,又要紧密结合学生的专业实际、将来从事的职业岗位实际及职业发展所必需的职业素质和职业能力,将知识传授、价值塑造与职业素质培养渗透有机结合起来,积极构建适合经济社会发展要求和高职院校人才培养目标的思政课教学体系。

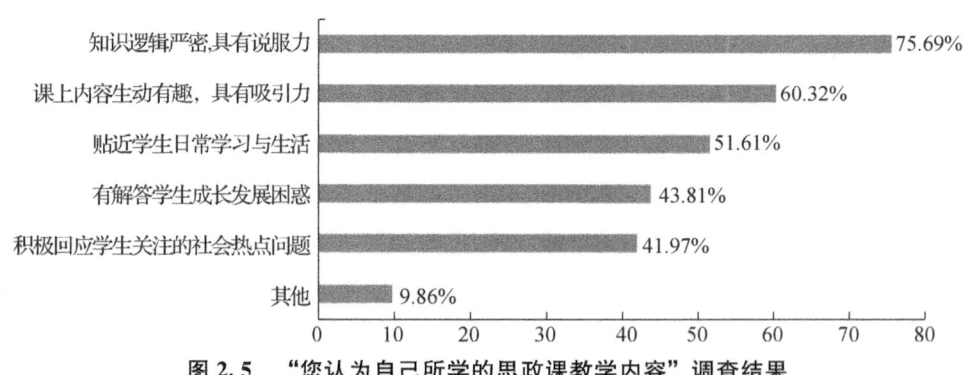

图2.5 "您认为自己所学的思政课教学内容"调查结果

(三)思政课教学方法吸引力不强

思政课的教学效果、质量,与教学方法的运用有着密切的关系。笔者在对高

---

[1] 程仕波.论大学生思想政治教育获得感的生成机制[J].黑龙江高教研究,2020,38(6):108-112.

职院校思政课教学实际情况的研究与剖析后,得知其在教学方法上存在着一定的弊端,进而影响到思政课教学的吸引力。首先,教学形式相对陈旧,缺乏创造性。现阶段,高职院校教师在思政课教学过程中仍然是将灌输作为核心方法,拘泥于书本知识灌输式传授,将教育者的主动性、自主性放在首位,而对教育对象的主观能动性上没有给予足够的重视,教学过程中很少联系学生实际,这影响思政课教学的深度与效果。在对"学生喜欢的思想政治理论课教学方式"的调查中发现,排在前三位的是"师生探讨式教学""实践活动式教学"和"新媒体网络教学",而"教师灌输型教学"排在第四位(见图2.6)。调查显示,部分思政课教师仍然采用传统的教学方法,而并未借助于互联网、多媒体等来实现教学方法与手段的现代化,教学的吸引力大打折扣。由此可见,学生普遍喜欢互动式教学。而现阶段,部分思政课教师在教学设计期间,并没有考虑到不同学生个体间的差异,部分教师会将相关思想直接灌输给所有学生,在此背景下学生不但无法提出自己认可的道德规范、道德取向,而且想要通过实验、实践等方式来体验道德规范、道德取向所带来的快乐是尤为困难的。

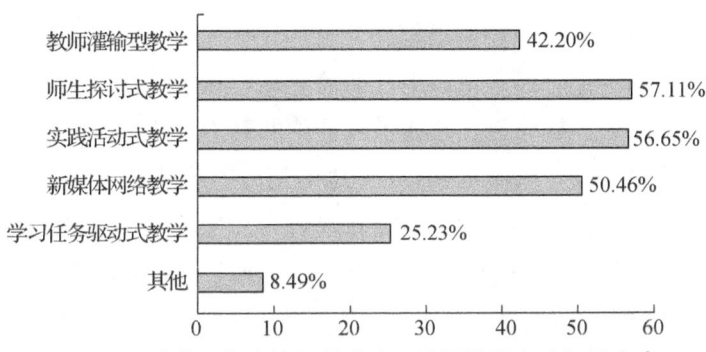

图2.6 "学生喜欢的思想政治理论课教学方式"调查表

教育部原部长周济表示:"教学方法并不是固定不变的,对学生学习、教学有利的方法就是合理的。假如思政课教师在课上通过念讲稿的方式向学生传授相关概念、内容、观点,那么很难调动学生学习的积极性。"在信息化时代,网络技术对思政课建设的作用非常突出,促进现代信息技术与思政课堂教学深度融合、探索线上线下相结合的教育模式成为新趋势。新媒体的发展进一步打破了师生在时空上的间隔,促使师生之间思想、情感的交流更顺畅、更直接。这就要在提高传统教学质量的基础上,进一步发挥网络信息技术的优势,优化学生获取信息的方式，满足对知识的追求和对情感的满足。而在实际教学中，存在着教师教学理念落后、教学方式单一、教学方法缺乏创新性等情况，出现教师在台上滔滔不绝、学生在台下昏昏欲睡的现象。究其原因，是思政课教师媒介素养不足，制约了他们运用媒介的能力；职业技能更新滞后，造成教师在信息领域"失声失语"，跟不上学生活跃的思维、网络的发展速度，消解了"大思政课"时代解读的时效性，其具体表现在固化的传统教学理念和拘泥于书本的空洞理论说教，弱化对知识的优先接收权和对舆论的控制衔接权，难以运用学生喜闻乐见的网络语言对时事热点进行理论分析和价值引领。教师信息技能运用的欠缺，消解了"大思政课"课堂诠释的实效性。

（四）思政课教学语言风格不接地气

当前思政课教学过程中仍然普遍存在用理论解释理论或用政策和文件语言来阐释理论的问题，教学内容的宏观性和理论性较强，教学话语与学生现实生活存在明显"断层"，甚至"思政课传播者为了避免话语传播中的'解释错位'，常常选择照本宣科或直接搬抄教材话语与理论"[①]，没有切近学生生活与需要进行阐释解读，思政课话语成为理论的"空中楼阁"，难以回应学生切身需求、解答学生现实困惑，导致学生听得云里雾里、似懂非懂。这呈现给学生的感受是理论虽然讲深了，但没讲透。思政课正是凭借其理论的魅力征服人的，思政课教师既要掌握话语权，又要讲好"故事"。习近平总书记以其家常话与亲和力为我们广大思政课教师做出了榜样。如何增强思政课吸引力、把准学生思想脉搏、引导学生回归理性，始终是权衡思政课实效性的依据。理论不是枯燥的词句和晦涩的逻辑，不能无病呻吟，理论是鲜活的事例的抽象。学生的主体地位与能动作用决定了思政课话语传播不是单向、被动、填鸭式的语言灌输，要实现话语的入耳入脑入心，就必须从学生出发，以贴近青年学生角色、需求、感受的方式设计话语内容，转换话语模式。反观现实，当前思政课话语与青年学生话语体系难以契合，吸引力不够、影响力不足，直接影响思政课育人实效。由此，思政课教师需要在具体教学实践中，依据场景与对象对课程内容进行"再加工"，通过话语搭建教材理论与现实生活的桥梁。此外，新媒体话语由于表达方式与传播载体的优势，对作为网络"原住民"的当代青年学生具有极大的吸引力与感染力，契合学生对

---

① 于智慧.多重话语空间对高校思政课话语体系建构的影响[J].社会科学，2017(11)：41.

于新奇观点与表达的需求，在青年群体内具有较大影响。许多思政课教师运用网络媒体平台的意识和能力欠缺，无法有效利用其他"声音"辅助教学，进一步加剧了网络话语对思政课话语空间的侵占，思政课堂上的"低头一族"充分反映了话语空间争夺中课堂话语的落败。

总之，教育要面向现代化、面向世界、面向未来，要求每位思政课教师充分认识思想政治教育在人才培养中的重要作用，积极提高自我学习能力和教学业务能力，掌握并利用信息技术，开发教学资源，充分发挥思政课教师的创造精神和创造才能。思政课事关中华民族的千秋伟业，意义重大。作为办好思政课的关键，教师是立教之本、兴教之源。因此，我们要从实际出发，研究新情况，解决新问题，以社会需求为导向，调整符合社会要求和学生成才的人才培养目标，充分考虑到学科门类、专业、学生个体需求的差异性，采用因材施教的教学理念，最大限度地做到"精准供给"，改变过去"重整体、轻个体""重灌输、轻实践"的教学模式。

第三章

基于 OBE 理念的高职院校"大思政课"协同育人

青年思想政治素养的形成是一个系统工程,单靠思想政治理论课的教学实践是远远不够的。正如习近平总书记强调的,要"用好课堂教学这个主渠道,思想政治理论课要坚持在改进中加强……其他各门课都要守好一段渠、种好责任田,使各类课程与思想政治理论课同向同行、形成协同效应"[①]。长期以来,在科技理性的支配下,高校教学偏重科学素养而弱化人文素养,"教"与"育"没有实现高度融合。要扭转单一的思想政治教育状况,必须多管齐下,从专业课教育、通识课教育、实践课教育、思政课教育、校园文化营造、网络文化建设、大学生社团文化建设等多方位着手,通过构建协同育人机制、推进课程思政和思政课程同向同行、融合"主渠道"和"主阵地"助力课程育人、整合协同育人资源和平台等举措,打造"大思政课"新格局,形成育人合力,发挥协同育人效应,为社会培养输送优秀的应用性人才。

---

① 全面推进高等学校课程思政建设:教育部高等教育司负责人就《高等学校课程思政建设指导纲要》答记者问[EB/OL].(2020-06-05)[2021-04-30]. http://www.moe.gov.cn/jyb_xwfb/s271/202006/t20200604_462551.html.

第一节
构建"大思政课"视域下"三全"协同育人机制

思想政治工作是学校各项工作的生命线，思想政治教育与高职院校人才培养密切相关，关乎"培养什么人、怎样培养人、为谁培养人"的根本问题。习近平总书记在2018年全国教育大会上提出，要创新构建德智体美劳全面培养的教育体系，强调要创新全员、全过程、全方位的协同育人体系和育人机制，切实把立德树人融入人才培养的各环节和各领域，努力培养中国特色社会主义事业的建设者和接班人。[①]《职业教育提质培优行动计划（2020—2023年）》则明确指出："落实全员全过程全方位育人，引导职业学校全面统筹各领域、各环节、各方面的育人资源和育人力量，教育引导青年学生增强爱党爱国意识，听党话、跟党走。引导专业课教师加强课程思政建设，将思政教育全面融入人才培养方案和专业课程。"[②] 高校思想政治教育是一个系统工程，单靠思政课教师这一单一主体通过思政课课堂教学来完成对学生的思想政治教育效果是微乎其微的，要使思想政治教育发挥出最大效果，就要以"大思政"教育观为引导，以"全员、全过程、全方位"的"三全"育人理念为指导，使多元的教育主体有效结合，配合思政课教师，从各方面提升思政课的实效性，增强大学生思想政治教育获得感。

一、党政齐抓共管，形成"大思政课"新格局的良好局面

习近平总书记指出，要建立党委统一领导、党政齐抓共管、有关部门各负其责、全社会协同配合的工作格局，推动形成全党全社会努力办好思政课、教师认真讲好思政课、学生积极学好思政课的良好氛围[③]。这表明建设"大思政课"不是单方面的责任，而是全方位的努力。所以要形成"大思政课"新格局的良好局

---

① 习近平在全国教育大会上强调:坚持中国特色社会主义教育发展道路 培养德智体美劳全面发展的社会主义建设者和接班人[N].人民日报,2018-09-11(01).

② 教育部等九部门关于印发《职业教育提质培优行动计划（2020—2023年）》的通知（教职成〔2020〕7号）[EB/OL].(2020-09-16)[2021-04-30].https://www.gov.cn/zhengce/zhengceku/2020-09/29/content_5548106.htm.

③ 习近平主持召开学校思想政治理论课教师座谈会强调 用新时代中国特色社会主义思想铸魂育人 贯彻党的教育方针落实立德树人根本任务[N].人民日报,2019-03-19(01).

面，需要建立一个系统的、完备的、统一的科学体系。

首先，党委统一领导是核心。这就要求高校各级党组织承担起领导的主体责任，主动适应新要求下赋予的时代责任，发挥关键少数的作用，当好第一责任人，把好思政课教师的引进关口，提高思政课教师质量和建设高质量的思想政治工作。"大思政课"新格局的建设不仅要注重学校的内部环境，更应该注意内部与外部环境的结合，充分调动社会资源参与新格局的建设。高职院校要更好地实现教学目标，形成"大思政课"的育人新格局，要依靠政府的政策支持、资金支持和技术支持，提升政策制度的保障力度，使"大思政课"建设发展工作具有稳定性、持久性。因此，政府尤其是教育主管部门要加强相关政策引导支持，制定相应的保障政策和完善相关社会辅助制度，重视校内与校外相关制度的衔接配合问题，形成制度体系，对不同的制度体系之间应建立关联和协同，协同效果不佳的及时加以调整和完善，使学校教学高度适应育人实践工作的展开。这样可以有效消除不同部门之间的壁垒，打通校内外空间通道，实现真正的空间范围内的协同。特别是面对不断扩大的思政课师资队伍，还应完善兼职思政课教师的保障机制来提升整体的队伍水平。

其次，党政齐抓共管是关键。党政领导人要带头抓思政课建设，带头听思政课，带头讲好思政课，带头与思政课教师密切联系，或者把党组织活动与思政课教研活动相结合，定期开展主题会研讨思政课教学工作，使思政课教改建设措施落到实处。相关部门各负其责是根本，各部门从微观的具体举措之间相互协调，各负其责又相互联动、上下一心，在党委的统一领导下确保思政课建设的正确方向，在注重方式方法中齐抓共管思政课的各项工作建设。这支队伍包括学校的校长、书记，以及各部门及学院的中层管理者，领导干部可以利用学校和学院重大活动的场合，在发言讲话中承担起思政教学任务，营造思政教育的氛围，对学生进行思想政治熏陶。同时，提倡领导干部"进课堂"，走近学生、走上讲台，参与思政课的教学活动，坚定大学生的政治信仰，同时也给思政课教师起到了榜样示范作用，提高教师上课的积极性。教书育人是教师的基本职责，高校的所有课程都具有育人功能。因此，在课程思政的背景下，其他专业课教师也是思想政治教师队伍中的关键部分，在专业课程中深入挖掘思政元素，以立德树人为核心，在专业课教学的过程中兼顾对大学生的思想政治教育，通过课堂这一主渠道，承担育人功能。辅导员和班主任是与大学生直接接触最多的一支队伍，也是思政课育人主体的重要组成力量。在日常的学习和生活中，辅导员和班主任可以帮助学生解答困惑、分担情绪，在发现学生出现思想、心理等各种问题后，及时对症下药给予解决，引导大学生学习正确的思想政治观念，帮助他们树立科学的人生观和价值观，做好大学生的思想政治教育。在思想政治教学中，最庞大的主体是学生群体，学生与学生之间的互帮互助、互学互进以及沟通交流有时效果是最好的，在这种良好的学风中，在班委的带头示范作用下，学生在日常学习生活中的彼此影响其实也是一种潜移默化的教育。在思政课教师的主体队伍下，辅导员和班主任、学校领导干部、其他专业课教师、学生自身这些协同队伍的加入，有利于构建"大思政"格局，使思想政治教育变为全员"大合唱"，有利于多渠道、多方位地提升思政课教学质量。

最后，思政课教师是主体力量。思政课教师的队伍必须壮大起来，学校要加快落实高校按规定比例配齐专任思政课教师的目标任务，加大人才引进。思政课作为立德树人的关键课程，已成为一门追求真理的科学理论课程。教师应在教学内容上求实求深求新，在教学理念、方式和方法上求新求变，力求课堂教学"有料"又"有趣"。但如何才能确保这种研究和创新具有科学性而不是蛮干呢？习近平总书记提出了"六个要"的标准和要求，思政课教师作为这一"关键课程"的"关键主体"，应做到"政治要强""情怀要深""思维要新""视野要广""自律要严""人格要正"[1]，"两个关键"和"六个要"明确了思政课及其教师的地位、作用和要求，也是教师提升思政课获得感的标准。高职院校要加大对思政课教师的培训力度，打造一支政治强、情怀深、思维新、视野广、自律严、人格正的思政课教师队伍。他们既要具备强烈的专业和学科意识，又要具有高度的战略意识，将党中央的战略思想和战略要求融入高校思政课教学中，着眼于"立德树人"的目标，以"为实现中华民族伟大复兴培养社会主义的时代新人"为己任，切实承担好铸魂育人的使命和责任，将重心放在培养学生主体性精神、塑造其主流价值观和主体德性、提升其主体性人格，将思政课建设成学生热爱并能终身受益的课程。

---

[1] 习近平主持召开学校思想政治理论课教师座谈会强调 用新时代中国特色社会主义思想铸魂育人 贯彻党的教育方针落实立德树人根本任务[N].人民日报,2019-03-19(01).

二、构建"三全育人"保障体系,提升协同育人整体效应

习近平总书记提出"把思想政治工作贯穿教育教学全过程,实现全程育人、全方位育人",并提出要"使各类课程与思想政治理论课同向同行,形成协同效应"[①]。在中国共产党第十九次全国代表大会上,习近平总书记再次强调立德树人的重要性,要求推进协同育人。"三全育人"理念由来已久,早在新中国成立之初,中国教育工会一次全代会上就提出了"教书育人、管理育人、服务育人"的主张。党的十八大以来,特别是2017年中共中央、国务院印发《关于加强和改进新形势下高校思想政治工作的意见》,从"三全育人"理念出发,对新时代高校开展育人工作进行了全面部署,这为高校思想政治教育协同育人体系构建提供了基本遵循。

(一)凝聚"三全"育人的价值共识

"三全"育人主要回答的是"怎样培养人"的问题,它有着丰富的价值意蕴,欲取得"三全"育人成效,其前提是要凝聚育人主体的价值共识,必须深刻把握"三全"育人的理论依据和价值内涵。

1."三全"育人的理论依据

"三全"育人理念主要源于马克思主义理论、德国物理学家赫尔曼·哈肯(Hermann Haken)的协同理论(Synergetics)。马克思主义理论中关于事物普遍联系和永恒发展的理论、人的本质理论、人的自由全面发展理论和哈肯的协同理论等都为"三全"育人提供了理论依据。

首先,马克思主义理论为"三全"育人提供了理论依据。一是马克思主义关于事物是普遍联系和永恒发展的理论。联系是普遍性存在和发展的,从自然界到人类社会,整个世界是一个相互联系的统一整体,任何事物和现象都处于普遍联系、相互作用之中,完全孤立的东西是不存在的。"呈现在我们眼前的,是一幅由种种联系和相互作用无穷无尽地交织起来的画面"[②]。发展是永恒的。发展是前进的上升的运动,反映着事物由一种质态向另一种质态的转化过程,发展的实

---

① 习近平在全国高校思想政治工作会议上强调:把思想政治工作贯穿教育教学全过程 开创我国高等教育事业发展新局面[EB/OL].(2016-12-08)[2021-06-30]. http://www.moe.gov.cn/jyb_xwfb/s6052/moe_838/201612/t20161208_291306.html.

② 中共中央马克思恩格斯列宁斯大林著作编译局.马克思恩格斯选集:第三卷[M].北京:人民出版社,2012:395.

质是旧事物的灭亡、新事物的产生。尽管事物都处于普遍联系和永恒发展之中，但任何具体事物都是有条件的，总是在一定条件下产生，在一定条件下发展，又在一定条件下灭亡。万事万物离开条件，就无法理解、无法存在。正因如此，马克思主义哲学认为，人们在观察事物时，要用全面的、系统的、具体问题具体分析和对立统一的观点分析问题、解决问题。中国进入新时代、世界百年未有之大变局和中华民族伟大复兴全局的新的历史条件下，迫切需要高职院校培养的时代新人勇于除旧布新，纵览全局、高瞻远瞩，"三全"育人承载着重要的使命和价值。二是马克思主义关于人的本质理论。马克思认为，人以一种全面的方式，占有自己的全面的本质。这说明对人的本质的考察不能停留在人的某一方面，而是要从一个完整的人的视角对人的本质进行理解。而这里的"完整"，是一个宏观的概念。对现实的人的本质进行考察，就离不开对人与自然的关系、人与自身的关系、人与他人的关系的考察。就人与自然的关系而言，马克思承认人具有自然属性，但强调人在自然面前具有能动性。就人与他人的关系而言，马克思强调人的社会属性，认为"个人是社会的存在物"①，"自由的有意识的活动恰恰就是人的类特性"②。就人与自身的关系而言，马克思主要强调了人的精神属性，认为"人是有意识的类存在物"，是按照"美的规律"来进行创造性的活动。同时，马克思认为，人对与自身、与他人、与自然关系的理解和把握是通过自己参与的实践活动实现的。对应到新时代高校"三全育人"实践方面，就是任何教育形式或者思想塑造都应从大学生作为人所具有的本质出发，激发环境与人的互动，只有这样才能获得类本质、群体本质、个体本质的融合，人的本质也才能得以体现。因此，在育人实践中，高校必须关注人的本质，通过实践来加以统一。三是马克思主义关于人的自由全面发展的理论。马克思关于人的自由全面发展的思想重点强调的不是客观世界对人的发展的影响，而是人作为一个有主观能动性的主体，在自我思想和行为乃至人性发展方面的自由性和主观性。在人的发展中，全面发展是人追求实现"自由"过程中不断丰富和完善自我，使自己获得自由的一种关键性能力，这种能力除了技术方面的能力以外，还有精神方面的主观思考和理性

---

① 中共中央马克思恩格斯列宁斯大林著作编译局.马克思恩格斯全集：第四十二卷[M].北京：人民出版社，1979：122.
② 中共中央马克思恩格斯列宁斯大林著作编译局.马克思恩格斯文集：第一卷[M].北京：人民出版社，2009：162.

分析能力。从新时代高校"三全育人"实践的角度看，人的自由全面发展理论突出的是人追求自我和全面发展的需求，而这种需求的满足是建立在人自身获取自由能力提升的基础上，不论是从实践领域还是精神领域，人都渴望获得更加全面的提升，而这需要通过自己的劳动实践来实现。

其次，哈肯的协同理论与思想政治教育理论高度契合。20 世纪 70 年代，德国著名理论物理学家赫尔曼·哈肯提出了协同理论。赫尔曼·哈肯认为，系统内部的各个子系统之间通过相互协作，自发形成了时间、空间和功能上的有序结构，促使整个系统形成单个子系统所不具备的新的结构和功能，它包括开放效应、伺服原理和自组织原理。其中，开放效应是在开放的环境下聚集，指子系统到达某个临界点时，通过相互协作来提升系统的有序性和整体效应，产生"1＋1＞2"的效果；伺服原理是指系统内部的若干子系统中，序参量支配了其他状态变量的行为，决定了系统的整体结构和功能，对系统演变起决定性作用；自组织原理是指在没有外部信息流和物质流的影响下，系统的子系统内部各成员协同合作，自发形成有序结构。协同论原理与高校"三全育人"的本质和内涵具有高度的契合性。

2."三全"育人的价值内涵

围绕"培养什么人、怎样培养人、为谁培养人"，凝聚立德树人的价值共识，调动教育主体和客体的积极性，为培养德才兼备、德技并修的中国特色社会主义合格建设者和可靠接班人奠定良好的条件基础。思想政治教育往往影响大学生一生的成长，高职院校如何在短短的三年学期内培养出"思想过硬、素质全面"高素质技能的社会主义建设者和接班人，"三全育人"回答的正是"怎样培养人"的重要问题。因此首先要从思想高度上凝聚"三全育人"主体的价值共识。"三全育人"强调全员育人、全过程育人和全方位育人。全员育人的要素是人，强调人是育人主体，各领域如学校、社会、家庭和学生本人等各主体相互协调配合，所有教师、管理者、服务者要凝心聚力地承担育人职责，共同致力于思想政治教育的创新发展，形成教育合力，关注人人在育人；全过程育人的要素是时间，强调持续性和阶段性，意味着学生从入校门开始到毕业，教育主体都要系统规划育人工作，将思想政治教育覆盖和渗透到学生成长成才的每一个环节，包括课堂学习和日常生活等，使思想政治教育不留盲区，关注时时在育人；全方位育人的要素是空间，强调育人的全面性和育人对象的全面发展，从各门课程到各种途径都要创新载体有效育人，关注处处在育人。这意味着学校充分运用各种载体，针对学生需求，整合校内校外、课内课外、线上线下的丰富资源，保证思想政治教育内容的全面性、系统性和时代性，将思想政治教育贯穿到课堂教学、社会实践、网上平台建设和校风学风建设等诸多方面，营造良好的协作育人环境，构建课程育人、科研育人、实践育人、文化育人、网络育人、心理育人、管理育人、服务育人、资助育人、组织育人等长效育人机制。

（二）构建"三全"育人体系

高职院校积极构建"三全育人"机制，对于培养高素质技术技能应用性人才、培养社会主义事业的建设者和接班人具有非常重要的意义。完善的高校思想政治教育的"三全育人"机制不仅具有科学性和系统性，并且具有可行性、科学性和长效性，要从管理运行机制、组织保障、环境保障和激励约束机制四个方面进行创新，构建一个完善的思想政治教育的"三全育人"结构体系，凝聚育人主体的价值共识，整合优化教育资源和教育空间，提高思想政治教育工作的实效。

1. 健全管理运行机制

目前国家层面已经出台了《关于加强和改进新形势下高校思想政治工作的意见》《"三全育人"综合改革试点工作建设要求和管理办法（试行）》《高校思想政治工作质量提升工程实施纲要》《关于加快构建高校思想政治工作体系的意见》等政策性文件，对高校思想政治教育的协同推进做出了统一规定。各地方相关机构结合本地区实际、依据国家规定，也进一步建立健全了协同育人的目标管理相关制度，督促高校层面协同推进思想政治工作。这些国家层面和地方政府层面的政策颁布，为高校制定微观层面的管理运行制度创造了条件。首先，高校可以将思政课与文化通识课、专业课紧密结合，创新思政课教师与其他专业课教师的交流互助制度，推动课程思政与思政课程协同育人机制，发挥课堂育人主渠道功能。其次，建立健全学校党政团学等部门的联席会议制度，构建思政课与党政团学等部门紧密协作机制，让思想政治理论教育与思想政治日常教育相互协作，推动育人主渠道与主阵地相互合作，推动协同育人有效运行。比如南京信息职业技术学院由党委书记牵头，马克思主义学院与党委宣传部、组织部、教务处、学生处、团委等部门合作，制定了《南京信息职业技术学院关于进一步加强和改进思政课建设的实施意见》《南京信息职业技术学院思想政治工作质量提升工程实施方案》《思政课教师队伍建设方案（2020—2023）》《关于进一步加强马克思主义学院和"大思政课"建设的若干措施》等文件；马克思主义学院与学生处、组织部、人事处合作，开展党建思政进公寓、进社团项目，拓宽思想政治理论教育的空间和载体，提升思想政治教育的亲和力和针对性；马克思主义学院和宣传部合作，为学校"向阳文化"官微提供经典案例，并在宣传部指导下创建了"朝霞工作室"公众号平台，通过案例、视频、普法宣讲等途径，向学生普及法律知识，创新线上线下联动育人机制，提升思想政治理论教育的针对性和亲和力。

2. 强化组织保障

"三全育人"关乎"培养什么人"的根本问题，涉及学校的方方面面，要顺利开展，需要学校党委高度重视，相关部门齐抓共管，方能有序推动。首先学校党委要成立"三全育人"工作实施领导小组，由学校党委书记或者校长担任组长，马克思主义学院、学生处、团委、教务处、宣传部、财务处、二级分院（系）相关负责人为成员，下设办公室，定期召开联席会，讨论"三全育人"的机制构建、项目实施、各机构部门承担的任务，确保"事有人做、责有人负"，适时解决推动过程中的难点。学校要把"三全育人"实施情况纳入各分院（系、部）年度绩效考核评价指标体系，作为年度工作目标考核内容。教师参与"三全育人"的工作情况和效果，将其作为考核评价、评优奖励、选拔培训、岗位聘用、职称评审的参考依据之一。学校应加大对"三全育人"工作实施情况的督导力度，及时宣传表彰先进，督促整改存在的问题。各分院（系、部）要依照学校总体安排，强化统筹协调，推动落实相关育人项目，确保"三全育人"工作有序推进，提升育人成效。此外，成立"三全育人"研究中心，组织研究教育教学规律，组织、策划协同育人的教育教学体系，开展"三全"育人的教育教学实践，建设教育教学资源平台等。比如南京信息职业技术学院专门成立了课程思政协同育人教学研究中心，中心办公处设置在教务处，主要负责组织、策划课程思政教育教学体系；开展课程思政教学研究；制定课程思政建设标准；指导教师开展课程思政教学实践；指导教学部门进行课程思政教学资源建设；组织课程思政课教师交流、观摩和培训；建立课程思政建设质量评价体系和激励机制等。

3. 优化育人环境保障

大学生思想的形成受学校内外多种因素的影响，既包括国家社会治理的效果、民族优秀传统文化、革命文化和当代先进文化对思想政治素质的影响，也包括学校思想政治教育的舆论氛围对学生思想政治素质的影响。因此，学校思想政治教育的协同不仅仅指高校内部各教育主体和各教育要素的协同，还需要充分利用社会、行业、企业和家庭等力量，形成高校主导、行业企业导师指导、社会引导的强大育人合力，为学校思想政治教育协同推进提供外部环境保障。因此，首先，要讲好中国好故事，弘扬社会正能量，优化协同育人的社会大环境，避免不良社会风气销蚀学校思想政治教育的效果。其次，要充分挖掘和利用好历史博物馆、革命纪念馆和当地社会发展规划馆等社会育人资源，如利用好南京博物院、雨花台烈士纪念馆、侵华日军南京大屠杀遇难同胞纪念馆、江苏国家安全教育馆、南京渡江胜利纪念馆、南京科技馆、南京国防园等文博场馆资源，让学生在中华优秀传统文化、中国红色文化、科技文化、国家安全教育、社会主义先进文化中浸润成长。再次，学校要加大思想政治教育的人力、财力和物力的投入，建设党建思政基地，重视微信、微博等网络平台的开发运用，整合育人资源，实现资源共享、信息互通、优势互补，提高协同育人实效，增强学生的获得感和满足感。

4. 完善激励约束机制

提升教育主体协同育人的执行力，必须构建激励约束机制。激励约束机制是实施"三全育人"体系的主要抓手。首先，要落实协同育人的主体责任机制。在系统梳理学校各岗位和各群体的育人元素基础上，以制度形式明确不同岗位不同主体的育人职责，将思想政治教育的任务分解，落实到教学、管理、科研、文化等行政部门和思政课教育部门和专业教育等教学单位，并通过更为具体的配套实施制度，督促主体责任落到实处，实现全员育人。其次，要落实"三全育人"的评价激励制度。将立德树人工作纳入学校各职能部门、各二级学院领导班子和领导干部目标管理考核体系，并纳入学校教师年度考核、岗位晋升、职称评审、评奖评优等评价体系内，对各教育主体协同育人的目标完成度、规范性、实施效果、反馈改进等各环节进行评估，以便总结经验，查找问题，动态调整策略，以此创新构建"三全育人"格局。再次，落实高校"三全育人"工作监督机制。在课堂阵地的协同育人上，要对思政课教师的专业素养、价值取向和业务能力，以及其他学科对课程思政的挖掘和运用程度、对"三全"育人理念的贯彻执行度，以及学生对知识、能力与价值观关系的认知程度进行综合考查；在日常思想政治教育工作协同育人方面，要对学校各个职能部门在管理、服务、资助、文化、奖惩等方面育人的投入程度实施监督考核检查。

（三）构建"三全"育人课程评价体系

要把思想政治理论必修课、选修课、思政大讲堂和思政实践活动课等多重课堂体系，促进"思政课程"与"课程思政"协同育人；可把第一课堂与第二课堂相互贯通融合，构建高职"课程思政"课程体系、机制体制，尤其是优化思政课教学与综合素质考核相融合的"大思政课"评价体系。思政课教学评价体系主要包括对教育者和受教育者进行考核评价。对教育者来说，教学评价体系的评价者包含校领导、用人单位、马克思主义学院、思政课教师、学生共同参与，对教师的评价应包含教学方案的制定是否科学合理，教学目标、任务、内容等是否明确，教学活动是否科学，教学组织管理是否到位，教学效果是否明显，教学总结和教学诊断是否及时全面等，重视教学过程和教学结果，适当增加教学研究在评价体系中的权重。同时用好评价结果作为评奖评优基本依据。建立教学质量监督反馈制度，促使教师及时调整教学方法与思路，提升教师教学质量。对成绩突出的教师或教师集体给予专项资金。同时可以扩大教育主体，提升激励机制，对表现优异、热衷教育事业的辅导员、管理人员提供转岗成为思政课教师的机会，增强思政课教师队伍的育人力量。还要完善教师的晋升机制和晋升渠道，积极落实、透明公开，激发教师的育人热情和岗位热衷度，有条件的可以返聘思政课退休教师担任教学督导，引领青年教师快速成长。对于受教育者来说，要对学生进行理论学习与实践活动相结合完成度的考查，评价学生对基础理论知识的掌握和运用理论知识分析现实问题的能力。大思政课不仅仅重视理论的学习，还要求学生自觉地将理论付诸实践，并在实践反馈中更好地认识理论，加深学习。所以思政课考核方式可以做些调整，除了考查理论知识更应兼顾学生对实践运用能力的考查，从而达到培养全面发展的人的目的。因此，要实现思政课高质量发展，在评价方式方面，要注重多样化的方法，评价实效性要强，评价标准体现科学性和可操作性；在评价主体方面，要从一元转为多元化的评价主体，促进评价的公平公开性和双向互动性。

第二节
推进唯物史观视域下课程思政与思政课程同向同行

立德树人是学校课程教育的根本任务，培养德智体美劳全面发展的社会主义建设者和接班人是学校教育的共同目标，推动思政课程与课程思政的协同配合就是要围绕这个根本任务和共同的目标，既要聚焦各门课程本身的主责主业，又要在合理分工的基础上彼此配合、相互支撑，形成协同效应，发挥系统整体的课程育人合力。习近平总书记要求解决好各类课程与思政课的协同配合问题，推动思政课程与课程思政形成协同效应。习近平总书记的讲话中闪耀着历史唯物主义的思想光辉，为开展大学生思想政治教育指明了方向，也为推进课程思政建设提供了基本遵循，高校教师要从中汲取科学智慧和真理力量。当前在课程思政建设过程中，思想认识不到位、思政元素挖掘不深入有误区、教学实施"存短板"等问题仍然比较突出，导致优质课程思政示范课有效供给不足、思政课与课程思政"两张皮"的现象。唯物史观不仅为人类认识社会发展规律提供了世界观和方法论，也为人们解决具体问题提供了一个参考认知体系。以唯物史观为课程思政建设的理论起点、逻辑起点、价值起点和实践起点，探究和回答课程思政建设的战略性、前瞻性，有助于我们在深刻理解和认识课程思政丰富内涵和精神实质的基础上，探索我国教育发展方向、发展实质，进而将课程思政推进到一个全新的建设阶段。

一、时代维度：实现思政课"独奏"向课程思政"合奏"转变

问题是时代的声音，思想是时代的产物。据唯物史观揭示，人类历史是一个非常曲折的呈螺旋式上升发展的路程。随着实践发展，人类对客观事物及规律的认识会不断深入。当今世界进入信息化时代，各国综合国力竞争日趋激烈，世界格局深度调整，国际斗争形势复杂多变，各种思想文化相互碰撞激荡、交流融合。当今中国面临世界百年未有之大变局和中华民族伟大复兴的战略全局，我们应该用战略思维和辩证发展的眼光看问题，既能总揽全局，又能具体问题具体分析，准确把握新时代特点，充分发挥课程思政的协同育人功能，深入推进课程思政建设，这有着重要的战略性和前瞻性意义。

（一）是落实高校立德树人根本任务的重要举措

在唯物史观看来，上层建筑具有能动的反作用，它要服务于经济基础，进而推动生产力的发展。而教育发挥着上层建筑的重要功能。对此，习近平总书记曾强调，"古今中外，每个国家都是按照自己的政治要求来培养人的，世界一流大学都是在服务自己国家发展中成长起来的。我国社会主义教育就是要培养社会主

义建设者和接班人"①。《高等学校课程思政建设指导纲要》指出:"培养什么人、怎样培养人、为谁培养人是教育的根本问题,立德树人成效是检验高校一切工作的根本标准。"众所周知,立德树人是一项系统性工程,需要"紧紧抓住教师队伍'主力军'、课程建设'主战场'、课堂教学'主渠道',让所有高校、所有教师、所有课程都承担好育人责任,守好一段渠、种好责任田,使各类课程与思政课程同向同行"。《关于深化新时代学校思政课改革创新的若干意见》指出:"构建全面覆盖、类型丰富、层次递进、相互支撑的课程体系,使各类课程与思政课同向同行,形成协同效应。"据统计,教师队伍当中的80%是专业教师,学生学习的时间80%用于专业学习,课程当中的80%是专业课程②。显然,要落实立德树人根本任务,高校应该发挥思政课和其他各类课程尤其是专业课程的协同育人作用。

(二)是培养高质量人才的迫切需求

唯物史观认为,矛盾是社会发展的动力。新时代随着中国日益走向世界舞台的中央,我国社会发展的主要矛盾发生了变化,其中,更优质的教育是人民日益增长的美好生活向往的重要组成部分。高等教育应以提高人才培养质量为己任,以办人民满意的教育为最终目的和归宿。高校专业应构建高水平的人才培养体系,不仅要面向世界,也要面向未来,在培养学生的专业精神和科学探索精神的同时,也要培养学生的中国灵魂和世界眼光,使他们成为能够堪当民族复兴时代大任的社会主义建设者和接班人。高校课堂教学的实质就是一个价值塑造、能力培养以及知识传授融合的过程。专业课程是课程思政建设的基础和支撑,而推进课程思政建设无疑又为提高课堂质量提供了一个重要的突破口,课堂质量提高了,人才培养质量自然也会随之增强。

(三)是深化"三全育人"改革的关键所在

唯物史观告诉我们,事物是普遍联系和永恒发展的。教育实践的发展同样不是孤立的,而是多个教育主体协同、多种育人活动和多种育人要素相互贯通融合的过程,"要坚持把立德树人作为中心环节,把思想政治工作贯穿教育教学全过

---

① 习近平在北京大学师生座谈会上的讲话[N].人民日报,2018-05-03(02).
② 习近平在全国高校思想政治工作会议上的讲话[N].光明日报,2016-12-09(01).

程,实现全程育人、全方位育人,努力开创我国高等教育事业发展新局面"①。课程思政是将立德树人根本任务贯穿教育教学全过程的一项重要举措,它贯通于"三全育人"的有机体中,体现为整合教师队伍和教育资源以形成协同育人的着力点;体现为融合立德树人的"各环节";体现为融通立德树人各个领域。全员、全过程、全方位建设,构成了一个全系统的、整体育人的态势。抓好课程思政建设,不仅能够助推"三全育人"的实现,还能够切实将课程思政协同育人落到实处,二者相互促进,共生共荣。

(四)是破解思政课教学"孤岛困境"的重要出路

随着互联网技术的迅猛发展,网络在丰富和提高人们生活质量的同时,也在一定程度上使高校思想政治教育教学陷入多重困境。课程思政这一教学理念原本就是为了突破高校思想政治教育存在的"孤岛困境"而提出来的。从这个意义上来说,全面推进课程思政建设,不仅能深刻影响当代大学生意识形态,对国家崛起、民族复兴和社会长治久安也具有决定性的作用。面对社会各种思潮与意识形态的渗透和博弈,在维护国家的主流意识形态面前,思政课程和课程思政无论哪一个都不能单独完全解决问题,二者必须同向同行、双管齐下,形成强大的育人合力"两手抓两手都要硬"才能让学生入耳、入脑、入心,才能利用好课堂教学这一有利阵地争夺意识形态的主导权。

二、主体维度:满足学生对高质量教育期待的需求

习近平总书记非常善于运用唯物史观分析问题,他指出,"时代是出卷人,我们是答卷人,人民是阅卷人"②。如果将这一观点套用到课程思政协同育人上,"时代是出卷人"意味着课程思政要直面现实,从容剖析和应对当下问题,才能明确自身定位和发展方向;"我们是答卷人"则要求新时代教师要不辱使命、刻苦钻研、勇挑重担,为国家和社会培养出更多更优秀的能够堪当民族复兴大任的时代新人;"人民是阅卷人"则强调以学生为中心,要把学生对美好教育的追求

---

① 全面推进高等学校课程思政建设:教育部高等教育司负责人就《高等学校课程思政建设指导纲要》答记者问[EB/OL].(2020-06-05)[2021-02-30]. http://www.moe.gov.cn/jyb_xwfb/s271/202006/t20200604_462551.html.

② 习近平在学习贯彻党的十九大精神研讨班开班式上发表重要讲话[EB/OL].(2018-01-05)[2021-01-30]. http://www.gov.cn/zhuanti/2018-01/05/content_5253681.htm.

作为教师奋斗目标,不断提高学生对课程教育的获得感。

(一) 聚焦学生的发展需求和期待

需求是促使人们行为的内驱力,马克思说:"历史不过是追求着自己目的的人的活动而已。"[①] 习近平总书记指出,"思想政治理论课要坚持在改进中加强,提升思想政治教育亲和力和针对性,满足学生成长发展需求和期待"[②]。因此,要将课程思政建设落到实处,把满足学生的发展需求和发展期待必须放在首位。一方面,教师要结合大学生思想政治教育工作的实际,准确把握大学生群体和个体的身心状况、思想特点和行为倾向,贴近和尊重大学生成长成才的需求和规律,有针对性地制定人才培养方案,进行教学设计和组织实施教学,教育大学生要对真理保持执着追求,激发他们保持永无止境的奋斗精神和持之以恒的坚守精神;另一方面,教师要科学分析学生的思想困惑,及时回应学生的核心关切和需求,教育他们要具有家国情怀、社会责任、伦理道德等,成为一名能担当、有作为的时代新人。此外,教师要帮助学生运用马克思主义的世界观和方法论来认识和分析问题,既要从国家和社会需要的角度,也要从自身成长发展的角度解决问题。唯物史观探讨的是客观世界和人类社会发展的一般规律,高校只有做到精准施策,有的放矢,才能增强课程思政协同育人的实效性。

(二) 增强教师教书育人的使命感

教师"教什么"和"怎么教",不仅直接关系教书育人的质量,也是教师获得职业价值感和成就感的生成动力。当前,传统教学中重分数、重技能的教育境况仍然存在,教师对学生批判质疑的精神和科学精神方面能力的培养有所欠缺,同学们更多的是满足于知识学习。显然,比学会知识更重要的是学会学习的方法,因为学习方法可用在其他学科的学习中,甚至应用到他们以后的工作当中。方法只是学习手段,比学习方法更重要的是概念和底层逻辑,检验学生一门课学得好不好,主要看他们所学的概念及学科脉络逻辑的掌握是否清晰,而比知识、方法和概念逻辑更重要的是品质。倘若一个人的品质不高,即使知识再多、方法再好、概念再清晰,不一定都能用在正确的方向上。因此,课程思政建设对教书育人的质量提出了更高

---

① 中共中央马克思恩格斯列宁斯大林著作编译局.马克思恩格斯文集:第二卷[M].北京:人民出版社,2009:118-119.

② 习近平在全国高校思想政治工作会议上强调:把思想政治工作贯穿教育教学全过程 开创我国高等教育事业发展新局面[N].人民日报,2016-12-09(01).

要求，教师的职责在传授好科学知识的同时，要教会学生认识问题、解决问题的方法和能力，更要培养学生的优秀品质。这对教师自身发展而言，也是一种激励。俗话说，要给人一杯水，自己先要有一桶水，要发挥好课程思政的协同育人功能，教师需要不断提升自身的专业水平和教学水平，才能做到以真理的力量征服人的同时，对学生的世界观、人生观、价值观加以引导。只有提高课堂质量，才能满足学生的课堂获得感，教师教书育人的成就感和价值感也会由此而增强。

（三）让学生成为教育教学的主人

唯物史观强调，实践是人类的存在方式，它从人类终极关怀的意义出发，力图通过全人类的解放来实现个人的解放，提出"未来社会是自由人的联合体，每个人的自由发展是一切人的自由发展的条件"①，哲学意义上将人的这种通过实践来主动地认识、选择、接受和改造客观世界的能动性和目的性称之为"人的主体性"。课程思政协同育人要以马克思主义的认识论为着力点、实践论为出发点、价值论为落脚点，最终旨在实现人的自由全面发展。教师要将理论形态的教材和教学知识体系与学生现有的认知结构和情感体验联系起来，促进学生从感性认识和现实实践出发，深化对理论问题的思考和理解，注重对学生思维的训练和逻辑能力、分析能力的培养；教师要充分信任和鼓励学生，尊重他们的自我表达，与其进行平等对话，在释疑解惑的过程中提升他们的思想政治和道德法律素养，从而帮助学生找准自身问题，培养其主体性与发展性人格，提高他们的职业行动能力。显然，来自学生自身的职业能力提升要求和发展动机比外部要求具有更强的主动性和持续性。

三、价值维度：实现价值塑造、知识传授和能力培养有机统一

大学所有课程都具有价值塑造、知识传授和能力培养的功能，承载着培养大学生世界观、价值观和人生观的使命。《高等学校课程思政建设指导纲要》指出："落实立德树人根本任务，必须将价值塑造、知识传授和能力培养三者融为一体、不可

---

① 中共中央马克思恩格斯列宁斯大林著作编译局.马克思恩格斯选集：第一卷[M].北京：人民出版社，2012：422.

割裂。"① 其中，价值塑造是核心。从历史上来看，自然科学、社会科学这些不同的科学分支实质上是同根同源的，因此过去人们讲到教育，首先就是德、识、能三体。后来随着现代大学教育制度的诞生、科技的发展和科学主义的兴起，造成人们对大学功利化的要求越来越多，思政课和专业课也因此开始分离，很长时间以来，人们关注更多的是知识传授和能力的培养，却忽视了品德的塑造和价值的引领。

（一）回归课程育人的内在价值诉求

课程是科学性和价值性的统一，既体现了人们认识世界和改造世界的成果，又反映着当下主流价值内容。教育部高等教育司司长吴岩曾论述，"课程思政就是专业课和真善美的结合"②，专业知识是人类在追求真善美的过程中逐渐形成的，因此专业课程尤其是人文社科课程里天然有宣扬"普世价值"成分，蕴含着真善美的元素；反之，大量的真善美元素又都自然归属于相关专业知识领域。可见，课程本身具有天然的育人属性，课程思政既是一种升华，也是一种回归。实际上，不论是学科发展、科学发现，还是技术发明，其中无不蕴含着人们勇于追求真理的探索精神、敢于质疑权威的创新精神和推动社会发展的责任意识。课程思政应通过身边的人和事，联系时代背景、社会发展形势和社会热点问题等，自然而然地融入专业课程教学中，让学生在不知不觉中了解学科发展的历史、科学家的批判和创新精神，了解国家、高校在这些领域的贡献和存在的问题，激发学生的研究兴趣和责任担当，培养学生的坚守信仰的精神、科学精神、伦理道德等，增强学生对专业和科技报国的认同感和自豪感，引导学生明白要为谁学习、为谁建设、为谁贡献力量，而这些正是学好课程本身内在的价值诉求。

（二）明确课程思政协同育人的价值定位

高校思政课和课程思政虽"术"业有专攻，"道"却是相同的。思政课程主要是引导大学生善于运用马克思主义的世界观和方法论解释问题和认识问题，坚定中国特色社会主义的"四个自信"，坚持和发展中国特色社会主义，树立正确的世界观、人生观和价值观，解决的是立场和方向问题；课程思政的重心在课

---

① 中共中央马克思恩格斯列宁斯大林著作编译局.马克思恩格斯文集：第一卷[M].北京：人民出版社，2009：501.
② 全面推进高等学校课程思政建设：教育部高等教育司负责人就《高等学校课程思政建设指导纲要》答记者问[EB/OL].(2020-06-05)[2021-01-05]. http://www.moe.gov.cn/jyb_xwfb/s271/202006/t20200604_462551.html.

程、在专业,主要增强学生的专业认同,培养专业兴趣、科学思维能力、社会责任感、职业素养和职业精神等,解决的是如何把事情做实、做好和做精的问题。在推进课程思政建设中,教师要定位课程特色,立足课程自身特点,将深藏于知识符号表层和结构之下的科学精神、探索精神、人文精神和工匠精神等价值意义发掘出来,在学生对原理和知识的学习领悟中,在对问题的探索和技能的实践探索中,将内含的价值和精神外化为教学实践,内化为学生的价值追求和精神涵养,实现价值塑造、能力培养和知识教育的有机统一。因为掌握知识的人,不一定都有能力运用知识来解决实际问题;又或者即便拥有这样的能力,不一定都能用在正确的方向上。因此,能力是知识的外化,品德是知识的内化,教育就是要通过价值引导来统一学生知识的内外转化,实现立德树人的根本目标。

(三) 实现知识传授和价值引领的同频共振

同频共振原是物理学意义上的概念,指的是由声波相遇、频率一致所引发的强大振荡。将这一概念套用在课程思政中,比喻专业课知识之中,专业课之下蕴藏的思想信仰、政治意识、价值追求等方面的协同和共鸣。爱因斯坦曾经说过,科学只回答"世界是什么"的问题。当学生认识世界、掌握科学文化知识后,则面临着"应该如何做"的问题。显然这更需要理想信念、爱国主义、社会责任等价值观层面上的教育和指引。现实中所谓绝对的"客观、中立与价值无涉"是不存在的。课程思政应将社会主义核心价值观融入课程知识的教学中,引导学生历史、客观和辩证地研究问题。从某种意义上说,掌握专业知识和技能不是目的,重要的是运用所学专业知识和技能为实现中华民族伟大复兴和人类进步事业服务。习近平总书记强调,要"以知识传授为载体,以价值引导为核心"。价值观教育一旦脱离知识和逻辑,终将是无本之木,学生必然会产生思想抵触和价值排斥,价值引领与知识传授同频共振,才能达到协同育人的效果。

四、实践维度:构建课程思政协同育人教学体系

实践是唯物史观首要的、基本的观点。马克思强调,"全部社会生活在本质上是实践的","哲学家们只是用不同的方式解释世界,而问题在于改变世界"[1]。

---

[1] 中共中央马克思恩格斯列宁斯大林著作编译局.马克思恩格斯文集:第一卷[M].北京:人民出版社,2009:501.

高职院校课程思政的实施效果直接关系到人才培养的整体质量与学校的长远发展，早在2014年，在教育部的指导下，上海市高校率先开展了课程思政的试点探索工作。2020年《高等学校课程思政建设指导纲要》（简称《纲要》）的发布标志着课程思政建设进入一个从高校个案的地方性探索变成全国性全面推进的新阶段。《纲要》明确回答了"课程思政为什么做、做什么、谁来做和怎么做"等一些基本的问题，从道、术、法层面，为推进课程思政建设指明了方向。

（一）强化建章立制，提高教师课程思政建设的意识和能力

唯物史观认为，社会意识对社会存在具有能动的反作用。理念是行动的先导，优秀的教师总是秉承先进的教育理念来开展教学实践。目前高校存在着重智育、轻德育和重科研、轻教学的现象，导致教师缺乏传道的情怀和担当，他们不想在育人工作上投入太多的时间和精力。因此"现实教学实践中，很多教师课程思政意识不强，认为专业教学是学'真本事'，思政教育是'假把式'，将立德与树人相分离、教书与育人相割裂，课堂上只传授知识不进行价值观引领"[1]。教师在全面推进课程思政建设中起着关键性作用，每位老师都应该成为一名大先生。这种大先生的要求是全方面的，除了知识学习和积累外，还要做科学研究和教学研究如教学方法和教学手段等，其中科学研究是教学的基础和出发点。教师如果没有一定的科研积累，很难将高深的知识以通俗易懂和生动有趣的方式传递给学生。为此，高校可通过建立系列机制，如教师能力提升机制、优质资源共享机制、激励机制、评价体系、组织保障机制等，搭建典型经验交流、现场教学观摩、教师教学培训的平台；构建多层次课程思政建设研究体系等活动，促进教师之间的学习互动和交流，激发他们的思想共鸣。

（二）明确课程思政体系，建构分科分课分段分级目标任务

首先，人才培养体系是一个综合体，它涉及学科体系、教学体系、教材体系、管理体系等，思想政治教育是贯通其中的一条主线。为克服课程内容陈旧、单一且重复等弊端，满足学生求新求异、求真求实的学习需求，课程思政建设首先要规范学科课程思政间的边界。为此应结合专业特点，契合学科优势和特色，遵循历史、现实、知识和需求等方面的逻辑，力求哲学社会科学以其人文精神感

---

[1] 蒲清平,何丽玲.高校课程思政改革的趋势、堵点、痛点、难点与应对策略[J].新疆师范大学学报（哲学社会科学版）,2021,42(5):105-114.

召和规范学生行为；理科要将科学精神、辩证思维和创新精神等渗透在专业教学中；工科应重视培养学生科技报国的家国情怀和使命担当、精益求精的大国工匠精神等。其次，遵从整体性和系统性的原则，从整体上系统地规划各门课程的侧重点和聚焦点，基于学科逻辑和知识逻辑，分层次建构"学科—专业—课程"的课程思政目标体系。从学科特色、学段差异、校际优势，明确课程思政建设目标，重新审视课程定位、内容和效果。每门课程在学科知识体系建构中都具有自己独立的功能作用，其各自的思政功能也不尽相同。思政课重价值引领，要触及灵魂；通识课根植信念和精神，需润物无声；专业课要有情怀和担当，需点燃信仰。此外，要系统设计、阶梯递进，建构分段、分级的课程思政目标体系。大学一年级强调确立职业目标和人生发展方向，做好学业与职业规划；大学二、三年级强调提高实践能力和提升综合素质；大学四年级强调培养职业伦理和正确的择业观；研究生强调培养科学精神、钻研精神、科研伦理意识等，建设适合学生特点年级和专业，易于学生理解和接受的课程思政。

(三) 围绕建设目标，挖掘和内化课程思政教学内容体系

教材具有客观性和抽象性的特点，而教学是要连结到现实生活的，它要不断调整教学内容和大学生的关联状态。课程思政不是简单将专业课嫁接到思政课，而是要建构起思政教育的情境，深挖课程本身蕴含的思想政治元素和功能，将专业和思政高度融合和有机统一起来。当前的课程思政融入教学多流于形式、浮于表层和简单嫁接，无法达到润物无声融入教学体系和教学内容当中，并能以春风化雨的效果去教育和滋养学生。课堂教学的有限性决定了资源挖掘应是本着思政元素与专业知识相互映衬、相互支撑的"精中选精"的原则。教育部陈宝生部长曾讲过一个很生动的比喻，他拿挖矿采掘的过程来比喻课程思政形成金课的过程。首先，应探准、挖掘课程蕴含的思想政治教育元素和功能；其次，要对挖掘出来的思政元素进行冶炼和提炼，这是一个将思政元素和专业的前沿知识、专业原理有机结合起来的过程；最后，需对这个冶炼出来的毛坯产品，经过工艺的打磨加工，最终生成一堂思想政治教育与专业教育紧密融合的高质量的金课。在此过程中，我们需要围绕课程思政建设目标，遴选课程知识点，充分发掘支撑课程核心能力的价值内涵，形成全覆盖、有特色但不重叠的课程思政内容体系，使之达到在知识层面系统配合、逻辑层面清晰严密、理论层次衔接递进、价值引领显著的功效。

(四) 突出问题导向，建构思政元素有机融入的教学实施体系

问题是时代的声音，但在实践中有一些课堂教学实际是以教学教材中的结论和答案为起点，直接告诉学生答案是什么。实践证明，学生排斥这样的课堂。"真正的批判要分析的不是答案，而是问题"①，好奇才能激发学生的认知，这就需要从问题着手。因此，课程思政协同育人要有效、管用、解渴，必须找到学生的困惑所在，能够回答学生的问题。首先，要以问题为导向，通过设置若干环环相扣、逻辑严密、层层递进的问题链条，使课程思政教学从教材、教案、教法上走向深入，引导学生感受思想、信仰和精神的力量，能够更深刻地思考。其次，要积极探索各门课程实现育人功能的途径和艺术，将思政元素及其教育功能有机融入课程思政的教学设计、实施和评价中去。习近平总书记强调，"好的思想政治工作应该像盐，但不能光吃盐，最好的方式是将盐溶解到各种食物中自然而然吸收"，思政元素的有机融入就是掌握好"盐何时撒""如何撒""撒多少"，在"润物无声"中达成育人之功。再次，要依据教师的掌握程度、课程内容的匹配程度、与学生的契合程度等，选用多元化的方法，如故事式、情景式、启发式、讨论式、探究式、案例式等，让课堂教学更生动，采用一种精细的、浸润式的隐性教育，而不是粗放的、漫灌式的显性教育，将盐融解到各种食物进行化合反应，从而达到提升课堂教学的效果。此外，要构建过程性和发展性课程思政评价体系。其显性的评价标志有两个，第一个是教师是否融入了情感，第二个是学生是否有情感的共鸣和价值的认同。应从结合度、关联度、融合度、认同度四个方面进行评价。其中，结合度主要考评教师将思政教育与专业教学是否相融合及其融合深度；关联度主要考评教师挖掘专业知识和教学方式中的思政元素及实现思政元素与专业知识的关联度；融合度主要考评思想政治教育和专业知识教学融合、讲授、实践过程的自然合理度，且能否实现潜移默化和润物细无声的育人目的；认同度则是通过观测学情变化与学生状态，判断课程思政是否在解决学生思想问题过程中发挥了积极作用，学生对思政元素的承载意义是否认同。

总之，实践证明，课程思政并没有定于一尊，也不是个一成不变的运作模式，只有把课程思政的基本原则同时代要求、历史文化传统、具体实际以及学生

---

① 冯颜利.新时代哲学的使命：范式创新、思维革命、方法论自觉[J].中国人民大学学报，2018，32(6)：33-41.

的心理愿望等紧密结合起来，在实践中不断探索总结，才能推动课程思政在不断调整、不断改革中趋于成熟和完善。

第三节 融合"主渠道"和"主阵地"助力课程育人

青年社会角色的转变和社会规则的培养不能仅仅靠课堂教学，学校教育、社会教育、家庭教育、大众传播媒介影响、社会实践、同辈群体交往等各种课外活动对学生成长发挥着重要作用。大学教育的意义在于，不仅仅在于让大学生接受更高层次的知识学习和专业训练，还要通过在校期间校内外日常生活中的教育教学活动、校园文化、社团生活、社会实践以及其他形式的社会互动中，从各方面为今后的职业工作和社会生活做好充分准备。思政课与学校日常思政的协同就是在强化思政课"主渠道"地位的基础上，协同学校日常思政的"主阵地"构成真正的协同育人，并且主阵地要积极配合主渠道，使其达到完整的协同。

一、保持内在协同

思政课是大学生的必修课，具有浓厚的意识形态性质和政治色彩。它主张学生主动探索知识，运用马克思主义的立场、观点和方法去分析问题和解决问题，是学术教育与意识形态教育的有机统一。"主渠道"指通过在思政课的课堂教学对大学生进行系统的思想政治理论教学；"主阵地"则指大学生的日常思政教育，作为一种居于课堂之外的教育形式，它是根据党的教育方针和思想政治工作的要求来开展教育的活动，是协调学生日常生活、奖惩、校园文化活动、贫困生资助、就业和身心健康发展等的教育方式。二者达到协同需要在育人内容上保持一致，虽说二者的育人内容各有侧重，但在育人方向上是基本一致的，都是为了培养堪当大任的时代新人，但只有育人内容配合，才能有共同的育人方向，发挥整体的作用达到协同育人的效果。

（一）教育归属属性的协同

整个思想政治协同教育系统是一个开放复杂、动态关联的系统，会在有序与无序之间进行转化。无论是在理论研究还是实践工作中，"主渠道"与"主阵地"

都是大学生思想政治教育系统中不可分割的一部分,两者的归属属性具有一致性。大学生思想政治教育具有特定的目标和任务,形成了科学的教育内容和教育方法,是一个联结各教育教学要素的复杂系统。它对上从属于高等教育的大系统,其目标和功能实现需要统一于高等教育的系统要求,作为其中的一个子系统在运行实施;它对下系统内部也有错综复杂的要素构成,在教育内容里,世界观、价值观、政治观、人生观、法治观、道德观都是教育的应有内容。在其运行机制中,又需要协调人员、组织、资源、环境等各要素,并且需要用到哲学、政治经济学、管理学、科学社会主义、心理学、伦理学等各理论。"主渠道"与"主阵地"作为大学生思想政治教育系统中的两个子系统,它们在工作中也具有相对独立性,其中包括更为精细的子系统和要素。同时,大学生思想政治教育也与高校其他教育系统密不可分,包括后勤系统、党政系统、科研系统等。这些要素构成决定了大学生思想政治教育的复杂性。无论是大学生思想政治教育系统,还是"主渠道"与"主阵地"系统,它们都具备系统的开放性、整体性、动态性等特点。动态开放体现在,国际国内环境和社会信息会实时发生变化,教育者和受教育者的思想动态也会随之产生变化。这种开放性会使得大学生思想政治教育能够不断与外界进行物质和信息交换,为内部的各子系统和各要素协同创造条件,并为适应新的情况,相应调整教育内容和方式。因而只有对系统要素进行协调和整合,发挥大学生思想政治教育系统的整体效应,才能增强育人合力,切实形成全员、全过程、全方位育人的格局。

(二)培养目标的协同

培养目标是指开展工作想要实现或取得的预期目的甚至最终成果,它是一切行动的出发点或前进方向。据此,大学生思想政治教育的培养目标是指高职院校围绕立德树人的根本任务,而设定的思想政治教育预期成效和目的。实现大学生思想政治教育目标最核心的是坚持理论与实践相统一、课堂教学与实践教学相结合。从国家层面而言,开展思想政治教育的最终目标是要坚持以立德树人为中心、以社会主义核心价值观为引领,把新时代大学生努力培养成为堪担大任的时代新人,培养成中国特色社会主义事业的可靠接班人和合格建设者。无论是"主渠道"还是"主阵地",二者在其育人目标的方向上是保持一致的,都体现了立德树人的根本导向,目的都是为培养德智体美劳全面发展的社会主义事业建设者和接班人服务的。具体而言,思政课作为"第一课堂",直接面向大学生进行马克思主义中国化时代化理论成果学习，承担着传授系统性、专业化的学科教育任务，着力于增强青年学生的政治素养和政治认同，锻造他们认识世界、改造世界的能力和水平，培养与我国经济社会发展相一致、人才发展需求相一致的具有良好思想品德和法治素养的时代新人。与此同时，日常思想政治教育的侧重点主要在于"第一课堂"之外担负起实践育人任务，包括班风学风建设、党团活动开展、心理健康咨询、就业规划指导等，都是为了让大学生更好地成长成才，解决包括思想困惑之外的现实问题。从中可以看出，青年的全面健康发展离不开思政课和日常思想政治教育协同发力，二者且缺一不可，无论哪一个环节缺失、哪一个育人过程出现偏差，都会阻碍大学生思想政治育人目标的最终实现。

（三）教育过程的融通性

从课堂理论教学到课外活动实践、从云端交流到线下面对面沟通、从日常渗透到具体领悟，大学生思想政治教育过程既包括知识技能的教授，也蕴含政治认同和道德品质培养。可以说，育人的整个过程是一脉相承、环环相扣的，具有融通性和延续性。"主渠道"与"主阵地"各司其职、各守其责，共同分担着育人过程的具体环节和任务。就课堂教学过程而言，它主要完成的是引导大学生树立科学的世界观、人生观、价值观，让他们在实践中避免误入歧途、少走弯路。就日常思想政治教育过程而言，它主要通过平台搭建、活动建设、学科竞赛等多种载体形式和育人途径，来贯通理论与实践、知与行的有机联系，进而帮助大学生在整个成长成才过程中更好地学思践悟。不论是"主渠道"还是"主阵地"，二者在育人过程中，都是互为渗透、相互影响。如果离开理论教学过程，实践活动开展就缺乏了理论指导这个重要前提；离开实践育人环节，理论讲授也会因变得抽象空洞而让人无法真学真懂真信。"知者行之始，行者知之成"，注重知与行的过程融通性，必须坚持理论和实践育人过程的交叉性、关联性和互补性，这是新时代思想政治教育理应坚持的重要方法论。

（四）教育内容的衔接性

"主渠道"与"主阵地"在具体教育内容上是各有侧重的。思政课更为强调意识形态教育、思想理论灌输、社会主义核心价值观培育、法治观念养成，重视培育学生的思想观点、科学素养、政治认同、道德品质、法治意识等学科核心素养的内容；而日常思想政治教育较为关注的是，提升大学生良好的生活习惯、学习态度、实践能力等方面的能力。但是，这两方面的教学内容是紧密联系、相辅相成的，不能将他们割裂开来。一方面，理论是用来指导实践的，假如只注重理论讲授而忽视学生实践能力的培养，理论学习不能学以致用，那么必然会严重削弱思政课的实际意义与影响力，也势必让大学生对理论教育内容失去兴趣，甚至产生逆反心理。另一方面，理论失之毫厘，极易导致实践谬以千里，假如开展大学生日常活动过程中缺乏理论指导，极易导致行动变得盲目且无所适从。就拿究竟怎样才是真正的爱国举例来说，这个更深层次的理论问题如果不弄清楚，大学生在具体的爱国实践活动中，很容易会变得偏激或盲从，有的甚至哪怕拥有一颗爱国之心，却在实际行动中做出了伤害祖国的行为。总的来说，在主渠道与主阵地的育人过程中，教育内容必须相互衔接，既各有侧重，又有效统一。只有把抽象的思想政治理论与学生具体的日常生活有机融合，转化为学生的"日用常行"，才能使大学生沉浸在社会主义核心价值观之中自在而不自觉。理论内容讲授必须结合实际，要针对新时代大学生在日常生活中遇到的一些思想困惑、认识偏差、行为误区等进行科学合理的教学设计，充分发挥课程内容学习的现实价值，真正让马克思主义理论落到大学生的日常生活实际当中，真正做到落细、落小、落实。而且，日常实践内容的活动开展必须加强理论指引，必须将理论引导、价值渗透自始至终贯穿到主题信仰教育、校园文化建设、学生社会实践等环节中，这样才能使活动开展的理论和现实意义具有叠加倍增效应，更有助于理论学习内容的巩固和升华。

二、注重外在协同

思想政治教育不仅保持内在协同，也要保持外在协同，形成育人合力，发挥育人效应，提高育人成效。外在协同系统共有四要素，即主体要素、客体要素、介体要素和环体要素。

首先是主体的协同，即教育主体的协同。学校教学管理部门、思政课教学部门、学生管理部门、专业课教学部门、创新创业学院等要强化贯通联动，分工协作，形成合力。思政课的主体是思政课教师，他们承担着教学任务，是课堂上教学的主导者，是学生意识形态的引路人，要坚持教师的主导性，以学生为主体，积极探讨符合本课程教学规律的教学模式。同时，要以课堂为主要阵地，将课堂教学与主题讨论、案例分析、专题讲座、课外阅读、社会实践等多种方式有机结合，打造课堂教学与课外辅导相结合的育人模式，突出案例教学、以情感人。思政课教师还要深入专业实践，把握行业企业创新科技前沿、学生就业和创业等第一手资料，更有针对性地开展教学。思政课教师要运用意识形态优势传播价值导向，参与制订专业人才培养方案，统筹规划思政课的实践教学和学生工作部门的学生活动，共同策划品牌活动项目，比如与校党委宣传部、学生会、团委等建立长期合作关系，指导和支持学生辩论赛、演讲比赛等工作，把心理咨询、日常生活辅导等活动与课堂教学结合起来，提高育人成效。日常思政教育的主体则是辅导员、班主任及其他相关的工作人员，他们不仅要解决学生实际生活中碰到的难题，还要帮助解决他们学习上的问题，助其顺利毕业和形成良好的道德品质。主体协同就是加强思政课教师和高校工作人员之间的协同，避免各管"一块田"的割裂现象，只有齐心协力才能提升育人效果。

其次是客体的协同，即教育对象的协同。客体就是接受主体要素，即思想政治教育的接受者或受动者，是高职院校思政课主体的作用对象，它与主体相对应。客体同主体一样，也具有主动性。在思政课教学中，客体选择作为参与者主动参与高校思政课中的任何认识和实践活动，不再被动接受主体的影响。客体主动性的发展和弘扬，为人的成长成才奠定内在基础。在日常生活和社会实践中要发挥大学生朋辈团体的影响力，这种影响往往是隐性的、深远的。大学生彼此间通过平等对话、共同参与，可以实现价值传递、行为感染和认知提升，变有形的理论灌输和知识讲授为无形的感染、熏陶和启迪。在大学生日常生活和社会实践中激发优秀朋辈群体的示范、感染、激励和引领作用，发挥朋辈影响力，充分发挥大学生的主动性和主体性，培养其自我教育，不仅拓展了思想政治教育的生活视域，而且对提升思想政治教育的实效性具有特殊价值，意义重大。

再次是介体协同，即教育手段的协同。主体和客体是思政课理论和实践教学活动的两极，在主体和客体之间必须存在一个将这二者连接起来的现实中介，才能进行认识活动和实践活动。从青年学生的成长规律和特点来看，高职学生处于从校园人逐步过渡到社会人的进程中，大学学习阶段正是他们心智逐步成熟、生活逐渐独立，为走出校园步入社会、担当社会责任打基础的关键时期。思政课的教育方式是在课堂上通过理论知识的传授强化理论灌输，达到教育目的。日常思政教育注重实践，比如学生的社团活动、朋辈交往、文体活动、社会实践、科创活动等课外活动这样的"第二课堂"，它们符合青年学生的身心特点，生动有趣丰富多彩，贴近学生实际，参与其中的学生可以提高人际交往的基本能力，加强个人习惯的养成，把握社会生活的基本规则，提升组织管理能力，为他们进入职场、步入社会打下基础。思政课教育和日常思政教育的侧重点不同，若强调不同则容易造成"知"与"行"分离；二者协同则是创新教育手段，促进两者的"知行合一"，将思政课上学到的理论知识运用到实践中，在实践中加深对理论知识的理解，达到内化于心、外化于行的效果。

最后是保持环体协同，即外部环境的协同。把高职院校思政课育人环境进行分类，可分为虚拟网络环境和现实物理环境两类。"网络环境则主要指随着科技发展而出现的网络生活、网络社会、'三微'空间等所组成的网络世界。现实的个人不仅是现实存在物，而且还是虚拟存在物，不论是现实环境，还是虚拟环境，都是当代社会现实的个人赖以生存的环境，也是他们接受思想政治教育的环境。"[①] 网络环境复杂多变，不断冲击重塑着现有状态，正如马克思所说："人创造环境，同样，环境也创造人。"[②] 环境的多变性给高校思政课教学带来了新的要求和挑战。思政课的主要教学环境是教室，而日常思政的教育环境包括宿舍、班集体、社团组织、校内等有形场所，也包括网络环境这一无形场所，可以将室外或线上的活动转化为一个个小课堂，保持环境资源畅通和信息共享，不断推动思想政治教育系统的发展。二者的协同育人就是让思政课走出课堂这个室内小天地，在室外或网络主阵地领略马克思主义、感悟社会主义真理。

第四节
整合"大思政课"育人资源与平台

2017年，教育部党组印发的《高校思想政治工作质量提升工程实施纲要》提出，要"充分发挥课程、科研、实践、文化、网络、心理、管理、服务、资助、组织等方面工作的育人功能，挖掘育人要素，完善育人机制，优化评价激

---

① 雷骥.文化自觉视域下思想政治教育环体的创设[J].学校党建与思想教育,2016(7):24.
② 中共中央马克思恩格斯列宁斯大林著作编译局.马克思恩格斯全集:第一卷[M].北京:人民出版社,1995:92.

励,强化实施保障,切实构建'十大'育人体系"①。高校思政课课程育人目标的实现,就要"依托丰富的理论课程资源、文化资源、方法资源、环境资源、媒介资源和精神资源等作为基础和保障"②。课程资源越丰富,课程实施的水平就越高,资源在思政课教学体系中的输入越有效。"大思政课"新格局是链接各教育主体和要素及其关系的有机平台,是协同"思政课+课程思政""思政课+社会实践""思政课+学校家庭社会""思政课+互联网"于一体的新格局。其教学主体从单一走向多元协同,促进思政教育从学校走向社会,教学方法上从以线下教学为主转化为课堂与社会实践相结合、线下与新媒体相结合的方式方法。

一、有效整合各类课程资源

习近平总书记强调,"要用好课堂教学这个主渠道,思想政治理论课要坚持在改进中加强,提升思想政治教育亲和力和针对性,满足学生成长成才发展需求和期待,其他各门课都要守好一段渠、种好责任田,使各类课程与思想政治课同向同行,形成协同效应"③。相对于团学活动和校园文化的第二课堂,课堂教学有固定的教学空间和教学时间,有课时和学分对学生的刚性约束,对学生完成学业、促进成长发挥着十分重要的作用,是学校教育的主渠道。"思政课+课程思政"就是以立德树人为根本任务构建的全课程育人形式,它是一种综合教育理念,能使各类课程与思政课实现协同育人。在高校中,思政课属于对大学生进行思想教育的显性教育,在课程思政的背景下,其他专业课教师要充分挖掘其专业课与综合素养课中的隐性思政资源,并且将思政元素像盐溶于水一样融入专业课教学当中,自觉承担起学生健康成长引路人和指导者的角色与责任,实现专业授课中知识传授与价值引导的有机统一,达到隐性"课程思政"目的,做到课程门门有思政、教师人人讲育人,形成各类课程与思政课教学紧密融合、同向同行的育人大格局。

---

① 中共教育部党组关于印发《高校思想政治工作质量提升工程实施纲要》的通知(教党〔2017〕62号).[EB/OL].(2017-12-5)[2021-01-05]. http://www.moe.gov.cn/srcsite/A12/s7060/201712/t20171206_320698.html.
② 靳诺.新时代思想政治理论课改革创新的着力点[J].思想理论教育导刊,2019(5):15-17.
③ 习近平在全国高校思想政治工作会议上强调:把思想政治工作贯穿教育教学全过程 开创我国高等教育事业发展新局面[EB/OL].(2016-12-09)[2021-03-05]. http://politics.people.com.cn/n1/2016/1209/c1001-28936072.html.

二、有效整合各类活动教学资源

"大思政课"要结合现实才有生命。因此，要发挥"第一课堂"的主阵地作用，应该用好各种理论资源，将书本上的理论知识充分吸收消化，并结合其他各种类型的教育，同时开展思想政治教育工作，将学校课堂这个"第一课堂"打造成为思政"金课"；还要用好校园活动和社会资源这个"第二课堂"。校园文化属于"隐性课程"，对学生的世界观、人生观和价值观发挥着潜移默化的影响，对学生的思维方式和思维特点也产生重要作用。学生的社团活动、朋辈交往、文体活动、社会实践、科创活动等课外活动，符合青年学生的身心特点，生动有趣，丰富多彩，贴近学生实际，学生参与其中可以提高人际交往的基本能力，把握社会生活的基本规则，提升学生的组织管理能力，为学生迈入职场和融入社会打下良好的基础。同时，要充分发挥高校和社会各界的合力，依托各类红色资源和文化资源，将学习实践由校内向校外延伸，积极创新形式载体，充分开发利用好各类校外实践资源，努力搭建校外企事业单位、实践教育基地、社区建设、志愿服务等与思政课教学紧密结合的实践教学平台，利用学生暑期返乡时机，开展社会实践、理论宣讲、志愿服务和主题党、团日等活动，运用校外资源来弥补传统学校教育资源的短板，使理论与实践紧密结合，如指导学生走进革命旧址、纪念馆、博物馆等场所，借用沉浸式教学法、体验式教学法、情景式教学法等深入学习和体验，将思政课堂搬到社会实践或生产劳动第一线，帮助学生通过现场教学来深刻体悟党的创新理论的真理魅力和实践伟力，让大学生在实践中深化对书本理论知识的认知，从而更好地指导大学生参与校外实践。此外，学校要结合自身定位，立足专业特色，发挥区域优势，积极与产教融合企业、主题教育基地等单位建立长效合作机制，加强对特色化育人资源的开发和利用。

三、有效整合网络思政育人资源

要有效利用互联网平台这个"第三课堂"，在课上课下引导学生学会使用互联网教育平台，学会寻找互联网资源，将学校课堂与网上慕课结合，深入实施网络育人工程，使大学生学习的知识不局限于校内课堂与社会实践，引导学生学习到更多优秀课程，开拓自己的眼界。高职思政课网络教学资源包括知识、资料、消息及图像、文字、声音、影像等，根据目前思政课网络教学资源建设情况及现有的对教育资源建设的技术规范,可将高职思政课网络教学资源分为:教学支撑系统、网络课程库、多媒体素材库。其中教学支撑系统包括教学模式管理、信息检索、辅导答疑、交流讨论、题库管理、作业评阅、远程考试以及教学科研搜索引擎等。网络课程库包括课件引索、文献资料、题库、案例等。多媒体素材库主要由网络课程和档案教学资源管理系统构成,包括文本、图像、视频、音频、动画、档案等。教学支撑系统是网络教学的基础,它构成了相对完整独立的网络教学资源体系,师生借助这一支撑系统基本能完成教与学的过程;网络课程库是知识点的继续延伸,丰富拓展了思政课教学资源。学生在教学支撑系统中完成基础知识学习后,在网络课程库中对知识点继续深入;多媒体素材库为网络教学的补充,它提供了形象生动的声像素材,是学生喜闻乐见的教育教学载体,更能调动学生的学习兴趣,激发学生的学习热情,有助于思政课教学的针对性和实效性的提高。网络教学资源信息量大,结构复杂且更新速度快,若忽视对网络教学资源的整合,其思想政治教育教学功能就难以体现和发挥。这就要求思政课教师在开展网络教学前,需对网络教学资源进行筛选和利用,从而整合出以提高大学生素质为目标取向的网络资源内容。

四、搭建"资源"大平台

"大思政课"之"大",是指充分调动学校、家庭乃至全社会的力量和资源,在教学元素上强调"大课堂""大教学""大平台""大师资"及其融通,以此形成教育合力,培育担当民族复兴重任的时代新人。具体来说,从思政课的性质看,"小思政课"属于"直接理论形态的思政课程",是由国家确定的直接理论形态的德育课程;所谓"大课堂",是指突破学校教室、学生组织和社团等空间限制,强调教学内容、教学组织紧密联系社会并向其延伸形态的课堂。简单来说,思政课既不能只局限于学校场域,也不能只囿于理论形态领域,而是要整个社会都应成为课堂,是"学校思政小课堂+社会大课堂+网络云课堂"的大阵地、新格局。所谓"大教学",是在统一教学目标的指引下,改革"教"与"学"的关系,强化生活情感的体验式教学,引导学生在历史的、生活的场景中自主学习;所谓"大平台",是指突破课程载体、课程时空等局限,将思政课置于广阔的物理空间、社会空间、虚拟空间,让学生有更强烈的学习获得感;所谓"大师资",是指吸纳除思政课教师、学校专家学者以外的社会各行各业的先进人物或平凡岗位的劳动者进入思政课教师队伍。首先，建设全国高校思政课教研系统。国家相关部门分工协作，分别建设网络支持系统、资源开发系统、审核评估系统、教师研修培训系统等，打造共建共享、系统集成、全面覆盖的全国高校思政课教研系统，如同现有的教育部牵头的"全国高校思政课教师网络集体备课平台"。其次，推进国家智慧教育平台建设使用，建设和利用国家智慧教育平台，加强思政课教学资源库建设，推动常态化机制化教学资源建设，着力打造思政"金课"。最后，打造网络教育宣传云平台，组织开展"大思政课"网络主题宣传活动，鼓励教师和学生充分参与到活动中来，将学习内容改编拍摄成微电影、小视频、短剧等生动且富有趣味性的内容产品，使师生通过平台加强网络互动，拉近师生之间、学生之间的关系，打造"云上大思政课"平台。用好"学习强国"等平台做好宣传工作，广泛传播党的创新理论。

第四章
基于 OBE 理念的高职院校思政课教学设计

教学设计是达成教学目标、完成教学任务和提高教学效果的重要前提。教学设计指的是遵循课程教学规律，运用系统论的观点，针对学生的实际需求，有序组合相关教学要素，有机整合课程教学资源，剖析教学过程中存在的问题，寻求最佳解决方案的系统化过程。由于类型不同的高校在人才培养规格、办学模式、学生的优势需求等方面存在差异性，因此不同类型学校的思政课教学设计具有不同的特征。高职院校思政课的教学设计也要有自己的规律和特色，既要从思政课的基本属性和所承载的育人功能来考量，又要从高职院校人才培养规格来谋划，才能提高教学的针对性和实效性。

第一节
高职院校思政课培养目标的价值取向和特征

高职院校思政课教学的目标定位由职业教育的目的所决定的。职业教育要发展，首先就要对职业教育有一个科学准确的理解，就要为其培养目标定位方向，同时为保证这一方向不偏离正确的运行轨道，各级高职院校内部的每一课程都应该围绕这一总体目标操作运转。其中，思政课教学应该成为实现职业教育目标的一个主阵地，因为职业教育之目标与思政课教学之目标是一致的。随着社会系统理论和学习创新理论的发展，教学设计越来越重视学习者的需求和学生与教师之间的互动。社会系统的深刻变化表明，信息社会的公民必须具备认识和解决问题的能力、在团队中工作的能力、交流沟通的能力，具有主动性和积极性，并能提出不同的观点。因此，教学设计要着眼于引导学生学会学习，学会充分挖掘自己的潜能与创造性，学会合作和学会反思改进。思政课的教学目标除了遵循职业教育课程教学设计的一般规律外，也要依据课程自身的基本性质，立足思政课的功能，确定自身培养目标的价值取向。

一、培养目标的价值取向

习近平总书记在"3·18"讲话中指出，改革创新是时代精神，青少年是最活跃的群体，思政课建设要向改革创新要活力，"要在教学过程中进行多样化探索，通过多种方式实现教学目标"，他强调，"要推动思想政治理论课改革创新，要不断增强思政课的思想性、理论性和亲和力、针对性"[1]。其实质就是推动解决思政课教学供给与学生需求侧进行精准对接的问题。而OBE理念以建构主义和人本主义为理论基础，强调教学过程包括设计、组织、实施和评价等要以学生的预期、学习成果为导向，倡导教学质量以学生受教育后真正拥有的素质和能力来衡量，通过实施"需求导向、成果导向、问题导向、能力导向、实效导向"的精准教学来达成这种学习成果，这无疑为明确和把握思政课教学培养目标及核心素养的价值取向提供了有益启示。

（一）坚持需求导向，精准把脉高职院校思政课教学供需矛盾

教学供给与教学需求是相互支撑的，教学供给是建立在教学需求基础上的，内外需求是确定培养目标的依据。当前，高职院校思政课教学改革无论是从其承担的国家和社会功能层面，还是从学生个体发展角度来看，都强调面向需求。基于OBE理念的教学正是从学生毕业"需求"出发设定人才培养目标，强调课程教学设计既要遵循教育教学的一般规律和课程教学的特殊规律，又要考虑学校办学思想和办学定位（包括人才培养目标定位）以及教育利益相关方（包括国家、

---

① 习近平主持召开学校思想政治理论课教师座谈会强调 用新时代中国特色社会主义思想铸魂育人 贯彻党的教育方针落实立德树人根本任务[N].人民日报,2019-03-19(01).

社会和行业、用人单位等)、学生发展的需要等。教学设计要从关注教材的呈现转变为重点关注学生的学习需求,从教学内容的灌输转变为帮助学生理解和运用理论分析现实问题,变教师的指导为师生共同学习,注重与学生的情感交流和对学生的价值引领。高职院校思政课教学目标设计根本的价值取向应关注人的全面自由发展,关注学生终身教育,关注学生立德成人、立志成才,努力把学生培养成为社会主义事业合格建设者和可靠接班人。OBE理念下的思政课教学与学生实际、社会实际及就业工作实际紧密结合,既坚持思想政治教育的根本导向,又能立足学生将来从事的职业岗位实际,着力培养其职业发展所必需的职业素质,使学生真切体会到思政课与其学习生活、成人成才、就业和未来职业发展等是紧密联系的,从而激发学生学习的内生动力。

(二)坚持成果导向,重构教学目标和核心能力指标体系

"以成果为导向"意味着"一开始就要对学生有一个清晰的培养目标,然后根据培养目标进行构建课程体系、组织课程教学、评估教学效果,以保证整个学习过程中的每一个环节都服务于培养目标的达成"[①]。它以预设的学习成果为导向,重构思政课程目标系统。它在总教学目标的指引下,从政治认同、价值观念、认知行为、情感态度等多维度出发,确立各专题教学的子目标,进而明确每一个知识模块的教学目标,形成多层次目标链及目标系统。它还要将课程目标系统所指向的能力分解细化成学生可体验、可操作且教师可观测、可度量、可举证的三级能力指标体系,并与课程中的教学任务形成矩阵,逐级拆解到各门思政课程的考核中。课程目标要力求明确、清晰、具体,且要对应职业行动能力指标和专业人才培养要求,明确学生通过思政课学习应获得的能力和综合素质。培养目标和毕业要求实质上决定了要培养什么样的人,是连接社会与课堂的桥梁。培养目标既是OBE的起点又是其终点,它形成一个"闭环",按照"教育利益相关方需求→专业人才培养目标→毕业要求(专业学习成果)→课程体系"反向设计原则[②],通过内外循环和学习成果循环分别对毕业要求、培养目标和教学设计持续改进。它又将毕业要求具体归旨到每门思政课程的成果目标,强调学生核心能力与教学目标之间的相互性。它还能基于"学生"与"学习成果"反推教学目标、

---

① 教育供给侧改革起步 优学派先行探索成果丰富[Z/OL].(2016-03-16)[2021-01-15]. https://m.sohu.com/n/440599963/.

② 马国勤.成果导向的高职教学质量评价改革探索与实践[J].职教论坛,2021,37(5):62-69.

课程内容、教学方法、教学活动、评价手段等教学元素的设计与构建，再针对教学反馈开展持续性教学反思和改进，要求目标、教学、评估环环相扣，确保学生能够获得预期的学习成果。这里的"成果"是学生学习后取得的实际能力和素质，而不单单包括课程分数，它代表了一种素质和能力结构。明确培养目标的核心要素即政治认同、价值观念、家国情怀、道德修养、法治观念、文化素养等，其中既包括以课堂讲授为主的学习成果如观点、方法、态度、认知能力、思维水平、思想素质等，又包括以实践项目为主的学习成果如调查报告、论文、实践创新训练项目、比赛作品等，还包括关于职业规划和人生发展的技能、能力、态度、情感、价值观、道德品质等多方面的提升。

（三）坚持问题导向，精准优化课程教学内容体系

思政课精准供给教学一般根据不同的核心能力需要设计相应的教学内容，强调教学内容对学生学习的目的性和重要性，帮助他们形成正确的学习动机图式，培养学生理论思维能力，引导其自觉追求社会主义核心价值观和行为模式，让学生愿意学习并相信和应用这些价值观和能力，将思政课学习看成提高自身素养和能力的载体，把教学任务作为自己成长成人的机会。按照OBE理念的问题导向原则，思政课精准供给教学要改变思维定式，将教材中理论性和结论性的知识或答案，转变成能够激发学生兴趣的问题，以社会问题、热点事件和学生实际困惑为切入点，将这些"问题"转化成学习行动任务，将教学真正落实到具体教学操作层面，鼓励学生发现和探索问题，帮助学生运用所学知识思考、探究和解决问题，让思政课成为"获取理论知识、确立价值观念、培养品德素质的有机统一过程"[1]。为此，一要围绕能力指标体系的能力点，依据"两性一度"（即高阶性、创新性和挑战度）要求，以问题为导向，从提升学生能力反向设计教学任务，编写出与成果导向教学相匹配的系列教学专题、学习活动及其教学策略、教学方法等，创制教学任务书及其操作要求，使每个专题与学习任务和能力结构相互支撑；二要以预设的学习成果为依据，设计课堂教学过程，将课堂讲授链化为"问题（包括理论困惑点、社会热点问题和职场情境）→预设成果（观点、方法和能力）→通过理论解决问题→优化质量"四个阶段，以学生为中心，通过设计研讨式、协作式和交互式的教学内容，全方位全过程提升高职学生的学习"获得感"。

---

[1] 侣咏梅.打造新时代高质量思想政治理论课[J].中国高等教育,2020(20):41-43.

此外，面向新时代资讯爆炸、即时传播、无中心化的显著特征，教学设计要更加强调现实性和时效性，善于不断打磨反映新时代特点和现实问题的鲜活素材，运用马克思主义原理对国际国内重大时事予以分析和评说，做到"因事而化、因时而进、因势而新"，将抽象深奥的理论知识转化为学生乐于接受的学习内容，不断提升课程内容的亲和力与针对性。

（四）坚持能力导向，精心组织和实施教学过程

职业教育的目标是提升学生个性化需求的能力。对此，我国职业教育的奠基人黄炎培曾比较完备地阐述了职业教育的目的为"谋个性之发展；为个人谋生之准备；为个人服务社会之准备；为国家及世界增进生产力之准备"。由此我们可以知道，职业教育的目的首先是人的个性的发展，其次是能力的发展。OBE教育的核心理念就是以能力为本位，围绕未来职业活动中所需要的实际能力，以职业岗位分析为基础，组织课程教学设计、开展和实施教学、进行评价。它以全面分析职业活动中从业者的活动内容和职业素质要求为出发点，强调学生在学习过程中的主体地位，使学生具备从事某一种职业所必需的实际能力。在教学组织实施过程中，思政课每个单元设计的教学活动，需精准对接学生的群体性发展诉求，要围绕"三个明确"的目标，即明确阶段学习的专业能力、社会能力和方法能力，明确学习情境和明确学习方法。在此基础上，思政课课程设计还要按照资讯、计划、决策、实施、检查、评价六个阶段（或环节），以行动学习为导向，并在教学过程中针对每个学习项目鼓励学生独立制订计划、组织控制学习过程和制定评价标准并检查学习成果，而不是教师给出方案或确定组织措施。整个学习过程中，要引导学生进行团队合作学习，鼓励他们提出多种建议和答案，让彼此之间对学习过程和成果负责；以学生为主导，让学生在做中和辩中学，在运用原理或理论来认识和解决复杂问题。任务过程中，教师要不断反思并改进学习方法，提升学生的创造性思维、批判性思维、开放性思维以及明辨是非并抵御错误言论的能力。实践教学能克服思政课理论教学大班授课的缺陷，教师可以鼓励和引导学生以小组或个人方式，根据兴趣关注点，紧密结合新时代的发展形势和大学生的思想行为特点、现实需要与个性化需求，围绕学生在理想信念、学业就业、热点问题、情感态度、职业规划等方面存在的困惑或问题确定选题，开展社会调研，主动回应学生诉求，着力从实践层面解决他们的困惑与问题，引导其运用所学理论在实践中提高认识和提升境界。

（五）坚持实效导向，推动由质量监控向持续改进转变

与一般的专业课不同，高校思政课教学不仅仅是知识的单向传授，而是对学生知识内化的能力、道德修养和政治认同的衡量，也是对学生世界观、人生观和价值观的纠正与重塑。"持续改进"是 OBE 理念的精髓和鲜明特征，前提是要随时掌握学生的学习情况。首先，OBE 理念更注重学习成效，强调以学生为中心，注重评价主体的多元化、评价内容的综合化和评价手段的多样化，聚焦持续提升每个学生的能力，重视阶段性评价反馈，善于运用示范、诊断、评价、反馈以及建设性介入等策略，形成不断循环的闭环。其次，OBE 理念聚焦学习成果的逐级达成，研制包括教师、教学、学生和课程、教学单元成果、课程学习成果等的全链条教学质量评价标准，增加课堂互动、团队研讨、课外实践和项目协作等过程性考核项，将持续改进理念渗透到思政课教学活动的全过程和各环节，以学习成果的累积达成来监测学生职业能力的逐步形成。最后，OBE 理念能构建线上线下相融合的教学评价体系。新兴信息技术的发展为实施教学质量的精准监测与识别等提供了可能性，能通过发挥引导、激励、反馈、改进作用，促进评价对象不断提升。一方面，线上教学中，可通过学习平台系统动态地收集学生学习过程数据，包括课程学习时长、学习进度、测验成绩、作业和问题讨论情况等；另一方面，在课堂教学中，可通过移动互联教学平台动态记载学生参与互动、测评、讨论、展示等活动情况，实时反馈学生的思想倾向、理论关切、价值观念、学习进展和学习兴趣等有价值的信息。针对学习过程数据反馈，教师可从学习方案、学习内容和学习评价等方面及时调整和改进教学，并引导学生对照教学反馈找准和弥补自身的不足，并向教师提出教学需求，以此加强师生之间的教学互动，从而增强思政课教学的高效性和精准度。

二、培养目标的主要特征

高等职业教育以服务为宗旨，以就业为导向，以能力为本位，培养面向生产、建设、服务、管理第一线需要的高素质、高技能应用性人才。其中的"高素质"不仅体现在专业知识和专业技能上，还应该体现在理论思维和职业核心能力上。理论思维与职业核心能力是高职学生顺利入职，在职场站稳脚跟、取得发展的关键能力。在产业转型升级、职业不断变换的背景下，高职学生不仅要具备应对当前就业到岗的科学的"三观"、基本理论知识、基本技能，还要具有适应以

后劳动力结构重新调整而引发的岗位变更的迁移能力、职业岗位内涵升级的自我更新能力、适应未来社会和行业发展的创业能力以及基本的逻辑思维能力。因此，职业院校思政课的培养目标，一方面要符合课程自身的特点和规律，突出其思想政治导向和功能，体现思想性和时代性。另一方面要遵循职业院校的规律，凸显职业教育特色，概括起来体现在"四个性"上，即类型性、应用性、职业性、实践性。

（一）思想性和理论性

思政课是落实立德树人根本任务的关键课程，思政课综合性极强，多学科知识相互交叉和渗透，涉及理论广泛，思想丰富。思政课的本质在讲道理，即用思想和理论讲政治，主要运用马克思主义和习近平新时代中国特色社会主义的立场、观点和方法认识党和国家发展中面临的复杂问题。

思想性是思政课的首要特征和本质属性，是思政课最鲜亮的底色、最鲜明的特色和最鲜艳的本色。与一般的专业知识传授相比，思政课教学更突出思想启迪、政治导向、价值引领、道德涵育和法治意识。大学生是社会主义的建设者和接班人，他们最需要精心引导和栽培，这就需要在教学多阶段、全过程和各环节融入理想信念、政治信仰、价值理念、道德情操、法治精神等。思政课教师要着眼于增强社会主义意识形态的引领力、凝聚力和向心力，要勇于和善于直面各种错误观点和思潮，敢于亮明政治立场，勇于旗帜鲜明地批判和分析各种腐朽思想、错误观点和丑恶现象等，进而形成科学的价值判断，着力精准传导主流意识形态，引导学生明辨是非，持续用马克思主义的世界观和方法论对学生启迪智慧、启发人生、启示未来，善于用习近平新时代中国特色社会主义思想铸魂育人。

理论性是思政课的基本属性和内在规定，主张从思维抽象的高度系统解析问题，而不能仅仅停留在感受、经验和情感的层面，它决定了思政课的建设深度，发挥着价值承载的基本作用。理论性的基本要求是要"以透彻的学理分析回应学生，以彻底的思想理论说服学生，用真理的强大力量引导学生"[①]。一种思想能否被受众接受，在很大程度上是由这种思想本身是否具有透彻的理论说服性来决定的。马克思曾指出："理论只要说服人，就能掌握群众；而理论只要彻底，就能

[①] 习近平.思政课是落实立德树人根本任务的关键课程[M].北京：人民出版社，2020：18.

说服人。所谓彻底,就是抓住事物的根本。"[1] 而要"抓住事物的根本",就必须对事物进行思维抽象,力求在规律的层面上深入地把握事物内在的本质。马克思主义是关于自然界、人类社会和人类思维发展的一般规律的理论体系,它揭示了事物的本质、内在联系及发展规律,是人们观察世界、分析问题的有力思想武器,是伟大的认识工具。思政课作为对学生进行马克思主义理论系统教育的课程,理论性和科学性是其显著特征,自然要体现出以理服人、以理感人和以理育人的内在本质,应该尊重规律、遵循学理、以理服人,用坚定的立场对待思想政治理论课理论,用深厚的历史把握思想政治理论,用真理的态度对待思想政治理论,用科学的理论解析思想政治现象,努力实现政治性和学理性的统一。

(二) 政治性和规律性

政治性是思政课的鲜明属性,旗帜鲜明讲政治是思政课的第一要求,也是对思政课教师的首要要求。思政课具有不可替代的鲜明的政治属性和服务功能,集中展现了教育的社会主义性质和方向。习近平总书记指出:"我国是中国共产党领导的社会主义国家,这就决定了我们的教育必须把培养社会主义建设者和接班人作为根本任务,培养一代又一代拥护中国共产党领导和我国社会主义制度、立志为中国特色社会主义事业奋斗终身的有用人才。这是教育工作的根本任务,也是教育现代化的方向目标。"[2] 当前,实现中华民族伟大复兴正处于关键时期,强国建设、民族复兴需要社会主义时代新人接续完成。育人是思政课首要的任务。我国是社会主义国家,要积极发挥思政课的政治引导功能,培养中国特色社会主义的时代新人,必须以新时代党的教育方针为指引,始终坚持社会主义办学方向,坚持教育为人民服务、为巩固和发展中国特色社会主义制度服务、为改革开放和社会主义现代化建设服务。贯彻落实习近平新时代中国特色社会主义思想,要扎根中国大地办教育,引导学生把"小我"融入"大我",使个人成长与国家发展和民族复兴同频共振。

规律性认识是办好思政课的基本遵循。高职院校思政课培养目标应符合教育发展规律。新时代思政课建设要在"遵循思想政治工作规律,遵循教书育人规

---

[1] 中共中央马克思恩格斯列宁斯大林著作编译局.马克思恩格斯选集:第一卷[M].北京:人民出版社,2012:9-10.

[2] 习近平.习近平在全国教育大会上强调:坚持中国特色社会主义教育发展道路 培养德智体美劳全面发展的社会主义建设者和接班人[N].人民日报,2018-09-11(01).

律,遵循学生成长规律"①的基础上,立足教学实践,广泛借鉴成功经验,不断推进守正创新。首先,必须遵循教育的基本规律和大学生思想政治教育的基本规律。思政课必须毫不动摇地坚持马克思主义的指导思想,并将马克思主义理论与中国实际相结合、与中华优秀传统文化相结合,不断开辟马克思主义中国化和中国化马克思主义的新境界;马克思主义是认识世界、改造世界的认识工具和思想武器,它揭示了事物之间联系、矛盾和规律;马克思主义是以实现人的解放和人的自由全面发展为己任的科学,它始终坚持以人为本的理念。思政课要将马克思主义贯穿教学全过程,把握好"时"与"进"、"事"与"化"、"势"与"新"之间的辩证张力。只有在遵循思想政治教育规律的前提下,结合学生实际,按照学生成长成才的基本特点来开展教学实践,才能确保思政课守正创新沿着正确的轨道稳步推进。其次,必须遵循教书育人规律,要树立"大思政"育人理念,着力打造一支理想信仰坚定、理论功底扎实、结构优化、数量充足的高素质思想政治教师队伍;创新教学模式,构建线上与线下相结合的思想政治教育新模式;要利用新媒体技术突破时空领域的限制,采取学生易于理解、乐于接受、内涵丰富的教学方式,强化互动,提升实效。最后,必须遵循学生成长规律。学生在教育教学中具有主体地位,这决定着高职院校思政课培养目标同样要满足学生成长发展需要。思政课必须坚持学生为中心,根据大学生成长阶段的发展规律,结合大学生的实际情况,以大学生的成长需求为动力,密切关注学生成长成才的内在需求,针对不同学段的学生,采取不同的教学方法教授不同的教学内容,将大学生人格塑造贯穿全过程。

(三) 时代性和前沿性

思政课具有鲜明的时代性,这与马克思主义的时代性有着密切关联和内在的一致性。马克思主义不仅是思政课教学的主题内容,也是指导思政课守正创新的思想理论武器。一方面,马克思主义是与时俱进的理论,因而思政课要及时有效地用马克思主义中国化时代化的理论武装大学生的头脑,同时引导他们自觉投身于中国特色社会主义伟大事业的建设实践之中,并用马克思主义理论来验证实践成果,将个人的青春、梦想融入祖国的伟大建设和梦想中来。另一方面,要坚持

---

① 习近平在全国高校思想政治工作会议上强调:把思想政治工作贯穿教育教学全过程 开创我国高等教育事业发展新局面[N].人民日报,2016-12-09(01).

用马克思主义的基本原理指导思政课建设。马克思主义是办好新时代思政课的根基，我们必须旗帜鲜明地加以坚持，并与时俱进地进行创新发展，要在思政课中教导学生运用马克思主义的科学方法，学会将理论应用于实践，并在实践中升华理论认识，从而坚定和丰富马克思主义的指导思想。另外，学生们未来会在新时代成就人生价值和社会价值，价值实现形式与内容可能与当前相仿，也可能更具时代性。新时代大学生往往要求更加个性的呈现，要求更加解放的思想，要求更加宽阔的舞台，追求更加崇高的信仰。因而思政课需要帮助大学生探求自身的价值、引领大学生确立马克思主义信仰，并在新时代里不断发展。

就前沿性而言，思政课的现实性较强，尤其是新时代以来党领导下的理论和实践创新日新月异。成长于新时代的当代大学生，面对的是层出不穷的新观念和新事物，尤其是感性思维比较强的高职学生，他们是各种新媒介技术的率先尝试者和忠实使用者，对新媒介技术具有直观的感性偏好。随着手机成为最便利的随身上网终端，很多学生陷入"机不离手"的生存状态，手机依赖、网络依赖、图像依赖现象十分普遍。便捷的媒介技术条件使得大学生获取信息渠道众多，且与以往获取信息的途径与方式不同。他们较多采用众多的新媒体 APP 以及微信、QQ 等渠道获取信息。居于学校教育"上游"的网络教育无所不在塑造着学生的认知思维方式。有鉴于此，无论在教学理念上，还是在教学内容、教学方法和手段上，思政课教学必须要做到"因事而化、因时而进、因势而新"，才能确保教学实效性。从大水漫灌到精准滴灌，不仅是教育方法的转变，也是教育理念的发展。教学理念还需要新技术、新手段作为支撑，思政课教师可借助大数据和运用新媒体，以新技术提升课堂吸引力，并将学生思想、学习和生活中的行为轨迹转化为有效数据信息，全面把握和精准认知学生的思想政治理论教学需求，并以此作为实施教学策略的依据。

（四）类型性和职业性

新修订的《中华人民共和国职业教育法》（简称《职业教育法》）明确规定："职业教育是与普通教育具有同等重要地位的教育类型，是国民教育体系和人力资源开发的重要组成部分。"[①] 该法明确了职业教育是与普通教育具有同等重要地位的"类型"教育，而不是"层次"教育，职业教育要服务于国家经济社会建

---

① 中华人民共和国职业教育法[N].人民日报,2022-04-21(13).

设，服务于国家技能型社会建设，突显了职业教育在国家建设中的地位，解决了先前关于职业教育是层次教育还是类型教育的长期论争，为新时代职业教育发展明确了目标与方向，也为职业教育独立高质量发展提供了法律基础。但与普通教育的育人体系相比，职业教育的人才培养目标、专业建设、教材编写、课程设置等都应体现类型教育的特征。职业教育的重心在培育学生的劳动精神、劳模精神和工匠精神。对思政课而言，重点则要培养学生能够具有从事本专业领域实际工作岗位的思想道德品质、职业素养和敬业创新精神。

就职业性而言，习近平总书记在2019年全国职业教育大会上的讲话中强调，"职业教育的时代任务是培养数以亿计的高素质劳动者和技术技能人才，要坚持产教融合、校企合作，坚持工学结合、知行合一，培育和践行社会主义核心价值观，提高人才培养质量"[①]。新修订的《职业教育法》也规定，职业教育最为显著的特征是职业性。其中，总则第二条对职业教育进行了定义："本法所称职业教育，是指为了培养高素质技术技能人才，使受教育者具备从事某种职业或者实现职业发展所需要的职业道德、科学文化与专业知识、技术技能等职业综合素质和行动能力而实施的教育，包括职业学校教育和职业培训。"[②] 这一定义不仅揭示了培养"高素质的技术技能人才"是职业教育的目标，也明确指出受教育者所受的教育由将来从事某种职业所需的行动能力和职业综合素质两部分构成，并通过职业学校教育和职业培训方式形成终身学习的能力，从而使其今后的职业生涯得到良好的发展。可见，"职业教育以职业为基础并为职业服务，职业是职业教育的起点，也是职业教育的终点"[③]，职业教育的职业性主要体现在培养目标、培养内容、育人模式和师资队伍建设等各个要素和环节中。

(五) 应用性和实践性

《教育部关于"十三五"时期高等学校设置工作的意见》（教发〔2017〕3号）以高校"人才培养定位"为基础，把我国高等教育分为"研究型""应用型"和"职业技能型"三大类型，规定应用型高等学校"主要从事服务经济社会发展

---

① 全国职业教育工作会议在京召开 习近平作指示李克强讲话[EB/OL].(2014-06-24)[2021-10-05]. http://edu.people.com.cn/n/2014/0624/c1053-25190639.html.
② 中华人民共和国职业教育法[N].人民日报,2022-04-21(13).
③ 姜大源.基于职业科学的职业教育学科建设辨析[J].中国职业技术教育,2007(11):8-16.

的本科以上层次应用型人才培养"①,并提出了其办学模式是深度产教融合和校企合作,以及地方、行业(企业)深度参与人才培养与评价。产教融合的人才培养方案和课程体系等诸多要求,增加了学生深入接触社会、深入生产一线实际的时间和机会。"思政课"根本使命和价值在于,对学生进行理论教育、提高知识容量的同时,使学生能够运用"理论武器",在复杂和快速发展变化的国内外形势下,增强对马克思主义、中国特色社会主义理论体系,尤其是习近平新时代中国特色社会主义思想的理论认同和地位认同,培养其对党和国家的认同和情感,确立正确的世界观、人生观、价值观,养成科学理性的思维方式和良好的行为方式,成为符合"四为"要求、全面发展的新时代中国特色社会主义事业的合格建设者和可靠接班人。

"思政课"的理论性和应用性是有机的统一。课程性质和使命决定了其不仅具有理论性,也具有应用性;它不仅要重视理论教育,也强调理论的实践应用。实践性是思政课的鲜明特征,思政课在注重学理性教育传授理论知识的同时,也关注大学生能否科学正确地掌握和运用这一"理论武器"。这就要求思政教师要做到:引导教育大学生在国内外形势深刻变化的复杂背景下,树立正确的"三观",坚定中国特色社会主义理想信念和共产主义信仰,躬身践行社会主义核心价值观,抵御敌对势力的和平演变和不良思想的侵蚀;引导学生在感受新中国取得的伟大成就中增强对伟大祖国、对中华民族、对中华优秀传统文化、对中国共产党、对中国特色社会主义、对改革开放的高度认同,进而积极弘扬爱国主义精神、厚植爱国主义情怀、激发爱国主义力量,实现思想政治理论教育从"内心"到"言行"的实践"外化"。实践应用是解决学生思想政治理论教育"真学、真信、真懂、真用"的根本路径,只有在实现中国梦的生动实践中放飞个人的青春梦想,才能在为人民利益的不懈奋斗中书写人生华章。

实践是检验真理的唯一标准。突出实践性,是高校检验大学生学习、促进大学生成长的重要教学原则。而从职业院校学生特点来看,他们的抽象思维和理性思维能力不足,往往缺乏对理论的学习兴趣,倾向于动手操作。因此突出实践性,重点在于理论的实践性、实践的真实性。一方面理论要指导实践。学生用学

---

① 教育部关于"十三五"时期高等学校设置工作的意见(教发〔2017〕3号)[EB/OL].(2017-02-04)[2021-01-05]. http://www.moe.gov.cn/srcsite/A03/s181/201702/t20170217_296529.html.

习到的理论去分析、解读甚至运用于实践，在实践中感知理论、理解理论、发展理论。这一过程是理论与实践的互动过程，是理论的具体化、可视化、体验化的过程，学生在此过程中可以进一步感受理论的深度、厚度。另一方面是理论的生活化实践。理论不能挂在墙上，理论是用来实践的，这个实践要有比较强的针对性和实用性，易懂好接受。当前思政课的实践环节，依旧存在着理论占比高、实践质量低的问题，形式大于内容，真实性有待商榷。强调实践的真实性，一是要实事求是。课堂教学要注重用思想和理论回应社会现实问题，关注大学生的现实发展需求和精神需要，培养学生的认知判断能力和理论思维能力，提升学生的个体发展和综合素养。实践教学要引导学生走向实践，实践环节多数会涉及校外考察的联络、实践环境的设计等，相对课堂理论教学繁杂程度可见一斑。这虽然难度大，但是必须坚持实事求是的基本原则，开展实践教学，否则就会变成形式主义或者作假，产生负面影响。二是要追求实效。实践在于设计，这是一种价值导向，但实践不应只是设计，更重要的是实效，如果实践停留在精心设计层面而忽视了实效，这个实践将失去意义，实效是实践的核心价值所在。通过拓展和创新实践教学的渠道和形式，将社会大课堂与思政小课堂连接起来，促进学生将学习成果转化为行动能力。

大学生思想政治理论应用能力和实践能力的培养，是思政课应用性和实践性的体现，也是实践教学的根本出发点和着眼点。其核心是马克思主义世界观、方法论的实践应用能力。具体地说，应用和实践能力培养指的是大学生掌握运用马克思主义的基本原理、观点立场和方法，分析认识世情、国情、社会现象，分析问题和解决问题的能力，它包括：（1）意识形态建设能力，即确立和认同中国特色社会主义主流意识形态的能力，也是应用马克思主义及其中国化成果，客观地、辩证地认识我国建设、改革开放的发展历程和各种社会问题的能力。（2）加深对党的路线、方针、政策的理解，坚定四个自信的能力。（3）辨析社会思潮、抵御国内外敌对势力意识形态渗透和侵蚀的能力。（4）思想品德建设能力，它以符合社会主义核心价值观要求的道德认知、道德情感、道德意志开展道德行为实践，从而确立正确人生观、世界观、价值观。（5）职业发展能力，它指的是培养良好的职业认知和自我认知，规划自身职业生涯，养成良好的职业道德、职业情感、职业精神、职业忠诚并促进职业发展的能力。（6）法治思维能力，它指的是树立社会主义法治观念，遵守法律和校规校纪，应用学校规章制度、国家法律法规分析现实和生活中的问题等。

三、核心素养及培养目标设置

教育的发展伴随着教育观念的创新，从教学目标到核心素养都在不断发展转变中。核心素养落实到各个学科之中，便形成了带有学科特点的学科核心素养。《关于全面深化课程改革，落实立德树人根本任务的意见》首次提到"核心素养"一词，要求明确课程目标，并根据核心素养的要求编写各学科课程标准。核心素养体系的设计成为全面推进素质教育、引领各学科课程改革的重点目标。学科核心素养是连接整体概念和教育实践的桥梁，需要融入不同学科的课程中，并能在课堂教学上具体实践和运用。一直以来，我国宏观教育目标都很明确，那就是培养德智体美劳全面发展的社会主义建设者与接班人。而我国中观教育目标还比较笼统，这就使日常教学、学习目标过分重视理论知识学习，一定程度上忽视了学生成长发展过程和价值意义，从而使学习知识与育人功能相分离，致使宏观教育目标、中观教育目标与常规教学目标缺乏有机衔接。针对这一现象，教育部明确提出要大力发展学科核心素养，丰富与完善党的教育方针，把中国学生成长的核心素质落实到学科的育人目标——学科核心素养。学科核心素养将教育目的具体化，是对党教育方针政策的落实，也从宏观层面回答了"培养什么人"的问题，而课程目标是国家结合教育目的并根据每门学科的本质对其育人价值做出的概括，从中观层面对人才培养提出要求。培育高职学生核心素养，课程是重要载体。

（一）核心素养

学科核心素养是学生通过某一学科的学习所取得的具有独特学科特征的关键成就和重要成果，是该学科育人价值的体现。学科核心素养既体现了对知识传授过程中培养出来的能力和习惯的要求，也体现着学科知识体系内各要素之间以及各学科内部相互关系的综合考量。思想政治学科的核心素养凝结着独特的育人价值，是学生发展核心素养在思想政治学科的具体体现。思想政治学科核心素养的培育既要立足于对学科本质的把握，又要基于大学生发展核心素养的培育。习近平总书记强调，要"培养担当民族复兴大任的时代新人"，"时代新人"的具体标准也是思政课的核心素养。2016年9月，《中国学生发展核心素养》正式发布，将学生核心素养分为"文化基础、自主发展、社会参与三个方面以及人文底蕴、科学精神、学会学习、健康生活、责任担当、实践创新六大素养和人文情怀、审美情趣等十八个基本要素"①。大学教育是中学教育的深化和延伸，2016年在全国高校思想政治工作会议上，习近平总书记强调："思想政治工作从根本上说是做人的工作，必须围绕学生、关照学生、服务学生，不断提高学生思想水平、政治觉悟、道德品质、文化素养，让学生成为德才兼备、全面发展的人才。"② 2019年，中共中央办公厅、国务院办公厅印发了《关于深化新时代学校思想政治理论课改革创新的若干意见》，要求"统筹推进思政课课程内容建设。坚持用习近平新时代中国特色社会主义思想铸魂育人，以政治认同、家国情怀、道德修养、法治意识、文化素养为重点，以爱党、爱国、爱社会主义、爱人民、爱集体为主线，坚持爱国和爱党爱社会主义相统一，系统开展马克思主义理论教育，系统进行中国特色社会主义和中国梦教育、社会主义核心价值观教育、法治教育、劳动教育、心理健康教育、中华优秀传统文化教育"③。2020年在教育文化卫生体育领域专家代表座谈会上，习近平总书记强调，必须"要坚持社会主义办学方向"，深化"学校思想政治理论课改革创新"，大力"发展素质教育，推进教育公平"，"培养学生爱国情怀、社会责任感、创新精神、实践能力"④。自此，大学生核心素养框架体系确定。与普通教育相比，高职思政课的学生核心素养培育要体现职业教育本质，在学生价值引导、品格锤炼和精神涵养等方面要打上高职教育的烙印。在系统梳理前人研究基础上，本研究认为思政课的核心素养主要包括政治认同、道德素质、科学素养、方法能力、文化修养和法治意识。

1. 政治认同

尽管国内外学界对政治认同内涵的界定有很多，但是多以《中国大百科全书·政治学》和《布莱克维尔政治学百科全书》的界定为基础。前者对政治认同内涵的界定："人们在社会政治生活中产生的一种感情和意识上的归属感，它与人们的心理活动有密切的关系。人们在一定社会中生活，总要在一定的社会联系中

---

① 核心素养研究课题组.中国学生发展核心素养总体框架[J].中国教育学刊,2016(10):1-2.
② 习近平.习近平谈治国理政:第二卷(英)[M].北京:外文出版社,2017:377.
③ 中共中央办公厅 国务院办公厅印发《关于深化新时代学校思想政治理论课改革创新的若干意见》[EB/OL].(2019-08-14)[2021-03-05].https://www.gov.cn/zhengce/2019-08/14/content_5421252.htm.
④ 习近平主持召开教育文化卫生体育领域专家代表座谈会强调 全面推进教育文化卫生体育事业发展 不断增强人民群众获得感幸福感安全感[EB/OL].(2020-09-22)[2022-01-05].http://www.qstheory.cn/yaowen/2020-09/22/c_1126527338.htm.

确定自己的身份,如把自己看作某一政党的党员、某一阶级的成员、某一政治过程的参与者或某一政治信念的追求者等等,并自觉地以组织及过程的要求来规范自己的政治行为,这种现象就是政治认同。"① 后者将政治认同定义为"一种心理认同,即对于某一政党或其他政党的依恋之情"。因此,政治认同是社会成员对一定政治体系及其运行的肯定性态度、支持性行为和心理归属的总和。大学生正处在人生价值观的形成发展阶段,其政治认同状况直接影响着他们能否成为合格的社会主义建设者和可靠的共产主义远大目标践行者。政治认同素养的目的就是培养拥护党的领导、团结人民、热爱祖国、具备马克思主义中国化理论素质的社会主义建设者和接班人。政治认同对政治自我形成具有重要影响,没有认同感就可能造成不确定的困惑,产生"认同危机"。相反,大学生应该彰显国之强盛,拥护国之决策,弘扬国之文化,融入家国情怀,激发树立远大理想,开拓创新积极进取,坚定理想信念,提升国家认同感和民族自信心,增强社会责任感和使命感,这也是思政课迫切要承担的使命。

一是对中国共产党领导的认同。认同中国共产党的领导在政治认同中居于至关重要的核心位置。大学生必须认识到中国特色社会主义的最本质特征在于始终坚持中国共产党的领导地位,要深入了解中国共产党的性质、宗旨和发展的历史渊源,只有这样才能准确把握党的地位和作用,也要意识到坚定不移地支持中国共产党的领导是历史的必然选择,也是人民群众的必然选择。中国共产党具有自我批判和自我反思的能力,我们必须主动维护和积极捍卫党的领导地位,紧密团结在党中央周围,敢于同那些侮辱和诋毁中国共产党的反动行为进行斗争。思政课的教学使学生能够用历史的、发展的眼光和观点,来理解实践马克思主义,深刻认识中国共产党的先进性和优越性,坚定正确的政治方向,认识到政治属性的重要性,并且具备从政治角度出发思考问题以及解决相应问题的政治行为能力。

二是对中国特色社会主义的认同。改革开放以来,中国共产党将中国特色社会主义作为改革理论和实践的全部主题,这是党和人民在漫长而艰辛的历程中不断探索出来的适合本国国情的科学社会主义道路,总结改革开放以来我们党所取得的伟大成就,其根本原因:开辟了中国特色社会主义道路,确立了中国特色社会主义制度,形成了中国特色社会主义理论体系,发展了中国特色社会主义文

---

① 中国大百科全书总编辑委员会《政治学》编辑委员会.中国大百科全书:政治学[M].北京:中国大百科全书出版社,1992.

化。中国特色社会主义道路是方向和旗帜，大学生必须对中国特色社会主义道路内涵、先进性和科学性、规律性和内在逻辑有一个清晰的认识，并坚定地沿着中国特色社会主义道路前进。中国特色社会主义理论体系是行动指南，大学生必须明确邓小平理论、"三个代表"重要思想、科学发展观和习近平新时代中国特色社会主义思想共同构成了中国特色社会主义理论体系，认识到中国特色社会主义理论体系既一脉相承又与时俱进，同时也要认识到中国特色社会主义理论体系在国家发展中的指导作用和核心地位。中国特色社会主义制度是根本保障，大学生要认识到中国发展所取得的卓越成就和奇迹都源于中国特色社会主义制度的科学性和先进性。这一制度不仅具有强大的生命力，更是代表着广大人民根本利益的先进制度。中国特色社会主义文化是精神力量，大学生必须深刻理解并传承中华优秀传统文化，同时积极弘扬以改革创新为核心的时代精神；秉持坚定的马克思主义立场，不断加深对中国优秀传统文化、革命文化和社会主义先进文化等的理解和认知，坚定文化自信，提升对中国特色社会主义文化的认同感。在中国特色社会主义的伟大实践中，这四个方面相互交融，共同推进着中国特色社会主义事业的建设和发展。

三是对国家、民族和文化的认同。在一个由多个民族组成的国家中，追求国家认同和民族认同的和谐，并不断加强各民族的国家认同，是国家建设和发展的一项至关重要的战略使命。国家和民族认同离不开文化认同，从某种意义上说，国家和民族认同本质上是文化认同。首先，要认同中华人民共和国。大学生应该明白，中华人民共和国的成立是实现民族独立和国家繁荣的前提条件，要认同国家的过去、现在和未来，捍卫国家的统一、荣誉和利益，把对国家的感情逐渐内化演变成为大学生自觉的爱国行为。其次，要认同中华民族。中国是一个统一的多民族国家，在漫长的历史发展中，56个民族形成了一个命运共同体，叫做中华民族。中华民族的情感核心是各民族对"中华民族"这一国家民族身份的认同，其核心是民族团结的灵魂，是实现中华民族伟大复兴的根本保障。同时，为了增强中华民族的竞争力和创造力，我们必须积极促进各民族之间的紧密团结，建立起中华民族的凝聚力。最后，要认同中华文化。中华民族文化创新的活力因文化自信而增强，国家软实力则因文化繁荣而提升。唯有高度的文化自信和文化的繁荣兴盛，才能建设社会主义文化强国，实现中华民族伟大复兴。在当前国际国内形势大背景下，文化认同问题日益成为影响我国文化发展和民族振兴的重要因素。随着新时代的到来，我们必须持续加强对中国特色社会主义文化的认同，以使其焕发出源源不断的生命力。对于大学生而言，深入了解中华文化是一项至关重要的任务，需要具备开阔的文化视野、开放的文化胸怀、深厚的文化底蕴以及坚定的文化自信。

四是对社会主义核心价值观的认同。社会主义核心价值观作为一种意识形态体系，是引领人们思想行为的根本原则和行为准则，是指导我们每个人在日常生活中不断发展变化的精神动力和行动指南，也是全体人民共同追求的价值目标，对于大学生的价值观塑造具有至关重要的影响。思政课是传播和弘扬社会主义核心价值观的主要途径，应以社会主义核心价值观为引领，坚定大学生对国家前途命运的信心，树立正确的人生理想，提升其政治认同感和道德实践能力。思政课的学习能够让学生系统地理解社会主义核心价值观的内涵和逻辑，从国家层面上领会"富强、民主、文明、和谐"的社会主义国家建设目标；从社会层面上掌握"自由、平等、公正、法治"的社会主义社会的基本属性；从个人层面上洞悉"爱国、敬业、诚信、友善"的基本道德准则和行为价值标准[1]。在认同社会主义核心价值观的过程中，我们必须深刻认识其中所蕴含的内在价值和深刻意义。大学生正处于价值观生成的关键期，也是进行社会主义核心价值观教育的关键时期，只有引导他们深入学习和领悟社会主义核心价值观，并将其内化于心、外化于行，才能将其称为自觉追求的精神支柱和个人成长成才的方向标，从而使他们树立正确的世界观、人生观和价值观。社会主义核心价值观在连接个人、社会和国家的过程中，促进了个人和国家的共同成长，进而激发了大学生对国家大事的关注和对祖国成长的关心，最终推动了他们政治认同素养的形成。

大学生政治认同素养内容的四部分是相互依存的。当前，我国正处于实现中华民族伟大复兴的历史进程中，这是在中国共产党的领导下进行的。所以，对党的领导认同可视为政治认同素养的核心。从这个意义上讲，培养学生的政治认同感就是要使他们成为一个有理想、有道德、有纪律、热爱党的人，从而为国家富强而奋斗。中国特色社会主义是政治认同的一面旗帜，为国家发展、民族复兴和个人进步提供了正确方向，也是一个经过实践证明行之有效并伴随着实践而不断发展变化的科学系统，认同中国特色社会主义对大学生今后的发展至关重要。大

---

[1] 陈建波.中国特色社会主义共同富裕道路研究[M].天津：天津人民出版社，2015：29.

学生作为中华人民共和国公民、中华民族成员和中华文化传承人，对中华人民共和国、中华民族以及中华文化的认同构成了他们政治认同素养的底色。社会主义核心价值观作为政治认同的灵魂，凝聚了中华优秀传统文化的精髓和中国特色社会主义的价值意义，集中展现着中华民族的价值观。政治认同由此构成了一个有机的体系，由这四个相互联系的部分组成。只有将这四部分的认同结合起来，才能更加深入、全面地提升政治认同素养。

2. 道德素质

著名教育家陶行知指出："道德是做人的根本，根本一坏，纵然是你有一些学问和本领，也无甚用处；并且，没有道德的人，学问和本领愈大，为非作恶愈大。"①"养德"是培养高素质"匠人"的关键，一流的心性才能铸就一流的技术。高职学生核心素养中的"德"，既要有适应经济社会发展、做好公民所需要的社会公德，又要有将来成为社会主义优秀建设者和接班人所应具有的职业道德，还要具备良好品行的家庭美德和个人道德。"思政课是大学生道德教育得以提升、大学生爱国主义情怀得以厚植的关键性课程，理所当然要扛起其形塑大学生正确道德观的职责"②，高职院校思政课应着眼于培育学生职业生活的工匠精神，展现勤劳实干的工作作风，为大学生树立职业化的道德准则。工匠精神是职业道德和职业能力的体现。2021年10月，中共中央办公厅、国务院办公厅印发《关于推动现代职业教育高质量发展的意见》，指出要"强化职业教育类型特色"，"培养更多高素质技术技能人才、能工巧匠、大国工匠"③，这是对我国高职教育人才培养目标的时代定位。"工匠精神"是一种内化于心的品质，体现的是工作的专注与坚守、技能的极致和完美。对高职学生高素质技术技能人才的培养定位，折射至其核心素养，即是要求他们既要具有较高的技术技能"硬本领"，又要有技能报国的崇高理想信念"软素养"。培养高职学生的高"职商"，就是培养他们做事专注、一丝不苟、精益求精的职业素养，提升高职学生在就业方面的核心竞争力。

3. 科学素养

《普通高中思想政治课程标准（2017年版）》对"科学精神"的内涵进行了

---

① 陶行知.陶行知文集[M].南京:江苏教育出版社,2008:868-869.
② 曾维华,王云兰.立德树人:新时代高校思想政治理论课的使命与责任[J].学术探索,2021(2):139.
③ 中共中央办公厅 国务院办公厅印发《关于推动现代职业教育高质量发展的意见》[EB/OL].(2021-10-12)[2021-01-05]. https://www.gov.cn/zhengce/2021/10/12/content_5642120.htm.

高度概括，指出"我国公民的科学精神，就是在认识世界和改造世界的过程中表现出来的一种精神取向，即坚持马克思主义的科学世界观和方法论，能够对个人成长、社会进步、国家发展和人类文明作出正确的价值判断和行为选择"[①]。可以看出，科学精神的内涵就是能坚定马克思主义立场，形成科学的世界观、人生观、价值观，并能运用马克思主义相关理论正确认识客观世界，进而积极改造世界。从广义上来讲，科学精神包括理性精神、实践精神、批判和怀疑精神、创造和探索精神、奉献精神等。科学价值判断能力是科学精神之灵魂，贯穿于科学精神培育过程中，科学价值判断的关键指向是"为谁培养人"的问题。科学价值判断能力主要指三个方面：一是是非判断能力。通常意义的是非对错是生活化的，思政课所需要面对和解决的是政治信仰和政治立场等领域的是非判断，它所要引领的是让学生在上述问题上建立是非观，提高是非判断能力。这里针对的是各类思潮、多元价值观以及时政热点领域可能出现的是非问题挑战，思政课应该加以辨别因势利导。二是质量判断能力。质量判断一方面在于学识及理解能力，是对一个问题理解和思考程度；另一方面在于事物的实际情况，它应该处于一个什么样的质量层次。只有两方面相互印证和统一，才是比较科学的质量判断。思政课的科学精神是基于马克思主义相关理论的科学知识，它是形成科学精神的理论基础，是以马克思主义为主导的科学方法论，体现了以科学精神为导向解决问题的能力，更是一切从实际出发、实事求是的科学态度。大学生如果具备了科学精神，则能对意识形态、政治制度等方面理性看待，进而产生政治认同，坚定政治立场；同时将会提高理性思维能力，正确处理冲突与矛盾，为法治意识提供助力；另外科学精神能帮助大学生更好地理解人民当家作主的内涵，面对国家以及社会的发展，增强自我的责任感、使命感。

4. 方法能力

思政课教学要突出能力本位。能力本位就是在教育教学中强调学生完成某种职业活动必备的能力。它一般是由专业能力、社会能力、方法能力构成的。专业能力是指具备从事职业活动所需要的技术技能以及与之相应的知识，它是劳动者胜任职业工作的核心本领。它要求劳动者具备从事职业活动所需要的合理的知识和能力结构，强调专业的应用性，既包括单项的技能与知识，又包括综合的技能

[①] 中华人民共和国教育部.普通高中思想政治课程标准(2017年版)[S].北京:人民教育出版社,2018:5.

与知识,是劳动者的基础生存能力。方法能力是指从事职业活动所需要的学习方法和工作方法,包括独立学习新技术的方法、制定工作计划和方案的步骤、解决实际问题的思路、评估工作结果的方式等,要求学生学会学习、学会工作,并养成科学的思维习惯。社会能力是胜任工作所需要的团队协作能力、人际沟通和交往能力。具体是指在工作中对他人宽容公正,能够协同他人完成工作,具有科学准确裁定事物的判断力和自律能力等,这也是胜任岗位和在工作中开拓进取的重要条件。方法能力和社会能力又称为通用职业能力,它超越职业技能和职业知识的范畴,是一种可以迁移的、对劳动者的未来发展起关键作用的能力;它与纯朴的专业职业技能和职业知识没有直接关系,是从业者不管从事什么行业、什么岗位都要求具备的能力素质。

思政课所培养的方法能力主要是运用马克思主义立场、观点和方法认识问题和解决问题的能力。马克思主义哲学方法论是人类文明史上最伟大的方法论,马克思主义方法论可以为大学生提供丰富的方法论逻辑、思维和方法。一是唯物论部分的方法论,有生活中经常提及的实事求是的方法论、调查研究方法论、矛盾分析方法论,也有全局性的方法论,如全面、历史地看问题的方法论、系统方法论。二是认识论部分,包括辩证思维方法论、创造思维方法论、价值评判方法论等。其中,辩证思维方法论常被提及和运用,而创造思维方法论、价值评判方法论则使用较少,需要在教学中加强。三是历史唯物主义部分,其中包括社会分析方法论、人的分析方法论、群众路线方法论等。群众路线是我们党最常提及、使用和强调的方法论,这要求学生要经常深入社会、了解国情民情,在社会实践中熟练运用群众路线方法论,也在实践中受教育、长才干、做贡献。此外,马克思主义方法论中的"存在论的解释学"非常强调生活性,即"生活决定意识","生活经验本身就是可理解的,就在解释着"[①],这也是大学生学习马克思主义哲学方法论需要注意的地方。

5. 文化修养

2017年,中共中央办公厅、国务院办公厅印发《关于实施中华优秀传统文化传承发展工程的意见》中明确指出,要将中华优秀传统文化融入高等教育等各领域之中。2018年印发的《教育部关于开展中华优秀传统文化传承基地建设的

---

① 张文喜.方法与反方法:基于哲学与人文社会科学的思想对话[M].成都:西南交通大学出版社,2016:358.

通知》中指出:"深入推进中华优秀传统文化全方位融入高校教育,不断创新新时代高校传承中华优秀传统文化的理念、形式与方法,充分发挥高校文化传承创新的优势与作用,着力提高中华优秀传统文化传承发展的质量和水平。"① 可见在新时代背景下,中央对于高校如何推进传统文化教育、如何提升青年传统文化素养、如何发挥立德树人作用等问题高度重视。

当前,"大学生作为具有较高知识层次的青年一代,尽管从整体上看,其综合素质和道德水准在全社会范围内处于较高层面,但与社会所期望的目标要求还存在一定的距离"②,部分大学生缺乏诚信意识、集体意识,以个人为中心,拜金主义、享乐主义思想盛行,社会公德意识淡薄;还有些大学生有考试作弊、国家助学贷款逾期不还的情况发生;一小部分女大学生在物质利益诱惑之下,涉及裸贷、网络黄色直播等无道德底线的行为,给个人、家庭、学校和社会都带来了不良影响。因而,我们要刻不容缓地将优秀传统文化的思想精髓融入高校思政课教学之中,这对提升大学生道德素养、塑造美好人格具有极为重要的意义。

思政课不仅是向大学生进行主流意识形态宣传的主阵地,同时也是对其进行思想教育、政治教育、道德教育、传统文化教育的主要渠道,肩负着传承中华优秀传统文化的使命,对大学生树立道路自信、理论自信、制度自信、文化自信具有重要作用。中华优秀传统文化中蕴含的伦理道德精髓是中华民族和中国人民在长期历史实践中形成的共同价值追求,集中反映了中国人的精神信念和价值取向。优秀传统文化中蕴含的哲学思想、人文关怀、科学精神,对大学生综合素质的提升具有重要价值。习近平文化思想对中华优秀传统文化进行了新的概括与诠释,内涵丰富、视野宏大,"明体达用、体用贯通",蕴含着伟大的真理力量,对中华传统文化的传承具有极为重要的作用。新时代以习近平文化思想为指导,将中华优秀传统文化融入高校思政课教学之中,有助于引导大学生走出专业壁垒,突破专业限制,完善自身的知识结构,拓宽其传统文化视野,提升大学生的道德水平,增强个体之于自身、之于集体、之于社会的责任意识,自觉践行社会主义核心价值观,提高他们对中华优秀传统文化的内涵认知度,有助于他们真正认识

---

① 教育部关于开展中华优秀传统文化传承基地建设的通知(教体艺函〔2018〕5号)[EB/OL].(2018-05-14)[2021-11-23]. http://www.moe.gov.cn/srcsite/A17/moe_794/moe_628/201805/t20180523_336874.html.

② 曲江滨,张薇.传统文化在大学生思想政治教育中的价值与应用[J].学校党建与思想教育,2012(1):68-69.

到自然科学与社会科学间的共通关系，促使其以更广阔的视角去求知求学，增强大学生的中华文化认同感，提升其对优秀传统文化传承与弘扬的责任意识，为文化强国目标的实现、中华民族伟大复兴提供源源不竭的动力支持。

6. 法治意识

法治意识是公民参与公共社会事务的必要前提，也是政治认同和科学精神的必然要求。思政课提出的"法治意识"的核心素养是培养学生尊法、学法、守法、用法，侧重培养他们自觉地行使权利、履行义务、积极参加社会主义法治国家建设的思想观念和价值取向。法治意识主要包含规则意识、权利意识和程序意识等。2016年，教育部会同司法部发布实施《青少年法治教育大纲》（简称《大纲》），推动法治教育纳入国民教育体系。《大纲》内容涵盖了大中小教育阶段，并在阶段性目标中强调高等教育阶段要进一步深化对法治理念、法治原则、重要法律概念的理解与认识，并学会运用基本的公民法律知识来维护自身的权力，牢固树立法治意识，坚定中国特色社会主义法治道路的理想和信念。法治精神是现代社会发展出来的精神产物，是身处于法治社会中的人们都应该必备的精神食粮。"法治精神是法治的灵魂。人们没有法治精神、社会没有法治风尚，法治只能是无本之木、无根之花、无源之水"[1]，习近平法治思想是中国特色社会主义法治理论的最新发展成果，具有鲜明的时代特色，蕴藏着精深的法治精神。在讲授习近平法治思想时，思政课教师要抓住社会主义法治的精神内核，不仅要传授良好的道德规范和知识，还应重视对法律、法理的讲解，引导大学生自觉学习习近平法治思想，不断用理论思想充实自己的头脑，进而成为自身的行为准则，指导自己的实践，自觉弘扬社会主义法治精神。习近平法治思想贯穿于思政课的教学之中，使得课程教学有了更加科学的理论指导，也有了更强有力的智力支撑，这也将直接提升大学生对新时代中国特色社会主义的法治道路、理论和体系的认同，进而增强他们的民族自信心和自豪感，并为大学生法治素养的培育和提升、法治精神的塑造，以及为法治中国建设过程中法治人才的培育提供了重要的法治思想保障。因此在思政课教学过程中，应系统地、有计划、有策略地向大学生传授习近平法治思想，为学生法治思想的学习提供一条宽阔的跑道，为学生学习法治知识扫清一切不利的障碍，让其在学习过程中能够顺畅无阻；同时，教学中教

---

[1] 习近平.之江新语[M].杭州:浙江人民出版社,2007:205.

师也应逐步培养起学生对法治精神的情感，进而上升至法治信仰的高度。

（二）目标设置

教学目标是教学设计系列活动的起点，也是其目的和归宿。"具有导学、导教和导评三种功能"[①] 的教学目标设计是教师在正确掌握相关技术与方法的基础上，在一定教育学和心理学理论的指导下，经过课程标准分析、教材内容分析、学生学情分析之后，以文字形式表述学生经过一段时间学习后预期学习结果的过程。我国学者裴娣娜认为，教学目标是师生立足于实际情况，以具体的教学活动为依托确定的预期学生学习结果[②]。陈勇老师则认为，教学目标必须准确描述学生的学习结果，必须明确表达学生通过学习后将会发生何种变化。[③] 美国学者诺曼·E.格朗伦德和苏珊·M.布鲁克哈特也认为，教学目标必须指向学生的预期学习结果。[④] 因此，教学目标是教师在课堂教学前依据相关文件精神，结合学生发展实际和自身教学风格，所制定的能够对学生学习、教师教学和评价起引领作用的学习结果预期。基于核心素养的教学目标体系包含课程教学目标、单元教学目标、课堂教学目标三部分，它们之间是依次从抽象到具体的关系。美国教学论著名研究学者布卢姆将教育目标分为认知领域、情感领域和运动技能领域。布卢姆认为，教育目标应该反映学生在认知、情感、思想和行为等方面实现的变化，它是一种预期的教学效果，可用观察和测量的办法进行描述并实施分类，"通过对教育目标有意义、明确的表述和进行总目、细目的制定，使其成为教育与评价的指南"[⑤]。高职院校思政课程目标指向学科核心素养的培育，对大学三年的思想政治学科教学提出了总的要求。为了落实课程目标，担负学科核心素养培育的责任与使命，思政课教师在制定教学目标时，必须逐级分解核心素养与课程目标，明确本节课的教学在课程目标达成、核心素养培育过程中所发挥的作用，从微观层面对本节课要使学生在学科核心素养的哪些方面获得提升做出回答。因此，教学目标是核心素养要求在某一节课内容中的具体体现，核心素养应该在教

---

① 韩震,朱明光.普通高中思想政治课程标准(2017年版2020年修订)解读[M].北京:高等教育出版社,2020:158.
② 裴娣娜.教学论[M].北京:教育科学出版社,2007:96.
③ 陈勇.例谈基于核心素养的教学目标设计[J].中学政治教学参考,2019(35):27-28.
④ 格朗伦德,布鲁克哈特.设计与编写教学目标[M].盛群力,郑淑贞,冯丽婷,译.北京:中国轻工业出版社,2022:4.
⑤ 朱琳.布卢姆教育目标分类理论[J].文化学刊,2008(1):117.

学目标的制定过程中发挥指引作用。教学实践中，教师可依据人的全面发展理论、教学目标理论和国家的政策文件等，结合上述对六大核心素养即"科学素养""政治认同""道德素质""方法能力""文化素养""法治意识"的内涵剖析，细化分解高校思政课培养目标。

基于 OBE 理念的教学目标设置，要依据经济社会发展及学生个性发展的需求确定，由国家、社会、教育和行业、产业、用人单位等各方需求与期望决定。定义学生预期学习成果的产出是首要的关键环节，教师要按照"教育利益相关各方需求→专业人才培养目标→毕业要求（专业学习成果）→课程内容体系→教学要求→教学评价"成果导向反向设计原则，确定和评价思政课学习成果，既包括以课堂讲授为主的学习成果，如对理论学习中的困惑、社会问题等所持的观点、对待不良社会现象或多元社会思潮等的态度、运用马克思主义立场观点和方法认识和解决问题的能力；又包括以实践项目为主的学习成果，比如课余时间阶段性地完成某项作品、社会热点问题的调查报告、论文、实践创新训练项目、挑战杯等红色专项比赛成果等，还包括职业规划和人生发展的技能、能力、态度、情感、价值观、道德品质等多方面的提升。学生要实现对党和国家的思想认同和知行转化，能够逐步认识到自己的特长和潜质，需不断修正、提升、拓展学业职业规划，并为之不懈奋斗。

高职院校可以采用"出口倒推"式的培养方案设计模式，将培养目标细化并逐级分解至不同课程与培养阶段，通过科学合理的教学设计探索精准教育教学，以确保教学目标的达成，契合高质量技术技能人才培养知行转化的教学实效，也契合职业院校思政课的育人目标导向和根本任务，从而为思政课教学改革创新提供新的思路。

同时，高校思政课教学改革要细化分解思政课培养目标，虽然高校思想政治理论课主教材由中央组织全国优秀的专家编著而成，集权威性、思想性、政治性、科学性于一体，逻辑结构严密，然而也正是因为教材的政治性、意识形态性、理论性、科学性较强的特点，导致教材所指向的价值认识和学生能力的培养目标高深又抽象，难以具体操作和落实，且教材体现的能力点存在重复现象，如爱国主义、民族精神、理想信念、社会责任、社会主义核心价值观等。对学生而言，思政课理论抽象、高深甚至有点空洞，学生往往难以观察、理解、体验和落实。基于 OBE 理念的教学目标设置不仅要从整体上对高职院校的三门思政课教材内容体系进行系统整合，避免同一内容用同一案例同一视角反复讲述，给学生带来审美疲劳甚至倦怠感；也要对一门课程的内容从历史逻辑、理论逻辑和实践逻辑等不同角度进行系统整合，以有利于学生知识体系的整体建构和方法能力的综合提升。目前高职院校思政课主要开设思想道德修养与法治、毛泽东思想和中国特色社会主义理论体系概论、习近平新时代中国特色社会主义思想概论、形势与政策四门课程。本研究仅以习近平新时代中国特色社会主义思想概论课程为例，从相对比较微观的层面进行教学目标设置分析，力求达到以一斑窥全豹的效果。

高职院校思政课要依据课程标准和教材内容逻辑，以"建设社会主义现代化强国，实现中华民族伟大复兴（简称"强国复兴"）"为主线，可以将教学内容整合为"擘画蓝图、战略举措、重要保障"三个教学单元，并对每个教学专题的主题进行了提炼。因"绪论"和"结语"分别对整本教材起统领和点睛的作用，因此各自单独作为一个教学专题。第一单元"擘画蓝图"主要是从顶层设计层面勾画了新时代"强国复兴"的蓝图，明确了"强国复兴"必须坚持的原则；第二单元"战略举措"全面介绍了"强国复兴"在经济、教育科技人才、政治、法治、文化、社会、生态等各领域的战略举措；第三单元"重要保障"则从总体国家安全观、强军国防、祖国统一、大国外交、从严治党五个方面展现了"强国复兴"的内外安全保障。整合后的教学内容见表4.1。

表 4.1 课程内容

教学单元	教学专题
绪论	专题 1　最新成果：马克思主义中国化新的飞跃
单元一：擘画蓝图	专题 2　必由之路：坚持和发展中国特色社会主义的总任务
	专题 3　关键所在：坚持党的全面领导
	专题 4　根本立场：坚持以人民为中心
	专题 5　发展动力：全面深化改革
单元二：战略举措	专题 6　强国基础：以新发展理念引领高质量发展
	专题 7　战略支撑：社会主义现代化建设的教育、科技、人才战略
	专题 8　当家作主：发展全过程人民民主
	专题 9　法治中国：全面依法治国
	专题 10　文化强国：建设社会主义文化强国
	专题 11　社会治理：加强以民生为重点的社会建设
	专题 12　美丽中国：建设社会主义生态文明

第四章　基于 OBE 理念的高职院校思政课教学设计

续表 4.1

教学单元	教学专题
单元三：重要保障	专题 13　安全之盾：全面贯彻落实总体国家安全观
	专题 14　胜战之问：建设巩固国防和强大人民军队
	专题 15　统一之势：坚持"一国两制"和推进祖国统一
	专题 16　外交之答：推动构建人类命运共同体
	专题 17　治党之严：全面从严治党
结语	专题 18　青年之责：在新征程中勇当开路先锋、争当事业闯将

　　教学目标在教学过程中发挥着指南针的作用。依据成果导向教学的理念，要想实施有效教学，首先要避免教学目标形式化、空洞化、虚无化、片面化，因此要对课程内容及其所指向的能力进行分解，细化成学生可体验、可操作且教师可观测、可度量、可举证的三级能力指标体系。课程目标力求清晰、明确和具体，与所属专业能力指标相呼应。思政理论课程目标要对照职业行动能力指标和专业人才培养要求，可以设置 3~5 项一级能力指标点，每个能力指标点可以对应两门思政课程目标。课程目标的达成度设定为 70% 以上的学生能够完成，二级能力指标数量以 4~6 项为原则（特殊指标除外），不宜过多或过少，涵括认知、态度和技能三个领域，与之相对应的三级能力指标可以设置若干项（可参考布卢姆教育目标分类用词）。同一领域的相同知识向度仅呈现最高阶动词，较低阶动词无需呈现。在此前提下，指标体系的层次性、关联性与相互独立性尤为重要，在分解评价目标时，需要注意层次性，分层次地设计安排一级指标项、二级指标项、三级指标项等。此外，在同一级指标之间需要注意的是关联性与相互独立性，既要有逻辑上的呼应与联系，又要避免指标之间相互重叠、互相包含、互为因果，做到彼此相互独立。

　　根据党和国家颁发的相关文件精神，教师可把高职院校思政课教学目标划分成三个维度目标：知识目标、能力目标、素质目标。"三维"目标中的"知识目标"主要指学生在社会生活中不可或缺的学科基本知识与核心知识；"能力目标"主要帮助大学生培养正确的世界观、价值观和人生观，教会他们运用马克思主义的方法论来认识和解释世界，培养其分析、解决问题的能力；"素质目标"既包括学习兴趣、学习责任，也包含价值观，还包含求实的科学态度、乐观的生活态度和宽容的人生态度。在总教学目标的指引下，教师再从政治认同、价值观念、认知行为、情感态度等多维度出发，确立各专题教学的子目标，进而明确每一个单元的教学目标，形成多层次目标链及目标系统。教师应明确培养目标的核心要素，即政治认同、价值观念、家国情怀、道德修养、法治观念、文化素养等，其中既包括以课堂讲授为主的学习成果如观点、方法、态度、认知能力、思维水平、思想素质等，又包括以实践项目为主的学习成果如调查报告、论文、实践创新训练项目、比赛作品等，还包括关于职业规划和人生发展的技能、能力、态度、情感、价值观、道德品质等多方面的提升。

本研究以整合后的习近平新时代中国特色社会主义思想概论课程来举例分析，运用布卢姆教育目标分类法，精准刻画学习目标，将职业能力转换为具体化、可衡量的学习成果，以思政课程的学科素养作为一级能力指标体系，以该举例课程目标为二级能力指标，以该课程各单元教学目标为三级能力指标，逐层进行能力指标体系的分解和细化（见表4.2）。

表4.2 《概论》课程三级能力指标体系

一级能力指标体系（学科素养）	二级能力指标体系（课程目标）	三级能力指标体系（教学目标）
科学素养	知识目标：比较系统地掌握习近平新时代中国特色社会主义思想的核心要义、主要内容、历史地位和实践要求；理解和把握习近平新时代中国特色社会主义思想世界观和方法论	理解与把握新时代中国特色社会主义的科学内涵与重大意义
		把握人民立场是中国共产党的根本政治立场，掌握紧紧依靠人民创造历史伟业推动国家发展的伟大意义和根本工作方法
		把握习近平经济思想、生态文明思想、法治思想、文化思想、外交思想和强军思想的主要内容
		理解、把握习近平新时代中国特色社会主义思想世界观和方法论
	能力目标：一切从实际出发，将理论联系实践，在实操中练就过硬本领，在实践中将知识转化为能力，不断提升专业技能水平，不断增强素质本领；树立正确的世界观、人生观和价值观；具备正确的思考角度、科学的思维方式、较强的思辨能力	能学会运用历史的观点、辩证的方法、以人民为中心的理念分析和解决"五位一体"总体布局、"四个全面"战略布局和强军、祖国统一、外交等各个领域的问题
		掌握紧紧依靠人民创造历史伟业推动国家发展的伟大意义和根本工作方法，认识到坚持以人民为中心是我们党全部奋斗、全部实践的根本底色，是宝贵历史经验
	素质目标：树立远大理想和共同理想；具有实事求是、调查研究、理论联系实际的作风；养成重视学习、善于学习、终身学习的习惯	掌握习近平新时代中国特色社会主义思想的世界观和方法论
		打铁必须自身硬，党的自我革命是推进新时代中国特色社会主义伟大社会革命的关键

续表 4.2

一级能力指标体系（学科素养）	二级能力指标体系（课程目标）	三级能力指标体系（教学目标）
政治认同	知识目标：理解新时代中国特色社会主义现代化建设的路线、方针、政策；理解人民当家作主的内涵；理解中国共产党为什么能、中国特色社会主义为什么好	正确理解中国梦的本质、特点和实现中国梦的基本要求，准确把握新时代中国特色社会主义发展"两步走"战略安排
		准确把握坚持和加强党的全面领导的科学内涵、做法和成就
		了解中国特色社会主义政治发展道路，把握"人民民主是一种全过程的民主"的创新性判断和实质
		正确认识新时代强军的一系列重大判断、新的理论概括和新的战略安排
		理解和把握新时代中国特色社会主义的"十个明确""十四个坚持"和"十三方面伟大成就"
	能力目标：提升政治鉴别与价值抉择能力、主动参与社会政治生活的能力，使学生形成健康的政治人格	在掌握中国特色社会主义总体布局和战略全局的基础上，能运用社会主义经济、政治、文化、社会、生态文明理论联系实际综合分析问题
		运用马克思主义立场、观点、方法，分析探讨中国式现代化、全面从严治党等问题
		正确认识中华民族伟大复兴进程中的各种重大挑战、重大风险、重大阻力、重大矛盾，提升学生独立思考和科学认识、分析复杂社会现象的能力
	素质目标：增强"四个自信"，厚植爱国主义情感，让爱国主义精神扎根学生内心，听党话、跟党走，扎根人民、奉献国家，肩负民族复兴重任，提升公共参与素养	树立中国特色社会主义的"四个自信"，把握党的全面领导和全面从严治党的信念，培养学生具有强烈的爱国情、强国志，从而切实把理论学习转化为做新时代奋斗者的报国实践
		立足新时代强军目标和一体化国家战略体系构建，引导学生增强使命感，增强全民国防观念，使学生形成关心国防、建设国防、热爱国防、保卫国防的思想共识和自觉行动
		增强"四种意识"，做到"两个维护"

续表 4.2

一级能力指标体系（学科素养）	二级能力指标体系（课程目标）	三级能力指标体系（教学目标）
道德素质	知识目标：理解职业道德、社会公德、家庭美德的深刻内涵、重要性	掌握高质量推进以民生为重点的社会建设的内涵和重大举措
		掌握推进中国特色社会主义社会治理格局的目标及要求
		了解习近平总书记对大学生有什么样的殷切期望，理解其重大意义；理解新时代新作为的基本要求；理解如何为实现中华民族伟大复兴接续奋斗
	能力目标：具有明辨是非和做出正确的价值取向的能力；具备独立思考、发现与探索、重组知识与学会思考、应用知识与解决问题的能力；具备学以致用、服务社会、责任担当与社会参与的能力	能正确研判中国特色社会主义治理格局中的各种矛盾和现象，加强和创新社会治理
		能坚定不移地推进生态文明建设
		能具备正确认识新时代特征的能力、新时代新作为新任务的认知能力和实现中华民族伟大复兴各种条件的分析能力
		明确改革开放是两个"关键一招"，正以更大的政治智慧和政治勇气推进全面深化改革的实践中
	素质目标：具备热爱劳动、诚实守信、勇于创新的职业人格；具有乐观向上的人生态度和敢于担当、不懈奋斗的精神；能够自觉践行社会主义核心价值观，具有集体主义精神；善于与他人进行沟通与合作，具有良好的团结协作精神	树立"立大志、明大德"的责任意识，勇于担当，报效祖国，建功立业
		涵养中国精神，树立和践行社会主义核心价值观；具备不怕困难与挫折、勇往直前的优秀品格
		具有集体主义精神和团队合作学习的能力，能诚实守信，互帮互助

续表 4.2

一级能力指标体系（学科素养）	二级能力指标体系（课程目标）	三级能力指标体系（教学目标）
方法能力	知识目标：理解丰富的方法论逻辑、思维和方法的内涵及其重要性	理解总体国家安全观的内涵和意义、根本要求；掌握如何坚持走中国特色国家安全道路，以及如何着力防范化解重大风险
		要用系统论的思想方法看问题，从系统、全局角度寻求新的治理之道
		理解各国要站在世界历史的高度审视当今世界发展趋势和面临的重大问题，坚持和平发展道路
	能力目标：运用马克思主义立场、观点和方法和习近平新时代中国特色社会主义的世界观、方法论，认识、分析复杂环境下的各种现象；提高战略思维、历史思维、辩证思维、系统思维、创新思维、法治思维和底线思维能力	能运用唯物辩证方法，正确认识改革开放实践中的相关问题，正确研判全面深化改革中的复杂矛盾和现象
		能正确认识"一国两制"在中华民族伟大复兴进程中的重要意义和实践，提升独立思考和科学认识、分析复杂国际形势、国家政策方针的能力
		以践行和实现人类共同价值追求为旨归，推进新时代中国特色大国外交，推动构建一种以合作共赢为核心的新型国际关系，共同努力建设一个美丽世界
	素质目标：能够通过历史看现实、透过现象看本质，把握好当前和长远、全局和局部、宏观和微观、主要矛盾和次要矛盾、特殊和一般的关系	自觉坚持"一国两制"，厚植爱国情怀、加强品德修养、增长知识见识、培养奋斗精神、增强综合素质，自觉承担起推进祖国统一的历史使命
		在我国由大向强发展进程中必然会面对各种挑战，引导大学生做国家安全的维护者、推动祖国完全统一的生力军
		正确认识当今世界正处于中华民族伟大复兴战略全局、世界百年未有之大变局的时代潮流，提高大学生运用理论分析问题的能力，理解中国承担大国责任，秉持和遵循共商共建共享原则，推动建设持久和平、普遍安全、共同繁荣、开放包容、清洁美丽的世界等大国策略背后的思辨意义

续表 4.2

一级能力指标体系（学科素养）	二级能力指标体系（课程目标）	三级能力指标体系（教学目标）
文化素养	知识目标：理解优秀传统文化的思想精髓，认识文化自信和文化强国的重要性，把握马克思主义基本原理与中国传统文化相结合的重要性	了解新时代中国特色社会主义文化思想的主要内容
		把握新时代中国特色社会主义文化理论和建设社会主义文化强国的要求
		掌握中国特色的文化制度，理解建设具有强大凝聚力和引领力的社会主义意识形态的目标要求
		了解人类命运共同体理念提出的社会历史背景，掌握构建人类命运共同体理念的丰富内涵，理解中国走和平发展道路、推动构建人类命运共同体的重大意义
	能力目标：能够运用马克思主义基本原理与中国传统文化相结合分析现实问题，辨别是非美丑，进而形成正确的价值判断	能理解文化自信是一个国家和一个民族发展中更基本、更深沉、更持久的力量
		能正确认识文化制度、意识形态、社会主义核心价值观、中华优秀传统文化和社会主义文化强国建设之间的关系
		具备独立思考和科学认识、分析文化现象的能力
	素质目标：增强对中华文化认同感，提高对优秀传统文化传承与弘扬的责任意识	能理解中国特色社会主义文化发展道路；树立中国特色社会主义文化自信；讲好中国故事，提升国家文化软实力
		确立科学的世界观、人生观和价值观，自觉承担起建设社会主义文化强国的历史任务

续表 4.2

一级能力指标体系（学科素养）	二级能力指标体系（课程目标）	三级能力指标体系（教学目标）
法治意识	知识目标：理解习近平法治思想的内涵	准确地理解习近平法治思想的形成过程、核心要义
		掌握习近平法治思想的理论体系，包括其根本立场、根本保证、正确方向和重要环节
		认识习近平法治思想的历史地位和重大意义
		能理解中国特色社会主义法治体系
		能理解为什么要从中国国情和实际出发，坚持中国特色社会主义法治道路
	能力目标：具备主体意识和自主精神；能运用基本的公民法律知识来维护自身的权力；自觉地行使权利、履行义务，弘扬社会主义法治精神，主动参加社会主义法治国家建设	切实领会习近平法治思想的重要开创性内容及其当代意义
		坚持党的领导、坚持中国特色社会主义制度、贯彻中国特色社会主义法治理论，坚持十六字法治方针
		提升法治思维能力，能理解只有实行最严格的制度、最严密的法治，才能为生态文明建设提供可靠保障；构建系统完整的生态文明制度体系；制度的生命力在于执行；落到实处关键在领导干部
	素质目标：增进法治意识，养成法治思维，更好行使权利、履行法律义务；坚定中国特色社会主义法治道路的理想和信念	增强学生对习近平法治思想的认同
		坚定中国特色社会主义法治道路的理想和信念
		自觉运用法律武器捍卫自身利益

围绕以上单元教学目标，教师还可以继续细化和分解为章和节教学目标，目标越细化，可操作性越强。基于 OBE 理念设置教学目标后，思政课每个单元设计的教学活动也要以成果导向引领教学过程和教学活动，要围绕"三个明确"的目标，即明确阶段学习的专业能力、社会能力和方法能力的目标，明确学习情境，明确学习方法。此外，单元教学设计教学活动还要围绕能力指标体系的能力点，优化和设计教学任务，开发教学内容，编写出与行动导向教学法相匹配的系

列教学专题、学习活动及其方法,创制教学任务书、操作要求,以此调动和激发学生的学习兴趣,达到以学生为中心、面向全体学生,能够解决各类开放性问题的教育成效。

第二节 思政课理论教学设计

教学是教师依据教材系统传授知识、培育技能以及培养价值观的复杂活动,其中教材是教学质量生成的最基本要素,是教师执教的依据和学生学习的依据。教材体系向教学体系的有效转化是实现思想政治理论课教学目标的重要环节。思政课教师要基于教材,改革创新教学方法,通过对教学内容、教学策略、教学方法和考评办法的教学设计和实施,将教材体系转化为教学体系和学生认知体系与信仰体系,帮助学生达成预期学习成果。教师要改变思维定式,重构教学内容,通过挖掘理论或现实场景中隐含的规则、方法和逻辑,将其反向应用于教学实践中,指导学生运用马克思主义立场、观点和方法来设计、分析和解决问题。教师还要将教材中理论性和结论性的知识或答案,转变成能够激发学生兴趣的对世界、社会、文化、人生拷问的"问题",再将这些"问题"转化成学习行动任务,把教学真正落实在具体教学操作层面,不断增强思政课的思想性、理论性和针对性、亲和力,更好地培养高素质技术技能型人才,培养社会主义事业的建设者和可靠的接班人。

一、以专题方式整合教学内容

思政课作为巩固马克思主义在高校意识形态领域指导地位的重要阵地,是帮助大学生深入学习和掌握马克思主义基本理论、提高运用马克思主义理论方法分析和解决问题能力的重要渠道。思政课教学过程中重难点问题的研究,是提高教学质量和教学效果的重要环节,也是提升思政课教学实效性和针对性的有效措施。有研究调查显示,有15.4%的学生认为教学内容要突出重点难点。专题教学则可以有针对性地突出教学内容的重点难点。专题式教学是指遵循教学目标,结合课程的基本理论,在充分理解教材和掌握教学要点的基础上,以问题为导向，提炼教学重难点，整合教学资源并拓展教材内容，从而形成若干个独立专题的教学方式。专题教学是目前高标准、内涵式和高质量提升高校思政课实效和水平的最优抓手。专题教学一般是为了便于讲授，以重点难点突出教学内容，教师在将教材体系转化为教学体系过程中会进行专题化处理。

思政课专题教学设计的关键环节是筛选优质主题，即专题的主要内容。高职学生一般对小学阶段曾学过的有些思政内容没有新鲜感，如果专题设计没有挑战性，则难以激发学生的探究兴趣。专题内容如果换个角度切入，效果可能就不同。主题好不好，不仅关系到教学有没有吸引力、有多大吸引力，也关系到教学基本任务能不能很好地完成。专题教学的主题不是对教材章节题目的简单包装，也不只是诗情画意、押韵对仗、用词优美的问题。专题教学的主题应是一个源于大纲和教材、有一定难度的问题。通常情况下，主题应源于大纲和教材中的重点，可能提炼于某一章节，也可能是突破教材各章局限，在两三章甚至在全部教材内容的基础上进行归纳和提炼，要避免简单重复和无病呻吟。主题本身就是一个有疑点、有困惑的问题，它可能看起来简单，实际上很容易混淆和误会，因而主题应具有明显的探究性和挑战性。为此，提炼主题需要吸收学科前沿成果。高校教学不应借口本专科学生不适合讨论前沿问题而远离学科前沿。学生能不能懂、对提高思想政治理论素质有没有好处，才是提炼选择主题和内容的关键。同时，专题教学应直面历史虚无主义的种种挑衅、抹黑和质疑，结合历史史实进行探究性教学，答疑解惑，探究、澄清和回应那些混淆视听、令人困惑的重大问题。事实上，开展研究性教学是大学教育教学的基本要求。有些问题或许一时难以终结或找不出标准答案，但摆事实、讲道理、积极引导、促进学生进行思考的过程本身就是教育教学的意义所在。至于教材中相对简单、没有多少疑惑的问题，完全可以留给学生自学。

问题是教学的根本动因，推行专题化教学是基于存在问题的事实和解决问题的需要。专题提炼要从实际问题出发，好的问题能够激发教学探究的原动力。专题提炼的问题导向应侧重于三点：其一，将专题教学题目设计为探究性问题。专题教学题目是确保专题设计成功与否的关键，俗话说"好的开始是成功的一半"，因此要在专题设计上下功夫，要确保设计的专题是真问题，且设置的问题要有一定高阶性和挑战性。其二，各专题教学内容应由若干子问题联结起来。整个专题以问题启发、探究和阐释理论，促成一个开放性的"教师引问、学生追问、师生合力解问"的问题探究循环，引导学生参与到问题讨论和质疑中来。同时，各专题设置上力求做到相互联系、层次鲜明、逻辑清晰。其三，专题的提炼和选择应集重点、难点、焦点和亮点于一身。离开重点，专题设计偏离中心，就会舍本求末、抓小放大；离开难点，专题内容就会简单重复，浮于表面、流于形式；离开焦点，就难以开启专题争论，避重就轻、无关痛痒；离开亮点，专题教学就会枯燥乏味、食之无味、弃之不甘。只有同时具备上述四点，专题提炼才能做到匠心独运、主次明、深度够、力量足。

专题讲授主题要明确，易于学生理解和把握。对教材进行专题化处理，就意味着对原有的教材理论体系进行分割，将其分为多个区段，但分割并不意味着孤立，分割后各个专题的授课内容须做到专题化与系统化的统一，教师必须注意每个专题之间内容上的连续性和完整性以及切割后的各个专题重新整合在一起后，知识体量不变，这样的专题分割才是完成教学任务意义上的知识体系转换。由于思想政治理论课的教学内容信息量大、涵盖面广，而每位教师都有自己擅长的研究领域，因此教学内容分割成不同专题之后，可以由教师根据自己的研究方向，自由选择自己最擅长又感兴趣的内容。不同教师担任不同专题内容的讲授，既可以给学生带来更为专业的学术滋养，又可以带给学生更多的新鲜感和期待感。当学生不知道下一节课另一个专题的教师是谁，且不了解其讲课风格的时候，就会有意识地要去上课听课，提高思政课的课堂出勤率。在由不同教师讲解专题内容的情况下，一定要避免教学内容的重复性，因此担任同一学科的教师在课前分配教学内容时，要集体讨论备课，才能有效规避多位老师讲解相同内容的情况发生，导致学生听课兴趣下降。

专题化教学是一种教学理念。在这种教学理念指导下，有问有答是常态，但不是自问自答。教师与学生共同寻找问题需要借助开放式课堂进行。在慕课教学背景下，在线互动容易实现，问题的搜集整理也变得迅捷了。师生就已形成的问题先进行在线研讨，再在翻转课堂模式下进行面对面交流，形成浓郁的学术研究氛围。学生有充分的发言权，教师占领正确理论的制高点，总体把握研讨方向，这种教学模式集问题导向、翻转课堂、慕课在线于一体，还具备启发式教学特征。另外，学生在专题教学模式中往往以小组形式参与讨论，既锻炼了逻辑思维能力与语言表达能力，又增强了团队合作精神与主体交往意识。通过专题式教学，教师务必要培养学生钻研理论、求真向上的学习态度，培养学生辩证地、历史地看待问题的科学思维方法，培养学生对国情的深度关注，培养学生强烈的爱国情操。这样思政课的专题教学才有意义。通过小组制把学生组织起来，还有助于增强大学生的集体意识，便于课堂组织和管理。以小组为单位让学生进行课堂展示、参与课堂讨论等，既方便了课堂管理，也有助于增强学生的集体意识。

二、回应现实关切巧设问题链

　　问题是时代的声音，问题意识是科学研究的起点，问题是产生新思想、新方法、新知识的种子。没有问题，就不会有分析解决问题的思路和方法。问题也是教学的起点和教学过程的主线，以"问题"承载思政课的逻辑起点，能够更准确地抓住大学生学习的盲点、痛点，掌握学生的思想动态，给大学生更具针对性的理论引导。好的问题本身就是兴趣点，有助于激发学生求真的欲望和热情，也有助于培养学生发现问题、解决问题的实际能力。提炼出能引人入胜、激发求知欲、促进课堂讨论互动的好问题并非易事。教师要博览，也要钻研；要独立思考，也要交流讨论；要在集体备课的基础上提炼和选择，也要久久为功，反复提炼。作为教学主导，教师应尽可能把课堂教学带入提出问题、思考问题、讨论问题、解决问题的过程之中，在循循诱导中把思政课教育教学的基本原理和精神实质等重要问题，深入浅出地阐释清楚。专题化教学与问题式教学相呼应，问题的存在与解决问题的要求是形成专题的前提。教师应先梳理问题，优先考虑学生关注的问题，转问题为课堂讲授题目，这就是专题。思政课的内容体系庞大，学生在学习中不容易找到知识点，这就需要教师抛砖引玉式地挖掘问题。实践证明，越是那些认知层次高、开放性强的问题，越能引发学生的求知欲、表达欲和创造欲。教师要遵循理论逻辑、认知逻辑、历史逻辑设置"问题链"，以理论追问为燃点，激发学生的学习兴趣点。问题不是空泛的，或是实际生活中存在的、学生容易迷惑的问题，或是理论与实践中的热点、焦点问题，而且这种问题的解决必须依赖马克思主义理论的支撑。这就要求教师在备课时，要认真研读教材，研究学生，结合学生关注点，将教材中理论性和结论性的知识或答案，转变成能够激发学生兴趣的各种"问题"，并且紧扣每个章节目的知识点提出问题，再在根问题下分为若干子问题，若干子问题构成根问题，形成一个与教材内容体系相一致的环环相扣、层层递进的问题链。值得注意的是，问题要具有耦合度、思想性和启发性，教师要引导学生经过发现问题、筛选问题、研究问题、解决问题后，联通课程知识点和学生关注点，从而形成一个以问题为中介的链式教学体系。

三、贴合学生实际选取教学案例

教学实践表明，从纯理论到理论的逻辑演绎方式是高职院校学生难以接受的，他们更喜欢从感性切入理性的深化来感悟知识。因此，基于问题导向，找准学生思想的困惑点和思维的兴奋点是专题教学设计的关键，而教学的重难点往往也是学生的困惑点和兴趣点，然后将这些"问题"转化成学习行动任务单。针对教学中的重点、学生思想上的困惑点、认识和理解上的难点、现实社会生活中的热点，教师如何选取贴切、生动、真实的事例切入，编制蕴含这些问题的教学案例，并以此推动教学过程的展开和问题的解决，是应用型高职院校思政课教学设计所具有鲜明的层次性特征。有调查数据显示，45.8%的学生认为思政课教学内容应该贴近大学生的学习和生活实际，学生更愿意关注那些与自己现有知识经验有关联的学习内容，这就要求思政课教师要探究学生知识结构与教学内容的结合点，然后打磨并提供具体的教学实例，才能直接引发学生的学习兴趣。思政课的教学内容看似很"大且空"，学生有这样的认知是因为他们感觉思政课教学内容与自己的生活距离太远。而思想政治教育的旨归其实是帮助学生解疑释惑，从而引导他们树立科学的世界观、价值观和正确的人生观，因而思政课的教学内容与社会发展、个人生活是紧密联系的。如何能让学生切身感受到思政课就在生活中，这就要求思政课教师要"以学生为中心"，经常关注学生的学习生活，关注学生所关心的社会热点问题，了解学生的现实困惑和需求，才能在教学过程中拉近教学内容与学生间的距离，处理好"远与近"的关系。理论确实是深奥且枯燥的，但是思政课教师仍要通过选取生动形象、贴合学生的教学案例来分析相关思想政治理论知识，让学生能设身处地、感同身受地去思考、分析真实具体的典型案例和相关问题，以此激发他们的好奇心和学习的主动性。针对所选取的案例，教师要及时鼓励学生大胆质疑和自由探索，主动表达自己的看法和见解，使学生切实感受到学习思政课就是在探讨解决他们日常生活中常遇到的问题，从而增强学生对所讲内容产生真实感和具体感。贴合学生选取教学案例不仅能让学生主动地参与教学过程，自我领悟、主动内化教学内容，而且能在培养学生分析、解决问题能力的同时，帮助他们形成正确的价值观、明确的是非观以及辩证的思维能力，指导他们学会学习生活，从而增强思政课教学的实效性。

四、贴近生活转换教学语言

思政课教师如果只是照本宣科式教学很难吸引学生学习的注意力，因此准确解读教材并转化为学生易于理解和接受的教学语言非常关键。也就是说，教学体系应该有教师自己的特点。教学语言是教师向学生传递教学信息的一种符号形式，教师的教学必须通过教学语言来完成，教学语言对于传授知识效率来说是一个很关键的因素，教学语言的表达形式对于课堂的教学效果有着直接的影响。高校思政课作为科学性、理论性、学术性极强的一类课程，教材内容大多是通过政策化和文件化的语言来表述的，尽管准确规范并严谨，但难以引发学生共鸣，与学生习惯的接受方式相去甚远。思政课教学话语承载着知识传递、价值引领和思想引导的功能，对学生从根本上理解与认同马克思主义及其中国化时代化理论，并在此基础上形成科学的价值理念和思维方式起着至关重要的作用。在整合和转化教材体系为教学体系的过程中，固然要保持知识的真理性和陈述的逻辑性，但思政课教师教学语言的转换显得尤为重要，教师要高度重视思想政治课程的表达形式，语言风格要贴近大学生生活实际，符合大学生接受特点。提高思政课程语言的生动性与感染力，使思政课程语言生活化，把思政课讲出温度是思政课教师所要修炼的教学语言艺术。高校思政课教师必须提高自身的语言提炼和语言表达能力，提升语言魅力，打造生动活泼型的思政课堂。由于思政课内容具有丰富的专业理论知识和一些复杂难懂的概念，对于非专业的学生来说会有理解难度，为了能够让学生对相关概念理解透彻，教师必须尽量把抽象的内容变得生动形象。因此，思政课教师要注重运用日常生活话语开展思政课教学，以贴近生活的语言转换深奥的学术语言，多运用耳熟能详、众所周知的日常生活话语来对课程内容进行阐释，形成区别于教材语言的教学话语，并且教学语言生动幽默且富有感染力，多使用更为口语化、"接地气"的语言将理论知识讲得简单、通俗、形象，让学生能够听得懂、听得进，更好地领略思想政治理论并内化自己的行为。同时，学生也能够在教师的语言表达之中，体会思政课堂轻松愉悦的学习氛围，不断提升学生对思政课的获得感。

第三节
思政课实践教学设计

实践教学是引导学生感悟马克思主义中国化理论成果、运用马克思主义原理分析和解决生活工作中的现实问题,以获取思想政治和道德素质方面的直接体验,并提高学生思想政治素质的一种重要的教学方式。美国著名教育家杜威也说过,学校教学离开了参与社会生活,学校就没有道德目标,也没有什么目的。因此,思政课教学应该安排实践活动与行为训练,引导学生自我实践和自我教育,这才有利于将思政课的教学目标落到实处。《新时代高校思想政治理论课教学工作基本要求》特别强调:"从本科思想政治理论课现有学分中划出 2 个学分、从专科思想政治理论课现有学分中划出 1 个学分,开展本专科思想政治理论课实践教学。"[①] 作为课堂教学的延伸拓展,实践教学重在帮助学生巩固课堂学习效果,深化对教学重点、难点问题的理解和把握。鉴于高职教育的实践性、职业性特色,当前高职院校普遍已经意识到实践教学的重要性,已在不断探索既具有理论和现实意义,又具有可操作性的实践教学形式。

一、高职院校思政课实践教学的主要形式

当前高职院校思政课实践教学组织形式多样化,每一种教学组织形式对提升高职学生的职业素养和思想政治素质都各有侧重点和优势。《关于进一步加强和改进高等学校思想政治理论课的意见》(教社政〔2005〕5 号)提出,要"把实践教学与社会调查、志愿服务、公益活动、专业课实习等结合起来"[②]。高职思政课实践教学的组织形式分为课堂内实践教学、课堂外实践教学和虚拟实践教学三种形式。教师需将思政课教学融入人才培养的全过程,结合各校的人才培养模式,依托自身资源,立足学生实际,开展思政课校内课和校外课等多形式的实践

---

① 教育部关于印发《新时代高校思想政治理论课教学工作基本要求》的通知[EB/OL].(2008-04-13)[2021-01-05]. http://www.moe.gov.cn/srcsite/A13/moe_772/201804/t20180424_334099.html.
② 中共中央宣传部 教育部《关于进一步加强和改进高等学校思想政治理论课的意见》(教社政〔2005〕5号)[EB/OL].(2005-03-02)[2021-01-15]. http://www.moe.gov.cn/s78/A13/sks_left/s6387/moe_772/tnull_9310.html.

教学活动。

(一) 基于"课内"的实践教学模式

课堂内的实践教学是指在课堂上依据思政课教学要求，在教师的引导下，发挥学生主体作用，有计划、有组织地开展实践教学活动，主要包括课堂讨论、主题辩论、小组实践汇报、主题演讲、情景剧表演等多种组织形式，帮助学生理解抽象的理论，活跃课堂气氛的同时，增强思政课堂的实效性。其中小组实践汇报是常见的课内实践形式，它一般通过学生进行实践记录、实践日记、心得总结及沟通交流等形式，督促学生在实践过程中反复体验。学生也在教师的引导下，注重从认知、情感、意志等方面引导学生对所参加活动进行反思、回味和深化，侧重实现活动体验过程的隐性目标，注重学习者的人格完善和素养培育。总体上看，这种授课方式突出问题意识。问题意识被贯穿于学习和考核的全过程，学生带着问题学习和探究，其批判性思维能力、学习能力及团队合作精神得到培养，有利于提升他们的研究能力。思政课理论知识往往宏观抽象，细化为具体问题后，学生学习就会具有明确目的性，学生的学习兴趣容易被激发。而且学生可以物化的形式呈现学习成果，无论最终呈现出来的是研究报告、论文还是表演类、设计类作品等，都给人以切实的体验感和获得感，能很好地激发学生的探究热情。此外，研讨式学习需要同学之间的合作，促进了学生之间的交流和发展，也促进了教师的教学工作，实现教学相长，有利于建立学习科研共同体。

(二) 基于"课外"的实践教学模式

课堂外实践教学主要有校内实践活动和校外实践活动两种形式。校内课外实践活动指的是在校内但除课内所开展的实践教学活动，主要包括举办各种沙龙、社团活动、读书活动、模拟法庭等校园活动。思政课教师可以布置相关实践任务，比如让学生运用所学习的知识拍摄与思政课内容相关的微视频、微电影等活动，学生在设计剧本、确定演员、着手拍摄这一系列的过程，就是将理论与实践相结合的一个过程。拍摄时，学生乐在其中；拍完观看讨论时，学生们也成就感满满。微电影拍摄这一整个过程不仅提高了学生主动参与的积极性，也潜移默化促进了学生在实践过程中对其理论知识的理解，更好地达到思政课内化于心、外化于行的目的。在校园内，学校相关部门可以成立青马社团、新思想研习社等部门，聚集有兴趣的学生共同探讨、共同学习，并不定时组织一些社会志愿活动和社会实践活动，丰富学生课余生活的同时，也会达到"如入芝兰之室，久而自芳"的效果，对学生人生观、价值观的提升有很大的促进作用。此外，思想政治教育教学部门还可以发挥面向全校各院系学生的优势，主动联手教务处、校团委、学生处等单位，定期举办全校性的红色文化知识竞赛、大学生思想政治风采大赛（演讲）、红歌演唱会等生动活泼的大型赛事。为确保竞赛活动的连续性，每学年可在上课的学生中举办一届赛事，参赛选手由各教学班选拔产生，也可以由任课教师（同时作为指导教师）在所教授班级里先进行选拔，经每位教师选拔后产生1~2支代表队参加全校决赛，奖品及荣誉证书由学校有关领导现场颁发。任课教师根据有关规定将学生在比赛中的表现计入平时成绩。

校外实践活动是指思政课在学校外开展的实践教学活动，高职院校的办学理念是坚持产教融合、校企合作、工学结合，实践育人资源非常丰富，这也为学生广为接受，育人效果也非常好。高职院校可开展社会调研、参观访问、优秀校友访谈、志愿服务、科技发明、勤工助学、寒暑期"三下乡"社会实践活动、志愿服务西部计划等传统经典项目，以及"重走长征之路""追寻习近平总书记成长足迹""'一带一路'社会实践专项行动"等新时代社会实践精品项目，带领学生走向企业、农村、工厂、社区或者其他单位进行参观考察、调研分析等，了解社情、国情、党情，体验生活或工作。此外，当地的红色文化也可以成为高校开展思政课实践活动的优秀选择，高校应与本地各红色基地建立合作关系，创建爱国主义教育基地、红色资源实践基地等，让学生走进红色文化的现场，切身感受国家的发展历程，激发大学生的爱国情感，充分发挥出红色资源的育人功能，提升思政课的感染力。总之，高职院校应充分利用本地资源，打造思政课社会实践资源库，构建高校思政教育和社会教育协同育人新格局。

总之，基于"课外"的实践教学模式是通过整合各类实践资源、拓展实践平台、创新实践的一种教学形式，它常常围绕社会热点问题开展调研，要求学生撰写调研报告、小论文，以书面、座谈、演讲、沙龙、辩论等形式在课堂上进行交流和分享。在这种实践教学模式下，思政课教师以学生思想困惑、社会热点和职业素养为指向，以专题探究为载体，培养学生人际沟通交流、分析解决问题的能力，教育引导学生在亲身参与各项实践活动中开阔眼界，提高动手能力，增强实践能力，培养学生家国情怀，进而提高学生的理论素养和思想政治素质。

(三)基于网络的虚拟型实践教学模式

在信息技术突飞猛进的新时代,网络成为信息传播的重要媒介,极大地改变了人们的生产、生活、学习、交往和娱乐的方式,甚至是语言习惯。基于网络的虚拟实践教学模式指的是依托网络平台,在思政课教师的指导下,发挥多种信息传播媒介和渠道载体作用,创设实践教学情境,引导学生通过网络平台消化、吸收和内化理论教学内容。这种实践方式同样有课内课外两种形式:课外主要是引导学生占领意识形态的主阵地进行潜移默化的影响,一般通过专题网站、微博微信等,有效运用网络平台对"网络一代"进行思想政治教育,这也成为思政课实践教学的有效形式。而且,这种形式突破了时空、人员和场所的限制,具有丰富性、开放性、互动性、时效性和共享性等特点,能够提供一个更为广阔灵活、充满吸引力的实践学习的时空场域,因此受到广大师生的普遍欢迎。比如在南京信息职业技术学院就建立了"向阳花"思政专题网站。"向阳花"平台结合课程教学内容,开设思想引领、"三全"育人、主题教育、实践教育、制度文件汇编、典型人物、投稿申请等栏目,并链接了相关红色网站,还把中国大学生在线、全国高校思想政治工作网等教育资源放在专题教育网上,开展网上实践教学,并开辟了论坛、聊天室、博客、微博等渠道,与学生交流即时引导。

当前虚拟仿真技术已成为教育的创新手段,它具有交互性、沉浸性、智能性等典型特征。课堂上,教师可通过虚拟仿真教学,使思政课立体化,提升学生对学习的互动性和参与性,提升高校思想政治教育的吸引力和获得感。《关于深化新时代学校思想政治理论课改革创新的若干意见》提出,"提升思政课教师信息化能力素养","大力推进思政课教学方法改革",建设一批"国家级虚拟仿真思政课体验教学中心",积极探索"人工智能等现代信息技术在思政课教学中应用",推进思政课改革创新,进一步增强思政课实效[①]。从目前来看,由于技术发展限制,现阶段虚拟仿真课程的制作还存在技术难度大、制作成本高等问题,难以实现对思政教材每个章节、每个课时的转化。因此,教师在选题时应优先挑选理论性与实践性要求较高且可操作性较强的课程进行设计开发,比如知识点复杂、价值目标强、传统课堂教学效果差的重难点内容,借助人工智能、VR体

---

① 中共中央办公厅 国务院办公厅印发《关于深化新时代学校思想政治理论课改革创新的若干意见》[EB/OL]. (2019-08-14)[2021-01-05]. http://www.qstheory.cn/yaowen/2019-08/14/c_1124876471.htm.

验、数字科技、网络直播等现代信息技术，通过事的择取、场的烘托、情的渲染、故事的叙述，帮助学生设身处地感受思政课内容的理论魅力，引发学生共鸣。

二、高职院校思政课实践教学存在的问题

近年来，思政课实践教学越来越受到党和国家的关注，习近平总书记在多个场合强调实践教学的重要性，他强调，思政课要"坚持理论性和实践性相统一"，"用科学理论培养人"，重视思政课的实践性①。为此，教育部也下发多个文件要求各高校强化实践环节。现阶段的高职思政课实践教学虽然取得了很大成效，但仍然普遍存在一些问题，主要表现为学生期待与教学供给存在差距、实践教学组织乏力、缺乏总体规划、考评制度不健全等，致使高职思政课实践教学缺乏实效性，这对学生能力的提升和综合素养的提高产生直接影响。

（一）学生期待与教学供给存在差距

一方面，当前高职院校普遍存在学生对实践教学的期待相对较高、满意度较低的问题。在调查中，针对"你最喜欢的思想政治课教学方式"的问题，有32.33%也就是接近三分之一的学生选择实践活动式教学，可见大学生对于实践教学是很有兴趣的。而据调查数据显示，目前能将思政课教学中融合实践教学开展第二课堂的高校只有7.67%。因此，高校思政课的实践教学环节必须从学校层面重视起来、教师层面落实下来，合理安排思政课课堂内外、校内外的实践教学，有效解决当前思政课重课内、轻课外的问题。调查发现，在高职院校众多的实践教学方式中，42.24%的学生认为"参观考察"是他们最喜欢和最满意的社会实践方式，考察参观地包括红色教育基地、企业和新农村建设调研等。究其原因，学生认为由教师带队的社会实践活动有组织、有策划、效率比较高，有助于他们体验生活、开阔视野、理解理论知识。实践教学融入思政课堂，有利于对所学知识的整合和内化，有助于锻炼学生发现、解决问题的能力。调查还发现，一些高职院校过分看重思政课的理论性学习，但在思政课实践环节的设计和组织上积极性不高，学生鲜有机会能够参与到思政课实践环节中，或者少有的思政课实

---

① 习近平.思政课是落实立德树人根本任务的关键课程[EB/OL].(2020-08-31)[2021-10-20]. http://www.qstheory.cn/dukan/qs/2020-08/31/c_1126430247.htm.

践教学也是准备工作不足导致其流于形式，学生难以通过实践环节对思想政治理论知识产生更加直观的感受和认识，更难对思政课内容形成强烈的认同感、价值感和亲和力。

另一方面，高职院校现有的实践教学普遍存在供给不足，主要体现在：课堂实践教学内容与理论讲授内容联系不紧密。课堂实践教学内容应是直接指向思政课教材中的理论知识点，或是对当今国情、世情、民情的深刻剖析，使学生能够将所学理论知识应用于现实社会和实际生活。但是，目前的课堂实践教学内容针对性不足，与理论知识缺乏联系，开展时间也未能与理论知识点在时间上契合，影响思政课教学整体效果。一是课堂实践教学形式大于内容。教学中出现为了实践而实践的现象，实践内容缺乏系统的目标导向，学生难以对课堂理论和实践内容构建联系。二是实践教学内容碎片化。教学大纲的缺失不仅使教学实践形式化，也使教学内容的选择自主性过大，教学内容安排先后次序、难易程度没有详细规划和系统整合，必然消减学生对课堂实践教学的期待值。三是实践教学形式陈旧。大多是观看视频、讲解案例、电影赏析等传统形式，学生的体验感和参与度较低，课堂吸引力认可度有限，存在出勤率低、抬头率低、参与度低的状况。同样，寒暑假期实践活动也流于形式。

（二）实践教学组织乏力

思政课实践教学的开展需要综合协调所有因素，发挥整体合力，但部分高校思政课实践教学组织乏力，缺少规范的组织措施，对实践教学目标、内容、组织形式、教学评价等方面缺乏系统规划与设计。抽样调查显示，针对"学校思政课实践教学管理情况"这一问题，56.1%的学生认为"学校对实践教学管理情况一般"，12.5%的学生认为"管理不到位"，还有3.5%的学生认为"根本没有人管理实践教学"，仅有31.7%的学生认为"学校对实践教学的管理到位"。虽然大部分高校都规定了思政课实践教学的学时学分，但是没有制定明确的教学目标与操作性强的教学实施方案，也没有给予足够的物质保障，使得实践教学过程存在盲目性与随意性。一项针对"思政课实践教学组织中存在哪些问题"的抽样调查显示，35.2%的教师认为问题在于"没有操作性强的教学方案"，还有48.3%的教师认为"没有足够的物质保障"。高职院校校外实践教学的主要负责群体除了思政课教师外，还有校内的团委、学生工作部门、创业创新学院、二级学院的辅导员等。在开展实践教学的过程中，由于学校缺乏统一组织，负责群体相互间交流不畅，基本上都是各自为战，就难免产生实践教学内容重叠和形式重复的现象，带来的是资源浪费、吸引力差，学生的兴趣自然会消减，学生的获得感也就较低。这也是导致思政课实践教学难以发挥作用的原因之一。

（三）缺乏总体规划和组织保障

高校对课堂实践教学管理的工作体系尚未建立，在顶层制度设计、多方联动评价、保障机制等方面都不够健全。而且，思政课实践教学的领导决策机构与实施机构之间没有建立有效的沟通反馈渠道，决策机构制定的目标、计划缺乏对实际问题的调研，导致实施机构在实际教学过程中出现教学目标、计划不适合学生需要的情况。在实际教学过程中，实施机构缺乏畅通的反馈渠道或反馈周期过长，导致决策部门无法掌握思政课实践教学的实际开展情况，进而无法有效调整思政课实践教学的目标与方案，最终导致了信息传递层级断裂的恶性循环。由于缺乏从上而下地统一协调和管理，思政课实践教学目标模糊、教学进度拖沓、教学内容重叠等现象时有发生，学生的学习体验感较差，又进一步加剧了教师的教学负担。很多部门的协调工作是超出任课教师能力之外的，这样既增加了任课教师的工作强度和压力，又无法实现有效沟通协调，最终影响了思政课实践教学活动的开展；而且，由于课程教学内容的繁重、课时的紧张，很多教师并不愿意花费太多的时间和精力去布置和落实课堂实践教学。在组织活动上，学生的安全问题是教师必须确保的首要问题，这对师资有限、经费紧张的思政教师来说是一个极大的考验。思政课实践教学缺乏统筹协调、组织乏力，教师在实践教学开展过程中各行其是，影响实践教学深入持久地开展。此外，高校与所在地政府、单位、企业等相关部门也未形成良好的共建机制。部分高校或未建立起稳定的思政课实践教学基地，或虽然已经建立相应的思政课实践教学基地，但在布局上仍存在低水平重复建设的问题。

（四）考核评价制度不健全

健全的考核评价制度是保障思政课实践教学规范化进行的有效措施。2015年中央宣传部、教育部印发的《普通高校思想政治理论课建设体系创新计划》中明确规定，新计划的任务之一就是要健全完善评价标准，构建科学规范、全面系统、运行有效的综合评价体系。完整的思政课实践教学评价体系应包括对任课教师实施实践教学效果的评价和对学生参与实践教学活动效果的评价两方面。目前大多高校在这两方面的考核评估体系与制度都是不完善的，部分高校甚至没有相关的考核评价制度。因而，思政课实践教学的落实情况往往缺少外部的教学监督和对任课教师教学效果的考核评价，主要存在缺乏科学标准、考核内容和评价方法单一等方面的问题。对学生实践教学效果评价也是一个普遍薄弱的环节，目前很多高职院校基本上都是采用考试或交调研报告、心得体会等定性方式进行考核，缺乏量化的教学过程考核及同辈考核，还存在较大的主观性和随意性，使得考核的真实有效性受到影响。这也是其教学效果一直难以提升的重要原因。

三、建立健全高职院校思政课实践教学的运行机制

运行机制是思政课实践教学正常有序开展的保证。为了实现思政课实践教学与理论教学的内容有效匹配、时间科学衔接、活动互补进行，确保高职院校思政课实践教学的有效开展，就要建立健全思政课实践教学组织机构和管理机制，制定科学的教学决策和运行机制，并通过科学的组织决策，形成支持思政课实践教学的强大合力。

（一）资源整合机制

思政课的实践教学资源，指的是为达成思政课实践教学目标，在教学实施过程中产生的一切有利的人力、物力、财力和信息系统资源。高职院校思政课实践教学面临的一大难题，就是如何整合线上线下、校内校外资源，做到实践教学资源的全覆盖。整合思政课的实践教学资源，一方面要积极构建思政课教学单位与团学等部门深度合作的协同机制和互动联通的信息平台，整合其他部门现有的教育渠道和德育资源，比如与团学、创业创新学院等部门组织的"三下乡"社会实践活动、双创活动、志愿者服务活动、学生的专业技能服务活动、"挑战杯"红色专项和红旅项目、校史馆参观、主题辩论、主题演讲等，创新性地开展思政课的实践教学；另一方面，要加大对潜在或者隐性的教育资源开发利用的力度，可以整合学校附近的社区、爱国主义教育基地、联合办学单位、高新技术企业、各种文博场馆等教育资源，建立固定的思政课实践教学基地。

（二）具体执行机制

目前，高校思政课实践教学的开展模式主要可分为分散型和集中型，前者将实践教学具体分解到四门课中，由相关教研室负责落实；后者将实践教学设置为

独立课程，单独成立思政课实践教学教研室，集中开设"思想政治理论实践课"。相较而言，集中型教学模式可以有效连接相关部门之间的运行链条，对加强教学管理、提高组织效率更为有效。马克思主义学院应选派实践教学经验丰富、组织管理能力强的思政课教师组成思政课实践教学中心，与教务处相互配合，并负责思政课实践教学的具体组织与实施。而且，思政课教师要协调各相关部门的具体分工，对校内外的实践教学资源进行整合利用，统筹思政课实践教学的课程设置、教学方案、师资管理、考核评价等方面的工作开展；要明确思政课实践教学的课时安排、经费预算、课程内容与组织实施及课程考核等具体教学环节，制定思政课实践教学大纲与教学计划，并通过严格执行教学制度，保障思政课实践教学的有序开展。

（三）考核机制

科学合理的考核机制可以对思政课实践教学的质量做出有效的调查与判断，及时发现问题、诊断问题、解决问题，通过不断改进提升教学方法来实现教学目标。客观的考核结果既能为实践教学顺利开展提供决策依据，又能对教育主体起到激励、督促作用。实践教学的考核是"一个不断循环的系统工程，是一个通过设定考核目标、达成考核要求、修正考核问题、改进考核环节、重新制定目标这样一个不断制定、执行、修正的过程体系"[①]，一般根据教学评价主体之间的特点，构建以任课教师和学生为主体、管理者和第三方合作者紧密配合的"教、学、评"综合联动考核机制，用以取代传统单一的教师考核方式，能有效消除教师在金字塔式教学考核过程中产生的盲点。考虑到实践教学是在具体情景中开展的，具有很强的动态性，所以要加入过程考核，考查在教学过程中教学主体与具体情景的联系与强化过程，并对教学过程进行反馈调节，做好形成性的评价。综合动态的全程考核需要教师对教学的结果考核进行整体规划和设计，并将过程性评价贯穿实践教学的每一环节，包括实践收获、实践活跃度、师生交流度、实践成员配合度各个方面，再对学生的实践过程表现与作业的完成情况进行综合考查，得出最终的实践分数。除此之外，教师还应注重发挥开放性考核的作用，将一些非预设的积极结果纳入过程考核之中，作为影响最终考核结果的加分项。

---

① 钟兰芳,曹鑫,方坤.建立现代大学制度下的高校管理职员考核评价机制[J].中国行政管理,2013(4):86-88.

（四）保障运行机制

高职院校思政课实践教学的实施不仅涉及学校党委、马克思主义学院、教务处、团学单位以及各二级学院的教学管理部门等众多部门和人员，还涉及校外的企业、社区、社会实践教育基地等部门的配合。因此，要确保思政课实践教学的有效推动和顺利实施，就必须在学校党委统一领导下，构建和完善学校各部门齐抓共管、密切配合的教学管理体制和工作机制。组织保障为实践教学的开展和发展提供坚实的基础保障，学校首先应成立由学院党委书记或者分管思想政治工作的副书记任组长、教学副校长为副组长，党委宣传部、教务处、财务处、马克思主义学院等部门共同参与的"进一步加强和改进思政课实施工作领导小组"。领导小组主要工作则是在实践教学活动实施过程中，为解决诸如经费、人员、后勤、制度等问题时提供保障措施。同时，高校还应该成立实践教学指导委员会，负责实践教学的组织实施，由思政课教学部门牵头，学校分管领导担任组长，思政课教学部门负责人为副组长，党委宣传部、教务处、学工处、团委等职能部门以及相关教学单位的主要领导共同参与。思政课教学部门负责人全面负责制订和实施教学计划、统筹协调和指导实践教学开展的各项工作；教务处处长和学工处处长负责实践教学的教学安排、教学检查和教学评价，对专兼职教师和辅导员进行督导和管理等；各二级学院的党总支书记、副书记负责督导辅导员，配合思政课教师指导学生认真开展思政课实践教学。此外，要增强思政课实践教学的有效性，就必须调动学生的主观能动性，将学生组织纳入思政课实践教学的组织管理机构，发挥其自我教育、自我组织、自我策划、自我管理的功能。教师带领学生组织成立学习小组，经小组讨论提出并明确问题。在此基础上，学生进行任务分工、明确研究计划，再多方查找资料进行信息加工整合，探寻和落实问题解决方案，做好充分准备在课堂上展示成果，最后根据课堂表现和师生的评价反馈，改进自己的学习成果。在这个过程中，教师要发挥学生的主体性作用，能运用课堂上学到的马克思主义理论解释当下存在问题，解决实践问题。

（五）应急处理机制

安全问题一直是困扰思政课实践教学组织者的现实难题。特别是学生到校外的社会实践教育基地、校企合作单位等去参观考察或进行调研，有发生诸如交通伤亡、食物中毒、中暑、火警火灾等意外的可能性，因此，在实践教学过程中，必须制定相关安全管理制度和一套行之有效的应急协调处理机制。一旦意外情况发生，学校应该根据问题的严重程度，以学生为中心，协调各部门人员在最短的时间内启动相关程序，迅速作出不同程度的反应，对突发问题作出妥善有效解决，努力将意外和伤害程度降到最低，并且努力将事件的负面影响降到最低。

第四节 思政课混合式教学设计

随着当今互联网技术的飞速发展，各行各业都开启了"互联网＋"模式，以课堂为主渠道的传统教育模式也受到越来越大的挑战。而且，互联网的共享性、广泛性、互动性为思想政治教育提供了新的契机，线上线下混合式教学模式成为新时代教学创新改革的一种趋势。它弥补了传统教学模式的不足，实现了教师依托互联网平台，打造线上教学平台与线下课堂教学有机整合的全新教学模式。教师借助大数据等先进技术的支持，精准了解学生的学习动态，及时回复学生的问题，根据学生的反馈，适时调整和改进教学内容和教学方式，使思政教学更有针对性。

一、思政课混合式教学的必要性

面对信息技术与高等教育深度融合，思政课作为高校思想政治教育的主渠道和主阵地，需要紧随时代发展潮流，以一种新的形态实现更好的发展，提升教学效果，增强大学生的学习获得感，达到更好的教学目的。其中，虚拟仿真技术通过打造虚实结合的生动环境，建立多感官交互的学习通道，将思政课学习内容由抽象理论转变为具象化的知识，让学生学习由被动理解、空洞接受转变为主动参与和直观体验，带来了学习方式的变革，这给思政课教学创新改革带来了机遇和条件。

（一）变革学习方式，保障学生主体

虚拟仿真技术应用于思政课教学可以达到沉浸式学习的效果。《教育部办公厅关于2017—2020年开展示范性虚拟仿真实验教学项目建设的通知》（教高厅〔2017〕4号）和《教育部关于开展国家虚拟仿真实验教学项目建设工作的通知》

（教高函〔2018〕5号）明确指出，虚拟仿真实验项目的教学理念应以学生为中心，教学内容要坚持问题导向和需求导向，"始终关注信息化时代背景下学生需求，重点实行基于问题、案例的互动式、研讨式教学，倡导自主式、合作式、探究式学习"①。教师可以在课堂上充分利用网络上的各种资源，合理使用多媒体技术，将课程相关内容的图片、音乐、视频等辅助资源适当融入PPT课件之中，用这种富有形象和活力的内容代替黑白课本，增强教材和课堂教学的可视性，激发学生的兴趣和课堂参与度，使宏大且抽象枯燥的课堂活起来。同时，虚拟实践教学过程中，多元化的实时交流、互助合作、实践操作等教学设计，可以有效改善传统思政课教学习惯于单一评价指标的情况。虚拟仿真实践教学注重培养学生自主学习、理论应用、问题识别与纠偏和创新创造等可持续发展能力，强调理论在交互问答、情景预测、案例分析、综合评价等方面与应用能力的匹配，有利于从多视角和多渠道生成更多元、更全面、更科学的学生评价和教学评价。

（二）提高课堂效率，增强教学互动

当前，以互联网为载体的慕课、微课、翻转课堂等网络课堂很受学生的欢迎，思政课教师应充分利用互联网所带来的新媒体新技术和丰富的线上资源使思政课"活起来"，增强思政课的时代感和感染力。在课前，思政课教师可以通过网络媒介QQ、微信班级群给学生提前布置课堂教学任务，让学生可运用慕课或网上的共享资源收集资料、预习相关知识点。既然学生在课前已经通过慕课学习到了一些知识，在线下的实体课堂上，教师就可以实施翻转课堂的模式，将课堂的组织实施暂时交给学生，交换师生角色，老师成为课堂讨论的倾听者和引导者，而学生则成为课堂上重难点问题的思考者和探究者。通过这样的互相学习过程，学生在课堂教学中的主体地位得以充分发挥。这种教学模式不仅拉近了师生距离，而且使学生能通过自己的切身参与和思考而学到更多。另外，调查数据显示，有87.2%的学生喜欢教师在"课堂中使用新媒体教学和智慧教学工具"，这些也都是依托移动互联网来实现的。教师利用智慧教学工具将实体课堂与线上课堂相结合，学生手机扫二维码进入线上课堂，教师再通过数据直接看到课堂的出勤人数。在课堂教学过程中，学生可以随时回看老师的课堂PPT课件，不会因

---

① 《教育部办公厅关于2017—2020年开展示范性虚拟仿真实验教学项目建设的通知》[EB/OL].（2017-07-13）[2021-03-05]. http://www.moe.gov.cn/srcsite/A08/s7945/s7946/201707/t20170721_309819.html.

为一页还没有看完，老师就翻下一页而苦恼；教师可以通过屏幕滚动的方式抽查在线课堂的学生，学生也可以通过发送弹幕的方式参与课堂的讨论，这种互动大大增强了课堂的趣味性，使学生可以更加主动地参与到课堂中来。

（三）增强时代感和感染力，激发学习兴趣

实体课堂的教学时间总是有限的，互联网的发展打破了课堂时间的限制。在课下，思政课教师可基于微信、QQ等软件的群聊功能，强化师生之间的联系，在群聊中就即时发生的新闻热点问题展开讨论，在讨论中增强班级的凝聚力。对于思政课教师建立思政网络平台（微信、QQ群互动）的看法，90%以上的同学都是很认可的，认为平台的建立可以做到及时发现学生思想问题和学习困难，达成及时解决的效果，同时也加强了师生的沟通，便于交流增进感情。另外，由于思政课作为公共基础课，授课对象面向的是全校各专业学生，很多学校通过虚拟仿真技术手段统一构建了思政课在线学习系统网站，将课堂内容设置成类似闯关游戏、PK答题等模式，激发了学生学习的积极性，学生在体验游戏娱乐感的同时还能在轻松愉悦的氛围中学习到知识，这就突破了传统课堂教学的时间和空间限制，将课堂学习与网络学习在潜移默化中结合起来了。当然，教学方式改革带来机遇的同时，也要看到其挑战。调查显示，有62.1%的学生认为在线课程给传统思政课堂带来了一定程度的冲击，未来极有可能取代传统教学模式。就回答"开设在线课程采用何种模式最好"这个问题时，32.3%的学生竟然认为可以采用完全的线上教学模式。显然，以线上教学完全取代传统教学是不符合思政课教学规律的。这反映出来的问题是，当前高职院校线上线下混合教学模式缺乏融合度和配合度。众所周知，思政课教授的不仅仅是知识，价值引领才是关键。思政课教学目标的实现，需要师生面对面的思想碰撞及情感交流，单纯的线上教学并不能真正满足传道、解惑和信道的需求。目前，82.2%的高职院校思政课已开设在线课程，新媒体技术已引入现实课堂，学生都有线上自主学习、线上讨论、线上考试的经历。在对思政课中采取"混合式教学方式"评价的调查发现，50%以上的同学选择了"激发学习的热情""学习能力的提高""团队合作学习的能力的提升"三个选项。由此可见，混合式教学切实增强了思政课教学的时代感和吸引力。

二、思政课微课资源设计的原则

21世纪初迅速兴起的以慕课为代表的在线课程，极大地开拓了教学视野，高校包括思政课在内的各门课程掀起了线上线下混合式教学的教研热。线上线下混合式教学是网络信息技术与课程教学的有机融合，它基于网络信息技术、移动通信设备技术的迅猛发展，由教师主导、网络学习平台及其工作人员辅助，在课前、课中、课后提供线上线下相结合的学习环境、学习资源和学习方式等，开展混合式教学活动，学习者可以根据自己的兴趣和需要定制学习内容和方案。网络课程互动性加强，更好地激发了学生学习的积极性和创造性。线上教学在适应高职院校学生网络化、感性化、泛在化的学习方式需求的同时，也使传统的课堂教学模式发生新变化。思政课线上线下混合式教学模式既具备混合式教学的特点，同时又具有思政课教学属性，在遵循一般课程的混合式教学模式原则的同时，需要突出思政课教学的要求。

（一）坚持政治性原则

思政课是高校意识形态工作的重要阵地和第一战场，承担着传播和巩固马克思主义理论以及中国化时代化的马克思主义理论在我国意识形态领域指导地位的独特使命，而马克思主义及其中国化时代化理论成果是中华民族的旗帜和方向。思政课的这一特质和使命，决定了无论它进行何种教学方式方法和教学评价体系的创新改革，也无论它使用何种信息技术手段，都要始终牢牢掌握马克思主义意识形态工作领导权和主动权。在国际形势异常复杂和中美博弈的今天，面对任何国内外敌对势力和纷繁复杂社会思潮干扰时，高校思政课教学都不能背离最基本的教育宗旨。因此，思政课微课教学内容不能自主或任意选择，必须严格遵循教材的基本原则和精神。思政课微课教学首先必须坚持政治性原则，在内容的选择上要立足于教材，在研读马克思主义基本原理的基础上，对教材内容要进行深入研究与分析；要突出学科特性，可以结合中国实际和社会现实问题以及中国特色社会主义伟大实践超越教材的深度，力争吃透教材。

（二）坚持主体性原则

在思政课微课教学中，学生仍然是学习的主体。在思政微课设计与制作过程中，同样要坚持以学生为中心的主体性原则，教师讲什么、怎么讲、讲得效果如何都要始终围绕学生为中心展开，紧紧结合学生的学情，重视学生期待和需求。在进行微课的制作与设计时，首先要善于调查和分析学生的学情和认知特点，结合学生的学习基础，选择适合学生认知的方式来引领教学内容。不同高职院校都拥有属于自己的学情和独特的校本资源，思政课混合式教学模式要因地制宜，充分利用学生熟悉的教学资源进行教学，使教学更加贴近学生生活。在教学内容设计上，要紧密围绕学生的困惑点、困难点、关注点和兴趣点，充分整合各类教学资源，选用适切的教学策略和教学方法。此外，教师要通过调查问卷、座谈会、访谈等方式，随时跟进和了解微课的学习效果，不断总结微课教学中仍需改进的不足处，及时作出调整以满足学生的学习期待。

（三）坚持聚焦性原则

思政微课作为一种全新的教育教学资源，尤其关注将教材体系转变为教学体系，它通过精心的教学设计，将知识内容经过系统化、情景化、可视听化处理，具有目标明确、主题鲜活、内容聚焦、短小精悍的特点。思政课微课时长一般不会超过10分钟，否则就很难集中学生的注意力。微课短小而精悍的特点决定了其在制作时很难做到面面俱到，因此，在微课内容的选择上和微课画面的呈现上应坚持聚焦性原则，往往选取某一章节中具有代表性的重点难点问题，采用适切的动画、案例、对话等来讲深讲透讲活某个知识点。此外，还应坚持与时俱进的原则，要结合学生的兴趣点和关注点，聚焦当下时事新闻、国际环境、社会热点问题，将其作为案例资源融入微课教学中。

（四）坚持系统性原则

高校思政课混合式教学模式并不意味线上教学和课堂教学的简单叠加，成为互不联系的"两张皮"，而是需要在教学内容、教学资源等方面进行整体上的谋划，注重知识体系的完整性，将线上教学与课堂教学紧密联系，形成较为完整和系统的教学模式。首先，微课自身需要保持完整性和系统性。微课教学虽然较短小精悍，但要注意其内容的系统性和完整性，需要紧扣主题，表达一个主次分明、逻辑完整的教学内容，既要有主题的导入，也要有内容的讲解，还要有微课的小结、课后作业和学习反思等。其次，在制作微课过程中要环环相扣、衔接流畅，包括教学设计、多媒体课件、讲稿、在线讨论、测试、作业及学生反馈、学生互评、教师点评等辅助性教学环节一个也不能轻视或忽视。最后，微课设计和制作要进行系统规划。微课是依托学科教学而产生的一门完整的学科知识体系，在录制微课之前，教师要对微课教学进行整体规划、系统整合、精心安排和制作，将看似零散的知识点串成主次分明、逻辑严密的知识体系，使微课与微课之间既相对独立，又环环相扣，形成系统完整的微课资源体系，最终实现理论知识系统性的传递。

（五）坚持高阶性目标原则

思政课混合式教学内容服务于课程目标，因此，思政课混合式教学内容要契合和促成教学目标实现。思政课混合式教学模式要达到课程的高阶性目标，培养学生获得解决复杂问题的综合能力和高级思维，需要在内容上找准定位，也就是教学内容符合高阶性，能完成思政课的知识目标、能力目标和情感素养目标。本研究在对"思政课哪些混合式教学平台上资源对学生学习产生帮助作用"的调查显示，仅有58.2%的学生认为"慕课视频对自己的学习有帮助"，34.4%的学生认为"课堂教学资源形式不优质""内容缺少新意"。由此可见，现有的微课视频资源缺乏吸引力和感染力，思政课混合式教学内容不仅仅包括书本上的思想政治理论相关知识，而是需要优于、高于课本，能启发大学生的思维，培养学生思维能力、道德素养，进而培育大学生树立正确的人生观、世界观和价值观。

三、思政课微课资源开发的策略

在高职院校混合式教学模式中，课程资源建设是基础。新时代中国特色社会主义伟大实践所取得的历史性成就和发生的历史性变革以及中美全面博弈的国际环境为思政课教学提供了鲜活的素材，因此，思政课混合式教学模式很容易获得海量的教学资源，但课程资源的设置不是随意的，学生的时间和精力是有限的，还需要精准把握大学生对课程资源的需求，根据教学效果的实际需要有效整合线上线下课程资源，精心安排教学资源，优化课程资源的质量，实现课程资源合理配置。如图4.1所示。

（一）精准定位需求，做好资源建设的整体规划

近年来，越来越多的高职院校高度重视在线精品开放课程建设，这在一定程度上推动了微课教学和资源库建设的发展，但也渐渐地凸显出一些问题来。首先，微课制作的功利化现象突出。一些教师录制微课目的不是为了提高教学质

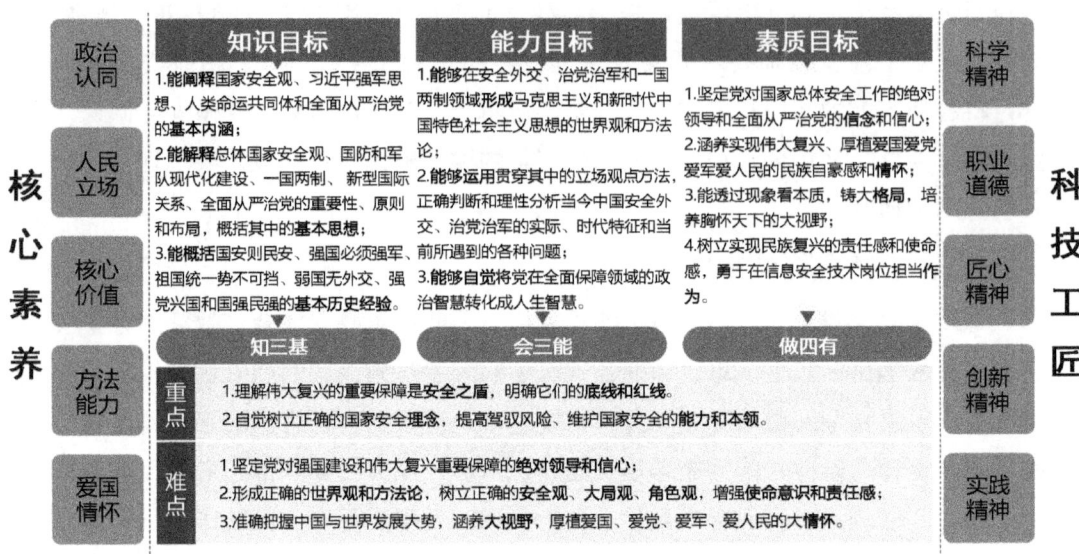

图 4.1 由核心素养出发的教学目标和重难点

量,而是为了应对各种比赛。这些微课往往追求视觉和形式上的过度包装,内容却空洞乏味,难以引发学生的学习兴趣,因此真正能够用于教学的优质微课很少,且高耗资的微课制作带来了人力和财力的严重浪费。其次,现有的思政课微课作品质量良莠不齐。微课的制作是一个系统而复杂的工程,好的微课作品是"内在美"和"外表美"的统一。"内在美"则意味着制作者需要选好题、理好逻辑、设计好每一个环节,坚持内容为王以确保微课质量。"外表美"主要是从视觉和形式包装上吸引学生,表现在背景整洁、画面清晰、衔接流畅、声音洪亮、视频图像文本融合等,这意味着制作者要懂得相关技术的运用,尤其要注意教师形象和声音,确保画面质量,否则将直接影响学生对微课使用的效果。最后,重复制作和无效开发微课现象严重。由于各高职院校甚至同一所高职院校的不同课程在思政课微课开发上各行其是,导致重复开发和资源浪费现象突出,这就需要从顶层设计和整体现划上做好资源开发工作,构建规范和体系,统筹和整合现有资源,确定建设方案和进程,避免重复和无效开发。而混合式教学平台有沟通互动的优势和数据记录收集的功能,在学生需求调查和课程资源建设前置需求调查、学生满意度反馈上,能为课程资源的建设提供参考和指导,也为课程资源提供调整依据,使得课程资源得以有效利用。

(二)多方合力,开发多样化微课资源

微课资源的开发是一个复杂的系统工程,不仅需要教师投入大量的时间和精力,也需要教师具备较强的业务水平和新媒体应用能力,因此,为确保微课质量,往往需要组建教学团队合力完成。即便如此,在微课资源开发过程中,教师依然面临诸多困难。首先,高职院校基层教师科研任务重。微课资源的开发需要经过反复的酝酿、讨论、敲定、设计、制作、修改等环节,因此它不是一朝一夕就能完成的。由于微课资源开发的主体大都来自教育教学的一线教师,他们平时就承担着繁重的教学和科研任务,只能利用业余时间完成。受时间和精力所限,目前大多数微课作品缺少系统整体的设计,内容重复现象严重,同时缺少同类课程体系化的微课作品。其次,高职院校普遍存在资金和技术缺乏问题。教师的专业知识、教学水平和课程设计的能力无疑会影响微课资源的开发质量,但缺乏资金与技术落后是目前高职院校普遍面临的问题。要确保微课资源的质量,高校必须加大微课资源的开发投入,如通过减免教师的教学工作量、设置相关的教研课题、在资金与技术方面给予保障等举措,激励思政课教师致力于微课资源的开发。这还需要学校主管部门、教务处、信息技术中心、团学部门、思政课教师等协同联动,合力开发微课资源,从技术和人员的配合上减少资金压力,确保微课质量。教学资源形式要多样化,才能增强其趣味性。大学生喜爱多样化的资源。同质性资源大量使用往往会引起学生的学习疲劳,思政课教学资源大都是文字资料、图片和视频等,学生阅读观看之后便完成了学习任务,这样浅层的认知学习,会弱化学生的学习动力。因此,大学生希望思政课教学能展示多种多样的课程资源,不只是教材、拓展资料等文字资源,如常规的导学助学资源、活动资源或实物资源,还可以根据信息技术的发展,更新表现形式,如利用 VR 技术呈现课程资源,增添学生的真实感受。

(三)有效整合微课资源,形成资源共享效应

思政微课资源平台是一个基于移动学习特性的综合学习服务支持系统,它集思政微课视频、PPT课件、微课讲稿、资源拓展、在线练习、交流讨论、课程评价等功能于一体。混合式教学是由线上和线下两部分组成的,课程资源建设过程中需要有效整合线上资源和线下资源,并且两者之间不能断裂,从而达到"1+1>2"的效果。思政微课平台为学生提供了系统学习的载体和"场所",学生可以根据学习实际和学习需要,选择适合自己的学习内容和学习方式,满足课内外学习需求;教

师之间也可以随时随地利用碎片化时间，开展微课观摩学习、研讨、评课、反思等教研活动，不断提升自身的教学水平。思政微课资源平台是实现思政课优质资源共建共享的有力保障。目前，我国尚未建成完善微课教学平台。现有的大多数平台缺乏在线学习跟踪、学习诊断、交流互动等功能，仅局限于资源的单向供给与展示。而且有些思政课混合式教学的课程资源片面追求数量，而忽视了质量，没有根据教学内容和教学目标的实际需要，随便在网上下载一些视频、动画等资源，放到课程资源平台上，也没有将其与课堂教学内容、教学设计联系起来。平台资源表面丰富，关联性和针对性不强，对课堂教学实际作用不大。因此，构建成熟的思政微课资源平台已经势在必行，需要教育行政部门投入更多的人力和物力。

总之，信息技术的飞速发展使思想政治教育的环境发生了翻天覆地的变化。作为一种新型的教育教学资源，微课的出现给思政课教师带来了新的机遇与挑战，抓住机遇、迎接挑战是每位思政课教师义不容辞的责任和使命。在思政课微课资源的建设、开发与应用方面，广大思想政治教育工作者尚需不断深入研究与探索，才能确保微课资源质量。

四、基于 OBE 理念的单元教学整体设计举例分析

本研究将以信息安全应用技术专业学生为授课对象，以"习近平新时代中国特色社会主义思想概论"课程中的一个教学单元为例，进行教学设计的举例分析。该课程是面向南京信息职业技术学院各专业开设的一门公共基础课，是高职院校思政课程体系中必修的核心课程。本研究以教材中依据中共中央、国务院印发《数字中国建设整体布局规划》和教育部等十部门印发的《全面推进"大思政课"建设的工作方案》为教纲设计依据，课程从践行立德树人理念、服务专业学习需求、培育核心素养的教学目的出发，遵循"以学生为中心、产出导向、持续改进"的教育教学理念，创新议题中心"三线四环"教学策略，在讲准、讲深、讲透、讲活上下功夫，着力解决信息安全应用技术专业学生在学习过程中遇到的思想困惑、学习困难和认同困境，达成"知底线明红线，守立场辨是非、强信念勇担当"的课程目标。

（一）紧随中央精神定内容，整合伟大复兴重要保障的教学体系

课程标准要遵循学生认知规律，对接学生专业核心能力，将课程教学任务、教学目的置于国家、社会和学校专业特色的发展背景中，立足于信息安全应用技

术专业岗位要求和专业人才培养方案来制定。课程内容体系则要依据课程标准和2023版教材内容，参考《习近平新时代中国特色社会主义思想学习纲要》（2023年版），并以"中国式现代化推进中华民族伟大复兴"为主线，可整合为"擘画蓝图、战略举措、重要保障、赓续践行"四个单元。其中第四单元"赓续践行"为社会实践，穿插在前面三个单元中进行。现以"重要保障"单元教学设计为例，可以看到，该单元包括安全之盾、胜战之问、统一之势、外交之道、治党之严五个专题（即专题13~17）。如图4.2所示。

（二）面向需求探学情，把握学生新特点和新变化

面对授课对象为2022级信息安全应用技术专业学生时，教师可通过带领学生进行企业调研、开展教师座谈、进行学生调查等途径，运用新媒体和借助大数据，将学生学习生活中的行为轨迹转化为海量数据信息，全面分析学生的学情，把握学生整体情况和个性差异。学习态度方面，在一项关于"要成为一名优秀的网络工程技术安检维护工程师"的调查中发现，仅有25.64%的同学认为"思想道德素养是首要的"；仅20.51%的同学"愿意主动回答老师提出的问题"，58.2%的同学习惯"观望"。数据显示，学生普遍重专业课学习、轻思政课学习，对本课程的理论学习有畏难情绪。在学习特点方面，50%左右的同学"喜欢社会实践、案例分析、情景模拟的方式学习思政课"，仅有28.1%的同学选择"经典著作选读"。调查发现，高职学生的感性思维强，而理性思维能力不足。在学习基础方面，学生时常感到困惑的原因中有56.41%的同学选择了"社会发展和国际竞争环境"，38.46%的同学选择了"不良社会现象和各种社会思潮"，84.62%的同学表示"当前对世界和平感到担忧"，其中17.95%的同学表示"特别担忧"；在"事关个人利益和集体利益发生冲突时"仅有30.77%的同学会选择"集体利益"优先。可见，受调查学生普遍对国防、安全、外交、治党方面的知识感兴趣，但对核心问题理解不深，存在知识碎片化、逻辑零乱化、认知模糊化、能力隐性化、知识的转化力和迁移力不足等学习困难，还存在国家、集体意识淡薄和社会担当不够的认同困境。专业特性方面的调查发现，94.87%的同学将来想在信息安全应用技术专业方面发挥特长，为国家和社会尽自己微薄之力；打算"转本"的同学占比74.36%，"就业"占比17.95%，创业和入伍同学分别占5.13%和2.56%。由此可见，受调查的学生普遍对自己的专业认可度高，普遍期待加强理论的现实问题关注和实际体验认知（如图4.3所示）。

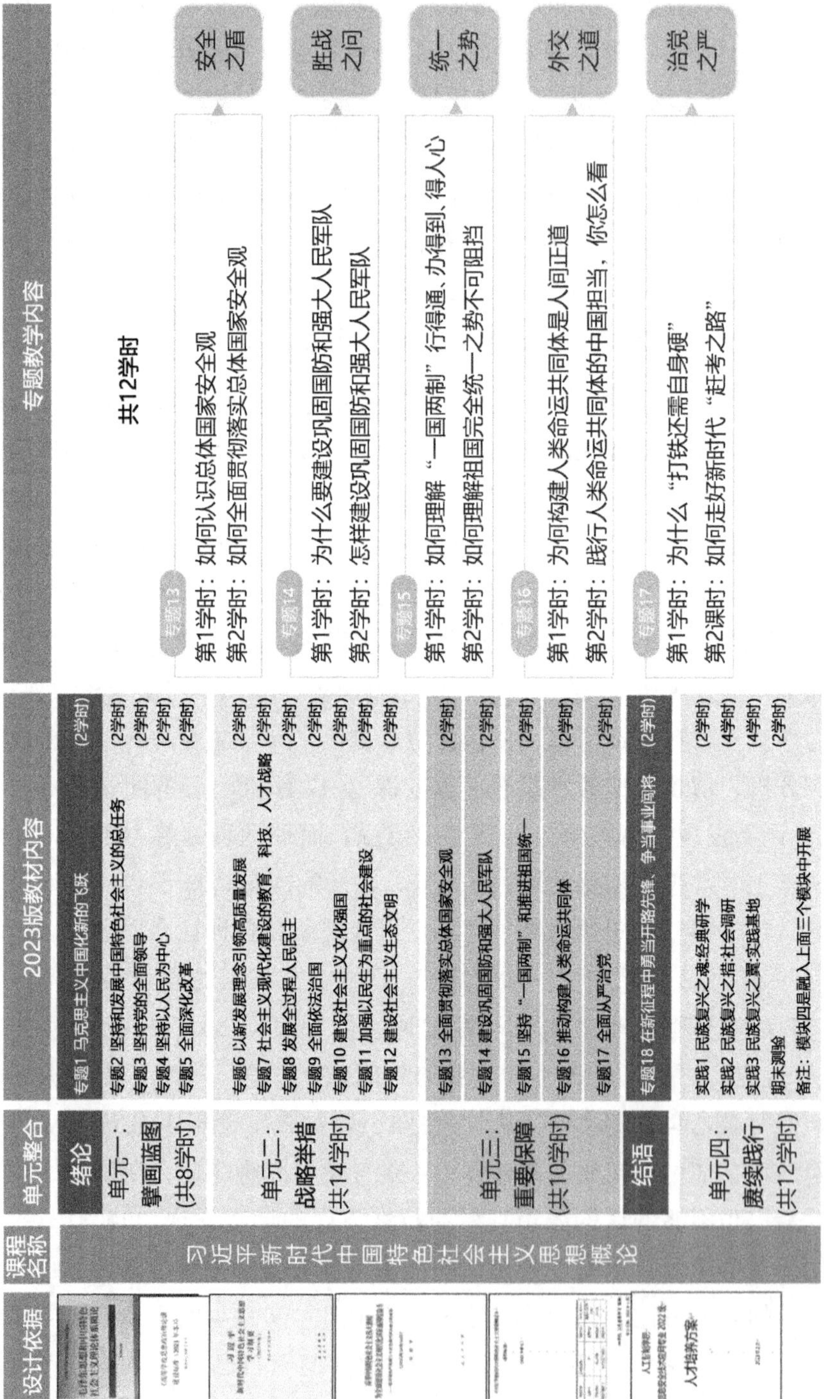

图 4.2 内容逻辑图

第四章 基于 OBE 理念的高职院校思政课教学设计

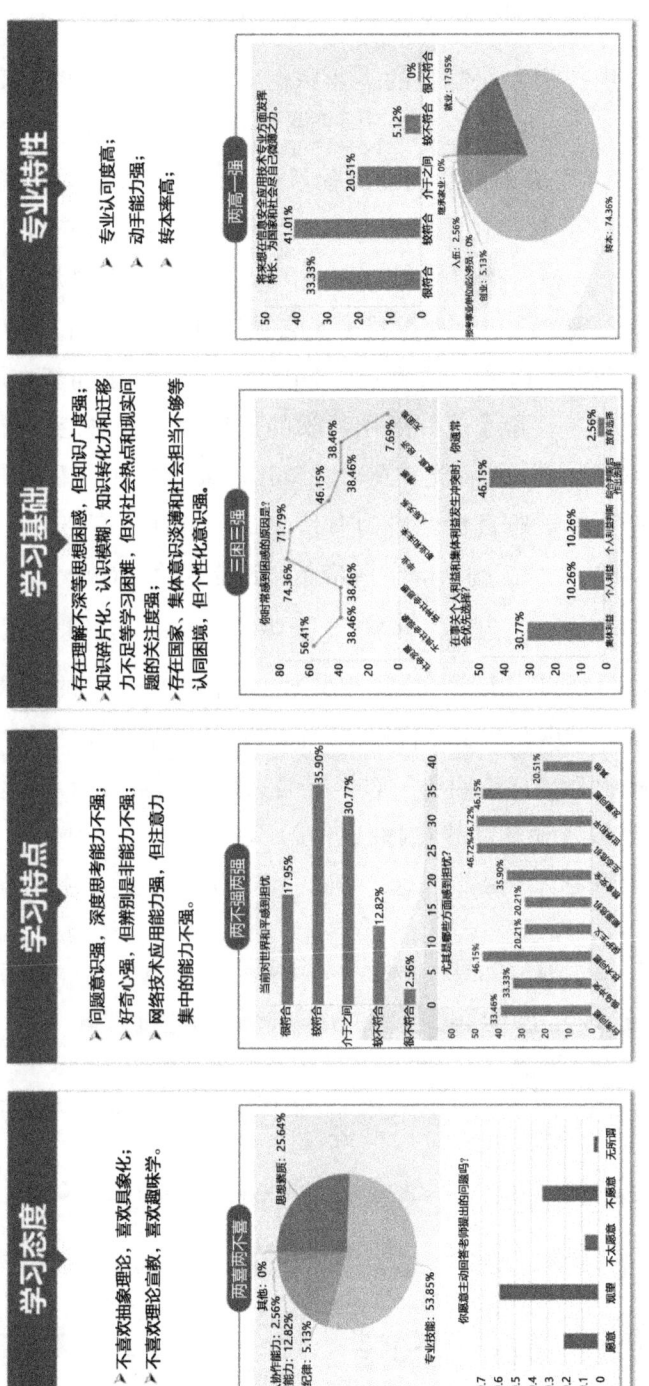

图 4.3 学情分析

(三)依据岗位定目标,培养新时代有为的网络信息"安全卫士"

结合信息安全应用技术专业学生的毕业岗位要求,综合企业导师的反馈建议,教师进一步明确了"习近平新时代中国特色社会主义思想概论"课程在培养"信息安全技术技能人才"方面应达到的课程目标,即"知底线明红线,守立场辨是非、强信念勇担当",接着围绕课程目标,将课程的核心素养与专业的职业素养相对接,融入二十大报告精神和二十届一中、二中全会精神以及习近平总书记的最新讲话精神等,确定了单元教学目标。它具体细化为:(1)"知三基"的知识目标。能概括党在重要保障各领域的基本内涵、基本思想和基本历史经验;(2)"会三能"的能力目标。能形成并运用科学的世界观和方法论分析伟大复兴重要保障中面临的各种问题,能将党在重要保障各领域中的政治智慧转换成人生智慧;(3)"做四有"的素质目标。成为有信念、有情怀、有格局、有作为的"四有"时代新人,并结合"三困"等学情特点,确定教学重难点。

(四)结合学情目标定策略,实施议题中心"三线四环"教学流程

为达培养目标,教师团队按照"学思用贯通,知信行统一"的要求,可基于成果导向以素材鲜活、思维激活、语言用活、内容盘活、策略灵活的"五活"理念为指导,构建议题中心"三线四环"教学策略(如图 4.4 所示)。该教学策略以任务为主线,以逻辑线和活动线支撑任务线,以"议题"为中心,课前围绕"三个一"(即一课一调研、一课一活动、一课一资源)探学;课中围绕"议题",

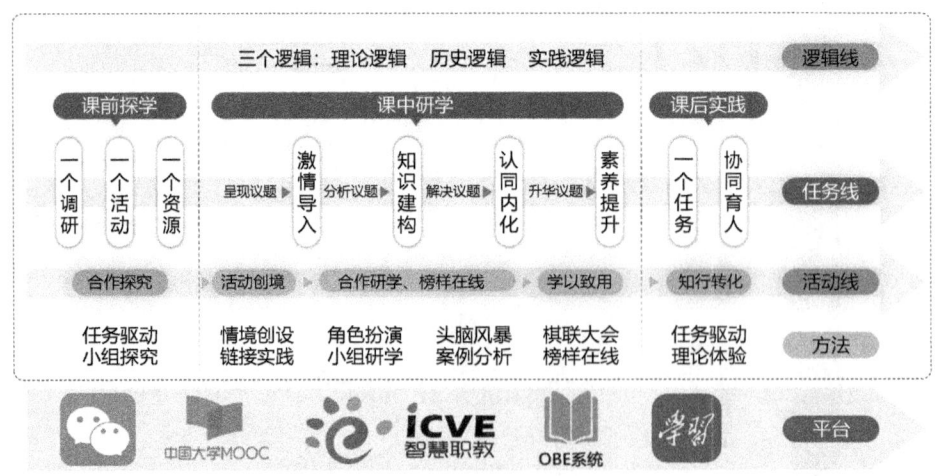

图 4.4 议题中心"三线四环"教学策略

体现"两性一度"即高阶性、创新性、挑战度的原则,通过设置问题链和成果链,构建课程与专业协同共振的双轨融合教学体系,并通过激情导入、知识建构、认同内化和素养提升四个环节组织学生开展研学。课后注重以实践活动或项目为依托,多主体协同育人促进知行转化;并注意以信息化手段为教学赋能,实施"理虚实"一体化课堂、线上课堂和实践课堂的教学联动;注重采用多样化的教学方法、平台和信息化手段,如创设情境、场馆教学、辩论赛、现身说法、视频连线、鲜活案例、双师课堂等激发学生参与研讨的兴趣,提升学生探究能力。

(五)搭建多元化需求大平台,开发进阶式"大思政"教学资源

搭建一个满足多元需求的平台要依托学生、社团和多种载体,将线上线下资源、虚拟仿真资源和实践基地结合起来,开发并不断优化由"案例库+观点库+课件库+实践库"构成的课程教学资源库和虚拟仿真教学资源。线上资源包括全国思政课教师网络集体备课平台、大学 MOOC 在线开放课程、OBE 系统、职教云资源库、"学习强国"APP 等;实践基地包括虚拟仿真教学平台、国防安全教育馆、江苏国家安全教育馆;学习载体有校友协会、青年马克思主义研习社和学生名嘴宣讲团等(图 4.5 所示)。

图 4.5　教学资源和平台

（六）信息技术赋能，实施基于成果导向的全方位全过程评价

打造基于成果导向的全方位全过程评价体系需以学习平台为依托，借信息技术赋能，采用教师评价、小组评价和企业评价相结合的方式，实施"三个环节，两个维度，三个层面"的全方位、全过程、多元化、多主体的发展性学习评价，为学情诊断、综合评价和学业规划提供有力支撑。其中，"三个环节"即课前、课中和课后；"两个维度"即每个环节的评价，包括学习成果和学习态度两个维度，且以成果评价为主；"三个层面"即基础评价、进阶评价和增值评价。基础评价重学习过程，主要记录学生三个环节的表现和作业完成情况；进阶评价重学习成果，主要关注高阶能力的评价，包括概念掌握应用能力、分析和综合信息的能力、策划和组织能力、创造性思维的能力等；增值评价重学生思想的成长变化，主要持续关注、记录、引导、激励和促进学生学习体验和成长过程。教师及时向学生反馈和跟进学习评价结果，并持续改进教学（如图 4.6 所示）。

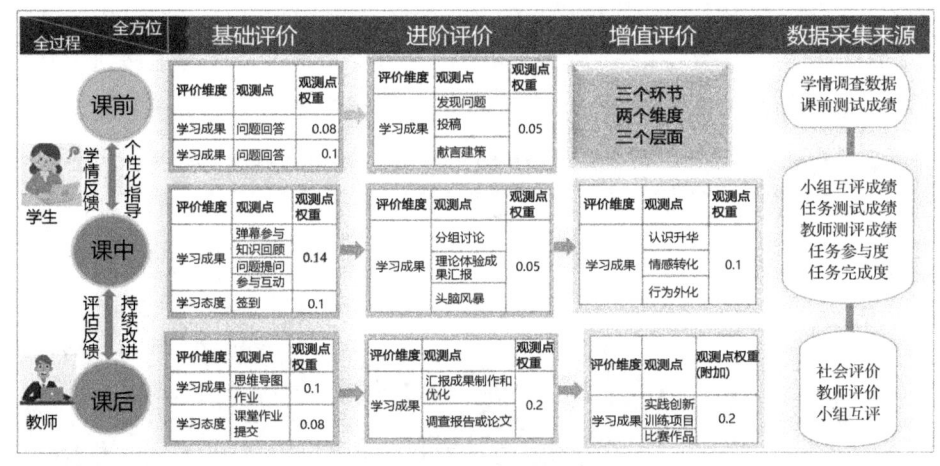

图 4.6　基于成果导向的教学评价

综上所述，在 OBE 成果导向教育理念的引领下，思政课教学设计要坚持"五活"理念，体现"两性一度"即高阶性、创新性、挑战度的原则，通过设置问题链和成果链，构建课程与专业协同共振的双轨融合教学体系，积极推进教学模式改革，不断提高思政课教师课堂教学效能，提升思政课教学质量。

第五章

基于 OBE 理念的高职院校思政课教学实施

在 OBE 理念的引领下，高职院校思政课教学实施过程要突出的教学目的不在于使学生掌握了多少知识概念或强调"可视化"，而在于学生能否运用所学的理论知识分析问题、解决问题。课程教学要遵循习近平总书记强调的"因事而化、因时而进、因势而新"和"讲深、讲透、讲活"原则，要基于哲学思考、历史底蕴和现实观照，组织学生实施建构主义学习，解决传统教学中"教"与"学"脱节的问题。以能力本位理念对思想政治理论课的教学内容进行转化，其难点和关键就是确定科学的能力目标，然后进行高质量的教学实施。

第一节
善用"大思政课"，实现"三课堂"联动贯通

习近平总书记强调思政课的本质是讲道理。讲道理就要彻底说服学生，只有说服学生，才能掌握学生。所谓彻底，就是抓住思政课教学的本质，实现思想政治理论的价值转化，使学生对理论内化于心，外化于行，固化于信，这是思政课的教学使命所在，也是思政课发挥课程功能的基本要求和必要价值。因此，学生如果能够真正参与到价值转化过程中，将更好地自主完成从知识接收到思想认

同、从教育接受到价值践行的思想政治教育过程。由于思想政治教材内容理论性强，加之教材编写赶不上现实生产生活实践的变化，不能适时论及当前社会生活中最新的热点、疑点及有争议的问题，则很容易造成理论与现实脱节，导致学生学习兴趣下降。"大思政课"新格局的形成和发展，使思政课程的教学空间由学校延展至社会场域，由线下课堂延伸至线上学堂，在传统思政课堂的基础上，辐射范围更广，与时俱进性更强，这为大学生在社会"大课堂"和云课堂中践悟真理拓展了路径。

一、在"贴近"中同频共振，打造"教师主导、学生主体"理论主课堂

受传统思想政治教育观念与教学方法束缚，目前仍有部分思政课教师未能摆脱以"教师为中心、教材为中心、课堂为中心"的传统灌输式教学模式，忽视和弱化了学生在"课程学习"和"课堂学习"的主体性需求，即培养学生的社会能力和方法能力。

（一）回归主体性需要，培养学生整体职业行动能力

马克思主义认识论指出，人具有主观能动性，"人的本质活动是对象性的实践活动，人正是通过实践活动把自己的主体力量对象化为客观实在，而使外部物质世界具有了属人的性质"[①]。人的这种通过实践来主动地认识、选择、接受和改造客观世界的能动性和目的性，在哲学意义上称之为"人的主体性"。思政课教学应该回归学生主体性需要，教师需要在对学生专业、职业发展进行调查研究的基础上，贴近学生实际和成长需要，基于其现有的知识经验和理论体系，运用多种灵活有效的教学策略和教学方法，如"通过设置项目任务或创设情境，使学生在情境体验的过程中理解并掌握相关理论知识，实现真实的感悟内化，且在自主学习过程中获得正视自我、评价自我、教育自我的能力"[②]，引导学生将理论形态的教材教学知识体系与自身现有的认知结构和情感体验联系起来，以激发其主体意识和学习动机，找准其自身问题，促进他们从感性认识和现实实践出发，深化对理论问题的思考和理解，并在释疑解惑的过程中，提升学生的思想政治和

[①] 费尔巴哈.费尔巴哈哲学著作选集：下卷[M].荣震华，王太庆，刘磊，译.北京：商务印书馆，1984：235-236.
[②] 里琪.可见的学习与思维教学：让教学对学生可见，让学习对教师可见[M].林文静，译.北京：中国青年出版社，2017：174.

道德法律素质以及职业行动能力，全面培养学生的主体性和发展性人格。

(二) 直面问题和困惑，解决学生核心关切

理论阐释是否深刻彻底，是"能不能说服学生、能不能入脑入心"的关键所在。就思政课教学来说，所谓"彻底"就是教学中直面大学生的困惑、难点和疑点问题，引导学生展开历史地、辩证地、比较地、全面地、深刻地、有理有据有层次地讨论交流。理论课堂应主动回应学生的思想困惑和观点误读，及时将国家民族复兴重要保障的鲜活实践和生动案例引入教学中，打通学生因抽象思维能力不足而对理论理解不深的堵点。深刻彻底的思想政治理论阐释，首先，要贴近学生，以学界及学生所关注的疑难点为中心，以问题链为导向，在课堂上通过对比和反思学生对案例的分析、教师对案例的讲解、师生对案例的不同解决办法，引导学生认清当前面临的各种问题和思想上的困惑及其解决路径，进而达到教学目的。其次，要贴近实际，理论分析要围绕重难点问题从概念出发深入浅出地展开，以事实为根据，言之有物，力求讲深讲透，在"知其然"的基础上引导学生"知其所以然"，在理解"是什么""有何意义"的基础上探索"为什么"和"怎么样"；在古今中外、应然实然和历史未来比较的基础上，自然而然地引出科学的结论。教师要有鲜明的价值引导，不做空洞乏味的咬文嚼字，体现马克思主义以人民为中心的基本立场，破解学生在未来职业发展过程中可能遇到的认识问题和解决问题的困境，切合高职思政课应用性、职业性和实践性的特点和要求，对学生进行价值引领，同时培养他们的逻辑思维、创新能力、职业素养、团结合作精神、动手能力以及社会适应能力等综合素质，实现学生的主观感受与客观事实的统一，以适应变幻莫测的社会职业环境。

(三) 基于行动导向，实施互动探究式教学

教学实施中同样要贴近学生和贴近实际，打造"学习过程问题导向式，组织形式小组化，学习方式研讨式，理论实践一体式"的互动探究式理论主课堂。一要有问题意识，准确了解和精准把握学生思想的困惑点和学习困难点，设计贯穿授课过程始终的问题，以问题的解决来推动教学过程，提高学生运用马克思主义基本立场、观点、方法认识问题和解决问题的能力。教学实施中，要借鉴能力本位的职业教育理念，创新"做中学""学中做""做中教"的教学体系，采用行动导向、任务驱动、翻转课堂、项目教学、问题互动探究等教学模式和教学方法，

以问题为导向，层层设问由浅入深，由外及里直达核心，采用发问式、对话式、启发式等教学方法，让学生不再是教学的观众，而成为学习的主体。学生以小组为单位，围绕问题进行研讨；各组再从多个维度汇成对整个问题的答案和理解，合作完成相应的学习任务。在师生互动合作中开展教学，要精心选择各种案例来阐释理论，运用理论来解决现实问题；要在行动中训练思维，提高职业方法能力和职业社会能力，为职业生涯发展奠定坚实基础。二要充分考虑和满足学生就业的需求，采用任务驱动式、情景模拟、问题研讨式等教学方法，营造生动活泼的教学情境；坚持立足时事新闻、社会热点、疑难点问题，及时引导学生的思想认识和价值观，通过对现实科学理性地分析，形成自我学习、信息处理、与人沟通、团队协作以及发现、分析和处理问题的能力，提升学生的职业素养和职业核心竞争力，以弥补就业竞争、职场发展的短板。

二、思政"小课堂"融入社会"大课堂"，打造实践大课堂

实践教学作为理论主课堂的提升，以实地调研项目和实践活动促行动，将理论知识外化为对党和国家的责任使命行为，有效解决思政课知行不统一的痛点。思政课是对学生进行系统的思想政治教育，促进学生的全面发展的科学学科。但目前，其面临的矛盾是"学生思想政治道德实际状况与当前中国特色社会主义事业发展需要之间的矛盾"[①]。其主要原因之一是学校教育与社会发展步伐不统一，为解决思政教育目前面临的这一矛盾，国家提出了"大思政课"的概念，既不局限于思政小课堂，也不放任学生完全走出校园走向社会大平台，而是充分发挥"小课堂"对"大课堂"的指导、引领作用，同时用"社会大课堂"弥补"思政小课堂"的不足，将"思政小课堂"的理论性同"社会大课堂"的实践性相结合，实现二者的有机融合。这符合唯物主义实践论的要求，也是知行合一教育理念的具体体现，因此两者的融合是理论抽象与实践具体的统一。

（一）"社会大课堂"为"思政小课堂"提供实践平台

"思政小课堂"不可避免易出现课堂理论抽象性和课堂教学中学生课堂参与被动性等问题，但是"一切伟大的理论成果最终都要熔铸于实践活动之中，实践

---

① 冯刚,张欣.深刻把握思想政治理论课理论性与实践性相统一的价值意蕴[J].新疆师范大学学报（哲学社会科学版），2019(5):7-13.

是联结理论和现实世界的桥梁"①,"社会大课堂"便是这联结理论与实践的"桥梁",它能够提供多种多样的教育基地、活动平台,让学生在"小课堂"学到的理论知识、价值观念等间接知识、感性认识能够上升为指导学生实践活动的理性认识。辩证唯物主义认为,感性认识必须通过实践才能实现认识的飞跃,即上升到理性认识,并能动地指导人们的实践活动。② 因此,实践使理论教学更具现实性、针对性。"大思政课"要求高校发挥自身主观能动性,主动融入社会发展,从学生关心、课堂需要的社会现实问题着手,引导学生正确看待问题和科学分析社会现象,化理论知识为解决现实问题的有力武器。高校要将"小课堂"拓展到社会各个角落,将精神化的活动与物质化的活动结合起来,使学生在改革开放的热土上,真切感受新时代的跳动脉搏,探寻"春天的故事"③,内化为对习近平新时代中国特色社会主义思想的坚定信仰,外化为实现中华民族伟大复兴的实际行动。

(二)"思政小课堂"为"社会大课堂"提供科学世界观方法论

"社会大课堂"包罗万象,社会生活纷繁复杂,不同的群体都持有着各自不同的利益,多种价值观念掺杂其中,导致青年学生容易迷失自己与方向。物质生产活动是人的基本的实践活动,但是人的实践活动即人的社会生活并"不限于生产活动一种形式,还有多种其他的形式,如阶级斗争、政治生活、科学和艺术的活动等,总之社会实际生活的一切领域都是社会的人所参加的"④。生动丰富的社会生活可以弥补"思政小课堂"的不足,面对多元和复杂的社会生活,大学生涉世不深,容易受到冲击和影响。这就要求思政课教师不能随意将"社会大课堂"搬进"小课堂",也不能放任学生进行社会实践,而是要学会甄别,在社会实践中体现思政课的性质,赋予实践活动的思想政治教育功能。首先是要发挥"小课堂"的主流价值引领功能,在马克思主义的指导下分析事件的"是什么、为什么"以及价值观的对错,引导学生形成正确的价值观和践行社会主义核心价值观。其次是要提供理性信念支撑。社会经济的发展使得多元利益之间的矛盾越来越突出,意识形态也更复杂。社会上既存在像钟南山、张桂梅等这样具有社会

---

① 韩喜平,王晓阳.论思政小课堂与社会大课堂的结合[J].思想理论教育,2019(10):68-71.
② 张会杰.从"思政小课堂"到"社会大课堂"的知行教育[N].中国青年报,2019-03-25(2).
③ 铁铮.思政"小课堂"与社会"大课堂"[J].北京教育·高教版,2019(4):6.
④ 毛泽东.毛泽东选集:第一卷[M].北京:人民出版社,1991:283.

主义信仰和无私奉献精神的榜样,也存在有着个人利益大于国家和人民利益想法的不法分子。思政课要引导学生以共产主义理想信念引导大学生树立榜样,坚定信念,把个人利益与国家利益联系在一起,处理好各种利益之间的关系,成为信仰坚定、为国为民的社会主义建设者和接班人。

三、信息技术赋能,建好"互联网＋思政"网络新课堂

高职院校的青年学生对新信息、新技术的接受力和热衷度较高,具有较强的探索创新精神。"大思政课"正是在遵循学生的成长规律与思想政治工作规律的基础上,提升思政课的亲和力与吸引力,"运用新媒体新技术使工作活起来,推动思想政治工作传统优势同信息技术高度融合,增强时代感和吸引力"①。运用现代技术开展"大思政课"是应时代潮流的发展,符合时代特征,使思政课从校园走向社会,社会公众走进校园,实现"小课堂"与"大课堂"的深度融合,通过学习资源的分阶、精准和个性化推送,有效规避全国统编教材条件下思政课程不分学情、年级和教育类型的盲点。

首先,为提升传统思政课堂的教学质量与效率,"大思政课"在教学手段上要革新运用多媒体技术,对思政课进行创新。这并非是对传统课堂的完全颠覆,而是以对图像、音频等的综合运用,来辅助思政课堂教学开展,依旧是在面对面、心与心的交流中发挥传统思政课堂的优势,只是借以技术手段增强思政课的趣味性与亲和力。同时,思政课还可以引入可视化技术,将学生线上学习情况经过计算机图像处理技术转换为各类图形或图像,并通过交互处理技术,将学生学习数据集采为多维数据形式客观呈现,使学生可以从不同维度观察到自己的学习数据,及时跟踪和了解自己对思政课的学习态度以及讨论参与、测验得分等各方面表现情况,提升学生的自我管理能力。

其次,发挥网络信息技术的优势,优化学生获取信息的方式与渠道,满足学生的认知需求。思政"小课堂"与网络云课堂的交汇是线下与线上教育的融合,做思政"小课堂"与社会"大课堂"深度融合的媒介,有利于在方法协同中整合大资源。新一轮的技术革命和产业革命推动"大思政课"教学手段上实现了跨越式发展,习近平强调,"互联网等新技术新媒介日新月异,我们要审时度势、因

---

① 习近平.论党的宣传思想工作[M].北京:中央文献出版社,2020:278.

势利导，创新内容和载体，改进方式和方法"①。"改进方式与方法"就是充分利用人工智能、5G、VR等现代信息技术，利用新网络、新媒体等新的交流方式与传播渠道，将新技术与思政课进行融合，探索全新的育人模式。采用数据技术，激发学生学习潜能。大数据技术使学生能够在一定程度上参与各类学习数据的具体分析过程。利用交互式数据分析过程，可以引导学生逐步进行自我数据分析；通过技术追溯整个学习过程，也可以改变学生对思想政治理论就是灌输意识形态的刻板印象，让鲜活的素材和丰富的数据激发学生的学习潜能，在反复查漏补缺学习的过程中及时调整数据结果，强化学生自我学习、自我教育和自我启发的价值与能力，进而使学生的思想和意识在潜移默化中发生积极变化。

第二节 以任务为导向，实施议题式教学

思想政治课把立德树人作为根本任务，是一门充满思想性、政治性、理论性与实践性的学科，其学科特点决定了思想政治课对于帮助学生把握正确的思想政治方向发挥着重要作用。议题式教学可以帮助学生通过对议题的讨论、争议中思考、辨析，形成正确的价值观念。议题情境的创设可以提高学生对经济、政治、文化、社会生活的深度认知。高职院校思想政治课运用议题式教学，对学科内容的讲授、教师和学生的发展具有重大意义，有利于新课标理念的落实，促进教师教学能力提高，顺应学生发展需求，发展学生学科核心素养。

一、设定有现实价值的议题，提高学生综合思维能力

议题是议题式教学的核心。教师在对议题进行设置和选择时，要多方位、多角度进行考虑，选择与之相契合的议题来组织教学。议题的运用既能体现价值观念，又能呈现具体知识、教学重难点。在议题式教学的过程中，教师应引导学生以议题为中心展开探讨。在进行议题的设定时，不仅需要涵盖政治学科的具体教学内容，更需要呈现基于价值判断的基本思路，并强调价值引领的重要性。

---

① 习近平.习近平谈治国理政：第二卷（英）[M].北京：外文出版社，2017：324.

首先，议题应具有正确的政治方向和开放性。要以价值性为导向，坚持以意义为核心，创新形式，以引导学生的思考和行动为目的，不应设定固定标准答案。议题的设计具有一定的层次结构，进行每课的教学设计时，教师可以设置一个主议题作为引领，再设置部分子议题加以辅助，使得不同层次的议题贯穿教学过程。开放性的问题要考虑共同性和差异性。其中"共同性"是学生在与政治有关的问题上，可以具有共同的根本立场、观点和价值观；而"差异性"则表现在他们可以站在不同的视角和立场上，进行思考与回答，从而发展了学生的发散思维能力。同时，教师在进行议题式教学时，要时刻关注学生的兴趣需求；在学习新知识的同时，要注意学生日常经验和知识的积累。皮亚杰的认知同化理论就强调了"成熟"和"社会性经验"对人发展的重要性。建构主义的学习观也认为，学生走进教室的时候并非空着脑袋，他们在日常生活学习中已经形成了丰富的经验，教师的任务就是要引导学生在这些已有经验基础之上"生长"出新的知识。

其次，议题的内容结构应结合学生的学情，以学科任务和教学目标为导向，引发学生思辨的过程。若设问过于单一，可能导致学生不经思考而直接回答，从而无法激发其学习动机与探究兴趣以及深入思考政治知识点的热情。若设问难度太大，则会挫伤学生学习的热情和信心，从而丧失探索问题的积极性。所以，高职院校课堂议题式教学中，问题难度需要适度，最适宜的难度是能使学生"踮脚"就能够到，符合学生的生活阅历和认知层次，经过一些思考就能获得解答。因此，教师针对不同的教学内容，要优化环节选择，对于理论性强的框题，可以设置稍有挑战性的议题，可事先准备导学材料，提前给学生一定的心理预知；同时，以情境创设环节为重点，给学生提供生活化趣味性的环境氛围，激起学生议学欲望。议题的设定也可以整合其他学科知识，这有利于拓展学习空间和思维广度，提高综合分析能力和解决问题的能力。对于内容实践性要求较高的框题，教师在议题式教学过程中，需要把议学活动环节作为重点，适当延长议学活动时间，创设时长充分的研究环境，教学实施中随时观察学生的议学活动是否偏离议题主旨，一旦发现学生偏离议题主旨，要及时引导学生。

最后，议题的着眼点在于协助学生解决一系列现实生活中的问题和观点，这些问题和观点的实践应用价值应当得到充分的体现。议题式教学并非为"议"而"议"，从"议"的设计来看，教师要根据学生自身特点，设计不同层次的议题，让学生产生参与"议"的意愿，积极参加议题讨论，在锻炼中完善自己的思考能力，养成多角度考虑问题的思维习惯。从"议"的过程来看，学生一方面可以自己独立思考和探究议题，另一方面也可以进行小组合作，共同探究并勇于提出自己的观点，挖掘议题的深层意义，思考并组织语言进行表达，提升思维力。除创设深度、广度、开放性和实践性较强的议题，教师还需设计思辨性较强的问题情景，使学生产生认知冲突，深化对有关知识点的认识和把握，从而提高探究性思维及分析、解决问题的能力。有时，课堂教学中教师可以采用对比性、两难性的情境和决策类、辨析类、寻因类情境等类型来构建议题，以激发学生的认知冲突、提升辨析思维能力，从而更全面地评估学生内在的政治认同素养和发展水平，更加有针对性地、高效地培养学生的政治认同素养。当发现学生之间面对议题观点冲突时，教师应及时点拨并协助成员间达成共识；发现学生议学兴趣不高时，教师又要及时依据学生个性和实际情况，进行言语强化、替代强化或局部强化。

二、科学组建合作小组，充分发挥学生主体性作用

在课堂教学中，教师必须坚持以学生为中心的教学理念，将"主导和主体""建设和批判""灌输和启发"有机地结合起来，以正确的方式传递主流意识形态，使学生勇敢地面对各种错误观点和倾向，引导其在判断和分析过程中不断澄清知识、深化理解、凝聚共识、得出结论，从而使其实现理论认识上的跨越式发展，进而促进心理和行为上的政治认同。虽然思政课教学朝小班化趋势发展，但相对来说，思政课的班级容量依然较大，很难保障每一个学生在课堂上都有发言的机会。所以教师可组织小组制探究学习，让学生先在小组内讨论，小组讨论以后由小组代表把小组内不同观点进行有效组织，代表小组发言。这样，既能保证所有同学参与到课堂讨论中来发表自己的观点，也可以让不同的观点都能在课堂上呈现。习近平总书记也曾强调："一些思政课堂运用小组研学、情景展示、课题研讨、课堂辩论等方式教学，让学生来讲，这有利于发挥学生主体性作用。"虽然当代大学生主体意识很强，但有些学生仍然缺乏一定勇气，不愿意在课堂上当众表达自己的观点，但在小组讨论中，他们却可以积极地、毫无保留地表达自己的观点，相互启发、诱导。因此，通过科学地组建学习小组把学生组织起来，让那些有能力、善思考、爱表现的同学分散在不同的小组内，发挥榜样示范和带动作用，对提升学生课堂参与的积极性、有效进行互动教学具有非常重要的意义。

学生讨论完毕后，老师要点评并对小组讨论的核心观点进行启发引导，鼓励学生成为课堂的主体，把自己的思想观点呈现出来，把自己的困惑和问题表达出来，最终使学生能够认清事物背后的规律，真正达到解疑释惑的目的。

在调置小组时，教师需加强对学生的学习情况、学习效率和个性等方面的认识，有步骤地分好组，使小组构成更科学、更合理，以免出现太过活泼或太过沉闷的小组。首先，教师要把控好小组的规模大小，依据合作学习内容合理分配小组数量，使小组得到较好的组合和优化，确保每一个组员都能得到表现自己的机会，促使组员共同进步。其次，在分配小组任务时，教师要明确与细化学习内容，合理分配小组成员的任务，以确保每个成员在小组合作过程中都能充分发挥主体作用；并对任务执行过程和成果进行全面的统计，同时对小组发言者、问题讨论者等进行明确的分工。最后，要设置合作学习小组组长。组长在小组活动中处于领导地位，对小组合作起着至关重要的作用，他们不仅是组内交流的桥梁，更是小组和教师进行有效交流的通道。一个称职的组长应该在小组内负责任务划分、总结学习成果等，这就要求他不仅有强烈的责任感，还有较强的组织能力和领导能力。只有在组长明确的情况下，才能使教师能有效地实时监控小组合作学习进度，还能使组员之间的合作和沟通加强。

此外，教师还应关注组内"边缘学生"，也就是那些对学习和合作抱有消极态度并最终异化为处于边缘地位的学习群体。有一部分学生在思政课上始终缺乏合作探究的学习兴趣和较低的实际参与率，经常是少数固定优秀的学生在讨论和发表见解，他们总是被动的"接受者"和"旁观者"。这类学生缺乏主动意识，不仅会影响小组任务的有效完成，还会导致自身知识学习、思维训练和核心素养培育等方面的教学培养无法真正落地。要想避免"边缘学生"现象的发生，教师就必须从学生的需要和意志入手，鼓励学生大胆质疑、敢于提问，增强学生交往的自愿性；同时，教师还要注重培养学生良好的集体意识以及团队协作精神，使小组之间形成合力，提高课堂效率。

三、开展探究式学习，培育学生核心职业素养

社会的变革与时代的新需求要求教师要关注帮助每个学生发掘自己的潜能。教学是一门艺术，要达成预期的教学效果，不同的教学内容应该有不同的教学形式。即使教学内容相同，不同的教学风格也会表现出不同的教学风采。教师应设

法在课堂内多给学生提供表现的机会，营造一种平等宽松的民主氛围，这意味着"传统的教学范式标准化改变为根据学习者的需求进行定制，从关注教材的呈现改变为重点分析学习者的需求，从内容的灌输改变为帮助学习者理解。显然，聚焦学习的范式将变被动学习为主动学习、变教师的指导为师生共同指导，因此提供创设学习环境的指导将成为新范式的主要任务，这种学习环境能将挑战与指导、赋权与支持、自我指导与组织构筑以适宜的方式结合起来"①。要改变传统"威权式"教学的"独白"性质，教师既要结合学生现有的知识能力水平、学习特点、兴趣爱好和教材的重点难点随时创设情境、提出问题，又要结合学生对教材的理解，指导他们自己提出问题、分析问题、解决问题，从而开展探究式学习。在布置学生预习和复习时，教师要提醒学生运用"三W法"（what, why, how），即弄清"是什么"，搞清"为什么"，知道"怎么做"。课堂上，教师与学生多做双边对话，对一些观点不同、角度各异但原则性并非很强的问题，要采取开放的态度，不随便否定学生的观点和解释，而是在他们观点的基础上进行循循善诱地启发，引导学生主动思考。在这里，学生不再是被动接受知识的机器，而是学习活动的主人；教师则是一个引导者和帮助者，不再是填鸭知识的"搬运工"。当然，师生互动应是全方位的，可以有互动内容的变化、互动方式的变化、互动角色的变化、互动时空的变化等，互动的内容可以是教材知识，可以是国内外社会热点问题，也可以是现实生活中某种现象；互动的方式有提问法、讨论法、探究法、活动法、谈话法等；可以互换角色互动，学生可以教师的身份讲思政；互动还可以由课内延伸到课外校外等。通过创设教学情境、开放探究式主题等方式，教师须指导学生借助学科知识与实践经历，围绕主题展开鉴别、理解、分析、综合和对比等思维辨析过程，从而实现培育学生职业核心素养这一教育目的。

四、利用教学资源创设情境，提高学生知识迁移能力

为了达成议题的效果，教师要创设议题情境，一方面可以通过语言描述、借助网络平台和多媒体等方式，营造承载议题的情境；另一方面要营造"议"的情境，激起学生的兴趣，让学生沉浸于议题情境进行思考，层层深入解决核心议

---

① 赖格卢斯.教学设计的理论与模型：教学理论的新范式：第2卷[M].裴新宁,郑太年,赵健,译.北京：教育科学出版社,2011:18.

题。对此，议题式教学活动需与具体的情境相结合，情境的内容和形式要有利于展开议题内容，促使学生明确相应的议题讨论任务。在情境创设过程中，不能一味偏于注重情境的趣味性、热闹性，给原本真实的情境过分增添光饰，而忽视了关键的真实性，使学生无法辨别和区分课堂教学和现实实际，难以引起共鸣，造成课堂教学与社会实践相脱节的现象。教师要充分利用教学资源来创设生活化和社会实践情境，在真实情境中感受到学科知识的实践价值。

一是创设生活化的情境。生活化情境的载体源于日常社会生活中的真实案例，情境的创设源于生活，但超越生活。因此，在情境创设的过程中，一是要注意情境案例的选取，不可捏造想象，追求最原始的真实、还原最贴切的情境。所以，思政教师在议题式教学时，要通过议题为学生构建贴近生活的议题情境，以学生为中心，引导他们在真实可感的环境中积极探索，借助原有的生活经验搭建起知识和情境的桥梁，让学生在议题情境探究中激发自己的潜能，开拓自身的思维，挖掘更深层次的知识，提高获取新知和迁移知识的能力。二是要立足于学生的真实生活和社会实践来创设生活化情境。学生的学习热情和课堂参与度得到激发、思维空间得到放大、在课堂中的主体地位得以彰显，则他们获得真实的情感体验也就越强烈，越能将书本知识内化于心并外化为行，做到真正意义上的知行合一。所以，教育要回归生活，学习情境越贴近学生生活实际，越能引发学生对生活问题的思考。情境的创设来源既源于学生的家庭、学校和社会生活环境，也源于公民政治生活、经济生活、传统文化、核心价值观等社会成员普遍关注的公共类话题，比如两难类情境，教师可通过创设具有价值冲突的情境，让学生在两难中做出价值判断，进行正确的价值选择。这一类情境的创设关键在于引起学生的内心冲突和情感冲突，可以从一些学生情感上的敏感点和普遍存在的一些疑惑点来作为切入口进行情境创设。

二是构建将"小课堂"与社会"大课堂"相融合的真实情境。为达到更好地实施素质教育的目的，在设计教学情境时，教师一定要考虑学科本身的特殊性。思政课是加强对学生政治能力、社会理解力以及参与能力培养的综合课程。引入时政热点问题，借助时事热点教学，可以填补教材滞后的空白，使教学更具生动性和形象性，激发学生兴趣，提升课堂教学质量。此外，教师运用时事热点素材构建情境，可有效提升学生对社会和国家的关注度，获得参与社会事务的亲身体验和成就感，增强学生对政治的认同感。因此，在构建情境时，思政课教师需要运用一些时下热门的政治和社会议题作为素材,以达到更好的教学效果。思政学科的核心任务就是要提高学生应用政治知识去解决实际问题的水平,创设现实的政治生活情境则有助于推动这一任务的完成。教师要根据不同类型的议题设置问题情境,引导学生运用多种思维方式来认识和处理这些信息,通过思想的碰撞与交流,得以逐步领悟和提升政治认同素养,从而在辨析探究中获得更深层次的领悟。鉴于思想政治学科的独特属性、本质和理论脉络,教师有责任引导学生深入探究政治理论上的"是什么、为什么、怎么办",从而达到指导行动的目的,因而内化、践行是进行强化议题学习过程的终极目标。教师在教学过程中,需要通过加强辨析与价值引领让学生做到"慎思、明辨、笃行",辨析过程要指向学科核心素养和关键行为表现,坚持专业理论知识和具体实践运用相统一;也要注重隐性教育蕴含的价值意义,多用丰富的、深刻的理论知识和学理思想教育学生,用强大的真理价值指导学生,指导学生面对现实问题与观点作出正确的价值判断与选择,使之内化于心,外化于行,升华政治认同情感。

第三节
聚焦核心素养,实施基于行动导向的教学

基于行动导向的学习以任务或学习情境为载体、以综合职业能力和职业行动能力的训练为依据来开发课程内容,并将"信息(收集)、计划、决策、实施、检查、评估"这六步融入教学中。它打破了原有学科体系的框架和传统学科的讲授式教学,突出教师教学的主导地位和学生的学习主体地位。教师是课堂学习情境的编剧和导演,侧重组织课堂教学,运用行动导向学习法、头脑风暴、卡片展示和角色扮演等不同方法和工具驱动和引领学生进入学习情境自主探索。教师带领学生在合作讨论中发现问题、分析问题和解决问题,将专业知识的学习和应用、方法能力和社会能力培养融入整个情境教学过程中,培养和提高学生自主学习、主动创新和独立解决问题的综合能力,这些能力最终将支撑起学生未来面向职业岗位所需的可持续发展能力。因而,项目引领、任务驱动是"六步教学法"的核心内容,当任务分配不同、时间要求不同时,步骤也会相应地有所变化(如表 5.1 所示)。

表 5.1 基于行动导向的"六步教学法"

步骤	内容	教师角色
信息（收集）	学生根据任务工单，收集与任务相关的信息	明确问题和任务引领者
计划	学生独立或与其他成员合作	制订计划观察者
决策	学生向组员和老师汇报计划	寻找最优解决办法参与者
实施	学生把刚学到的知识进行应用	项目中的具体任务观察者
检查	学生自我监控	将实际结果和理论结果进行比较观察者
评估	学生自我评价和分析	结果参与者

能力在行动为导向的教学中占据首要地位。能力的出现是基于现代社会信息化和知识化的背景下，专业知识必须让位于岗位所需的劳动者综合素质体现。能力可以从专业、社会和方法三个层面予以区分，其中，行动能力包括专业能力、社会能力和方法能力。教学过程中培养学生的行动能力，就是学生在老师的引导下去收集信息，制订任务计划，分析、解决项目实施过程中遇到的各种问题；而老师要从传授知识转为引领学生去自主学习知识，从帮学生解决问题转为提供建议，引领学生自己发现问题、解决问题，起到帮手和顾问的作用。

本课程以"推动构建人类命运共同体"专题教学为例，从课前任务的提出到课中任务的完成，教学中设计了从信息到评估的六个教学实施环节，将理论学习、社会能力和方法能力以及战略思维、大局观、义利观、沟通能力、创新思维、团队协作等职场中所需要的能力训练融入整个学习情境和教学过程中。

第一步信息。如果每门思政课程仅靠几十个课时的课堂学习，没有学生课外的查找资料、阅读、思考、讨论、调研，而要想把学生培养成为具有一定思辨能力、领导能力、表达能力、全局观念、国家民族意识的现代公民，简直是天方夜谭。因此，教师必须基于任务驱动，通过创设学习情境，以任务单的形式将学生带入学习任务或学习情境中，引导学生以小组或个人的形式完成课前探学。

1. 课前学情调研

教师通过智慧职教平台开展学情调研，了解同学们对该专题的学习基础、学习期待和学习困惑等。

2. 教师布置任务

教师组织小组领取学习任务，精准推送学习资料，跟进并指导任务完成过程，布置任务要求，将任务参考资料发放至智慧职教平台。学生以小组为单位，线上领取课前学习任务。

任务一：合作探究。对当前国际社会普遍关注的热点事件、社会问题和重大难题及造成这些问题的原因，你怎么看？

任务二：合作探究。有论调称"人类命运共同体是中国的一厢情愿"，对此你怎么看？

任务三：合作探究。"人类命运共同体"理念下，中国特色大国外交"特"在哪里？

任务四：模联大会。新型国际关系"新"在何处？

3. 学生搜索资料

学生自行下载任务资料，各小组填写组内成员信息。学生根据教师布置的学习内容和要求，参考教师上传的学习参考资料，完成课前布置的学习任务，形成小组学习成果，准备课上汇报。教师引导学生自主学习和探索，能够联系现实问题，带着思考和问题进入课堂学习，为制订计划做准备。

第二步计划。以"任务二"为例，对任务中的问题在同学中展开了分类调研，并对收集到的相关数据进行了分析（见图5.1）。课前针对老师的辅导，该组同学根据学习任务的具体完成情况，再次梳理各自收集到的素材，丰富成果内容，经过小组反复讨论，制订相应的成果汇报计划。

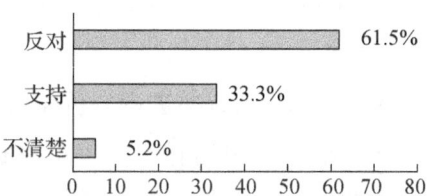

图5.1 有论调称"人类命运共同体是中国的一厢情愿"，对此你怎么看？

1. 学生拟定计划草案

学生根据小组课前搜集的信息资料，确定汇报的方式和分析问题的视角、选取论据并凝练各自视角下的观点，做好汇报分工，从而拟定小组汇报计划草案。

2. 小组合作完成规划

小组经过合作讨论，分析、整理组员收集的知识和数据信息或观点，形成组内最优加工计划，完成小组工作规划，以书面形式呈现组内汇报计划方案，方便记录、审核和评价。

3. 小组填写学习任务清单

小组确定工作计划经讨论后，填写分工后的个人负责任务清单，达成观点共识，完成学习任务最初的工作计划，等待教师检查和审核。

第三步决策。课堂上，在教师的引导下，学生对拟定的计划进行反复讨论，并不断优化成果内容、观点态度，并做出最终汇报决策，形成观点、立场和态度卡片（见表5.2）。

表5.2 小组成员分工任务清单

组员	任务内容
A	播放调查和采访过程的微视频，呈现持不同态度的调查数据百分比
B	论证为啥持反对态度，呈现反对"人类命运共同体是中国的一厢情愿"的观点和论据
C	论证为啥持支持态度，呈现支持"人类命运共同体是中国的一厢情愿"的观点和论据
D	论证为啥持中立态度，阐释"不清楚""人类命运共同体是中国的一厢情愿"的观点和论据
E	运用马克思主义的观点、立场和方法对上述持三种不同态度的观点进行澄清，表明科学的立场和态度
F	对本组合作完成学习任务过程中的经验和不足之处进行总结

1. 教师指导成果汇报计划

教师根据学生上交的小组汇报计划方案进行分析和检查，找出计划中存在的问题，将问题进行标注，反馈给各小组组长，并集中讲解计划方案中的普遍问题，推广优秀计划方案。教师鼓励学生独立制订计划、组织控制学习过程和制定评价标准并检查学习成果。

2. 组内完善成果汇报计划

组长将小组计划方案中教师的意见反馈给小组组员，小组根据教师讲解与教师意见，对成果汇报内容进行重新审视，丰富现有的观点、态度和立场，改进和完善工作计划。

3. 教师确定成果汇报计划

教师引导学生进行团队合作学习，鼓励学生提出多种建议而不是只有一种答案，鼓励组员彼此之间对学习过程和成果负责。为保证学生能够顺利完成成果汇报，教师以资讯者和观察者的身份，再次评定小组修改后的汇报方案，并根据各个方案向小组成员提问和给予指导。组员达到要求，教师确定小组工作计划方案合格后，小组将合格工作计划方案上传"学习通"，实现资源共享。

第四步实施。教师要善于引导，激发学生学习的内在动力，鼓励学生通过独立思考和分工合作完成学习任务。小组根据汇报方案，进行分工并按分工计划完成搜集资料、探究学习成果和小组汇报。这个过程中，学生可以更加深刻地体验什么是完整的团队合作过程，如何进行社会调研，如何撰写调研报告，如何制作精美的PPT。教师要在注意引导学生学习理论知识的同时，提升方法能力、社会能力等综合职业能力。

1. 教师讲解

教师讲解关键知识点，重点引导学生运用辩证唯物主义和正确的义利观、全人类共同价值观来分析"人类命运共同体"理念的内涵、形成背景和重要价值。

2. 学生汇报

学生汇报教师布置的课前任务。在此过程中，教师主要是观察学生社会能力和方法能力的达成情况，从学生的角度把握学习任务的难易程度和完成质量。整个学习过程学生主导，学会"做中学"和"辩中学"。学生以小组形式，按照组内分工对各学习任务进行成果汇报。现仍然以"命运与共"组的议题"有论调称'人类命运共同体是中国的一厢情愿'，对此你怎么看"为例，来看看小组同学的任务分工成果汇报情况。

A同学：老师和同学们好，接下来我们要探讨的主题是"构建人类命运共同体是中国的一厢情愿吗"。课前，我们将这个问题通过职教云平台在班里做了调查，发现33.3%的同学"支持"此观点，61.5%的同学持"反对"态度，5.2%的同学选择了"不清楚"。课后，我们组针对这个统计结果进行了分类访谈和调研，下面一起来听听同学们的看法。（播放采访视频1分钟）

B同学：支持"人类命运共同体是中国的一厢情愿"的这部分同学主要认为，既然美国感受到了来自中国的巨大压力，正常的逻辑是美国应该好好发展自己的工业与科技，让中国无法超越。但是美国的价值观是比烂，美国认为让大家都烂了，它才会更好。因此欧美一直以来热衷于煽动仇恨、制造偏见、拉帮结伙，搞霸权主义。如此，对抗、分裂和冲突就不可避免，全球范围内的动荡不安就会成为历史的必然,"人类命运共同体"只会是可望而不可即。

C同学:反对"人类命运共同体是中国的一厢情愿"的同学普遍认为,在这个地球村,人类"同乘大船",一荣俱荣、一损俱损。没有哪一个国家能够仅凭一己之力来确保自己的绝对安全乃至谋求自身的可持续发展;也没有哪一个国家能够从别人的动荡中真正获益。穷兵黩武、逆全球化、搞封闭、搞对立、搞零和博弈等行为都是倒行逆施。和平而非战争、合作而非对抗、共赢而非零和博弈,才是人类社会发展的永恒主题。

D同学:态度不明朗的这部分同学主要认为"构建人类命运共同体"是国家层面的外交理念和发展战略,跟自己没有直接关系,因此他们不感兴趣,也不想对这个问题做深度思考。对此,我们认为学习不能功利性太强,我们又怎会知道眼前似乎没有直接用处的知识,以后会不会对自己未来的人生发展起到关键作用呢?学习功利性太强实质上不利于培养我们的知识迁移能力,尤其是思辨能力和理论思维能力。

E同学:我们发现赞成此观点的同学大都是从实然的角度来分析的,他们感觉到当前要践行"构建人类命运共同体"的理念仍然面临诸多的"拦路虎"。而持反对态度的同学则大都是从应然的角度来看问题的,他们认为该理念是人心所向和大势所趋。还有少数态度不明朗的同学,他们认为这个问题跟自己没直接关系,进而拒绝思考。

F同学:以上是我们小组的成果汇报。通过此次调研,我们组学会了运用马克思主义的辩证唯物主义和习近平新时代中国特色社会主义的"坚持问题导向""坚持系统观念""坚持胸怀天下""共同利益观""可持续发展观""相互依存的国际权力观"和"全球治理观"来认识全球性问题。

3. 教师指导学生分析现实问题

教师理论联系实际,运用本教学揭示的马克思主义原理和马克思主义中国化的理论成果所蕴含的哲理和智慧,帮助学生在理论的假设和现实的约束之间建起一座桥梁,教给学生思考的方法,拨开现实问题的层层迷雾去伪存真,引导学生发现和追求真善美。

教师点拨:"人类命运共同体是中国的一厢情愿吗"这个问题的背后,实质上隐藏着两种具有本质性区别的价值观念。同学们知道,核心价值观是任何一个民族和国家赖以维系的精神纽带和思想道德基础。同样,世界和人类也需要全人类的共同价值观念来凝聚起意志和力量，对国际性问题达成普遍共识。"构建人类命运共同体"的倡议背后，支撑的价值观念是习近平总书记提出的和平、发展、公平、正义、民主、自由的全人类共同价值。其内核就是寻求人类价值于不同民族、国家之间形成的最大公约数，它以构建人类命运共同体为实践路径，超越了意识形态的对立壁垒，为解决全球问题提供了有效方案，为促进世界各国共同发展提供了价值支撑，契合了人类共同价值追求。

上述汇报组同学提到"比烂"这个词，背后支撑的又是怎样的一种价值观呢？它就是欧美国家倡导的以自由、民主、平等、人权、宪政等为核心的所谓"普世价值"，其实质是以美国为首的西方国家旨在全球推行资本主义政治理念和制度模式，进而称霸世界的一种工具。美国霸权地位日渐式微，不找自身的内部发展原因，却将其归咎于中国崛起，为此千方百计打压、抹黑中国。为了维持其世界霸主地位，美国甚至不惜通过发起代理人战争，操纵俄乌冲突，支持以色列屠杀巴勒斯坦人。欧美国家所谓的"普世价值"成为无稽之谈，这种价值观高举的是双重标准，对自己和盟友是一套标准，对其他国家则是另一套标准。这怎么能让世界各国心悦诚服呢？因此，人类共同价值蕴含的胸怀天下的情怀，实现了对西方"普世价值"霸权思维的超越。事实表明，"构建人类命运共同体"理念的倡议频频被写入国际重要文件，"人类命运共同体"理念已被国际社会广泛接受，成为广大发展中国家的基本共识，它绝不是"中国的一厢情愿"。接下来，我们对两种不同价值观念的本质区别进行具体分析。

第五步控制。任务实施过程中和完成后，教师需要引导学生对自己的观点进行勘误或纠偏，对小组作品进行完善和优化，然后上传到智慧职教平台。

1. 学生自查

小组成员针对同学们对自己组作品提出的异议，根据教师点拨，对作品存在的问题进行分析，并针对不足提出改进方法，在解决复杂问题或任务过程中不断反思学习和改进，激发创造性思维。

2. 组间互相检查

每个小组对其他小组的作品优化情况及存在的问题进行检查，针对作品进行讨论，找出优势与不足，并分析出现问题的根源，填写组间任务互检测分表。

3. 教师检验学生优化成果

教师检验各小组作品优化成果，经过检验得到学习成果相关数据，填写教师检查成果测分表，再根据工作经验和实际情况，总结学生完成学习任务过程存在的问题。

第六步评估。按照评分标准，学生以小组为单位，对自己组内工作的全过程进行评价，并进行小组之间的互评。教师也要按照评分标准，对各小组进行点评和打分，并针对各小组在汇报过程中的表现，与各小组交流改进的方法和建议。

1. 学生展示优化后的成果

各小组展示学习任务完成过程所涉及的相关资料，包括小组角色任务分配表、任务清单、学习成果或作品、决策计划表及完成的评分表。组内根据各组员在加工过程中的表现进行组内互评，最后将所有资料上传至"学习通"。

2. 综合评估学习任务完成质量

教师根据学生完成工作任务的整体性，对学生完成任务情况进行细致分析，提出问题。教师评价应该分为两个部分，既要对小组整体表现进行评价，也要兼顾小组各个成员的表现并给出对策，综合评价学生的专业能力、方法能力、社会能力、职业道德与职业情感，最终完成对学生的评估工作。

3. 学生对"六步教学法"进行总结

教师评价后，学生对"六步教学法"进行总结，要在实践中提炼出理论知识，要按照客观规律去总结经验教训。总之，要形成实践逐渐上升为理论再指导实践的良性循环。

由上述可见，"六步教学法"最大的好处就是让学生参与到创造性实践的活动中去。学生在任务教学当中进行探究性学习，能体会艰辛与快乐，从而提高理论思维能力。同时，通过小组合作和互评，学生可增强合作意识和责任感，可自己发现问题并解决问题。"六步教学法"对教师的角色定位提出了更高要求，让教师的角色不只是知识的传递人，也是学习过程的引导人。将学习的内容融入学习任务中，使学生在学习和应用理论知识的同时，重新思考教师在课堂上的讲授，这也是对教师能力和教学经验的一个考验。教师既要营造学习情境，也要适度地给学生制造学习障碍和理解难点。学生在项目任务的完成当中，不断地将知识和技能进行复习和运用，从而不断培养创新思维能力。最后，教师还要注意在教学中对整个过程的监控、组织与总结。总之，基于行动导向的"六步教学法"不仅让学生能够得到老师的指导，还能让老师积累丰富的教学实践经验，师生共同进步共同获益。

第四节
创新教学策略，采用适切的教学方法

"教什么"是教学目标要解决的问题，而"如何教"是教学策略要解决的问题。教学策略是在不同的教学条件下，为达成不同的教学效果、完成特定教学目标而采用的方式、方法的总和。教学方法是教学策略的具体化，也是实现教学目标的途径与方式，其选择与运用不但影响着教学内容的展现效果，还直接关系着学生学科核心素养与学习目标的实现成果。因此，教师要根据学科特点、教学内容、教学目标及学习目标等，结合学生的知识结构和心理水平，精心选择教学策略和教学手段，才能让课程"工艺精湛、包装时尚、口感良好"，才能让课堂教学具有引导性和启发性，进而激发学生的主体性与能动性。当代大学生兴趣爱好广泛，有着强烈的张扬个性、展示自我的愿望和需求，热衷于表演、讨论和汇报展示等活动，形式多样的合作学习和竞赛活动能够在潜移默化中熏陶和提升他们的思想政治素养。调查显示，参与互动式、专题式、案例式、实践式等教学方法是思政课中采用频率较高的教学方法。这些方法与基于 OBE 理念的教学方法有着高度关联性，OBE 理念所倡导的建立在行动导向基础上的系列教学法对创新思政课教学策略有重要的借鉴意义。

1. 卡片复习法

教师或学生从学习材料中找出关键词，并将每个关键词写在卡片上，让学生随机抽取，抽到卡片的学生用自己的语言向同学解释自己所抽取的概念或观点。教师总结和点评学生的回答，并串联这些已学过的教学序列主题的关键词。

教学思考：

（1）复习是学习记忆的重要方法，可以把课前提问的环节换成卡片复习法。

（2）开始尝试时节奏放慢，让学生能够有一个适应和掌握的过程。

（3）学生讲解不充分时，可以请其他同学进行补充，重要的知识点教师可以补充，以加深深度。

（4）学生习惯以后，可以尝试让他们自己来制作关键词卡片，培养其归纳总结的思维能力。

2. 伴生联想思维法

伴生联想思维法指根据事物在空间或时间上彼此相近之处进行联想。具体说，就是学生根据学习素材，与已有的知识和经验建立联系。古希腊学者亚里士多德在《记忆与联想》一书中提到："我们的思维是从与正在寻找的事物相类似的事物、相反的事物，或者与它相接近的事物开始进行的……由此产生联想"，世界的事物并不是孤立存在的，它们总是在空间或时间上存在着千丝万缕的联系。思考者常常把空间或事物联系在一起，由此及彼地展开联想。

教学思考：

（1）可以巩固同学们的长期记忆力。

（2）有助于同学们主动建构自己的知识体系。

3. 教学循环法

根据教学目标设计不同的教学任务，运用不同的教学策略和教学方法，从高到低进行各个阶段的循环学习。

教学思考：

（1）第一阶段：独立学习阶段。由个人根据教学要求和教师指导进行独立学习，划出学习重点，进行学习反思。

（2）第二阶段：合作学习阶段。将自己学习的内容与大家交流，去伪存真并进行知识建构。

（3）第三阶段：成果固化阶段。通过前两个阶段的学习，把学习成果固化下来。

4. 行动导向学习法

行动导向学习法是基于建构主义理论基础上形成的遵循"以学生为中心、产出导向、持续改进"的教育教学理念。行动导向学习应遵循：信息收集、计划、决策、实施、检查以及评估六个步骤。

场景描述：

将所有学员分成两个角色，分别为项目组成员（原学习小组）和专家组成员（承担六个步骤中的某一步骤的专家）。每一位学员先在各自所在专家组中对某一步骤进行针对性的学习，并与专家组其他成员沟通与交流。最后回到项目组中，作为专家将本步骤的内容为项目组其他成员进行讲解。

教学思考:

在教学过程中,教师需针对某一个学习项目,采用行动导向学习,锻炼学生的社会能力以及方法能力。在解决复杂任务过程中,教师也完成了对学生专业理论中知识以及实践技能的培养。另外,学生作为某一步骤的专家,提高了责任心,能更好地自学某一步骤中的要点,从而提高了学习效果,并能在学习过程中,不断地反思与改进。

(1) 行动导向教学活动的核心不仅要培养学生在未来职业岗位上所必须具备的专业理论和实践能力,也要培养学生社会能力和方法能力,甚至后者比前者更为重要。

(2) 教师以任务或项目为驱动,制订计划与实施计划。学生在完成工作任务或项目后,也就完成了在完整学习,行动过程中的学习活动。

(3) 在完整的学习行动过程中,新问题和新矛盾会不断出现,对其解决的办法就是不断地学习新的理论知识、技能和方法,这个过程中不断伴随着对整个任务或项目的学习反思。

5. 旋转木马法

教师给每位学生分发学习材料,学生在规定的时间内学习材料。教师把学生进行分组,学生互相面对面站立内外两个圆圈。学生先进行第一次交流,内圈的学生将学习内容讲述给外圈的学生听;教师指定内圈学生或者外圈学生按要求进行移动,移动完成后,外圈同学给内圈同学讲解学习内容。然后继续循环,由教师指定内圈或者外圈的同学按要求进行移动,移动完成后,内外圈同学进行交流,阐述自己对学习材料的理解。

教学思考:

(1) 这种方法能够加强学生间的互动学习效果,可以调动每位学生学习的积极性。

(2) 提高学生的语言表达能力和归纳总结能力,促进学生之间对同一问题有不同理解的交流。

(3) 可以有效提高学生的学习积极性和学习效果。

6. 观点站位法

对同一个问题因看问题的视角不同,看待和处理问题的观点因此也就不同,选择站位在和自己观点一致的人。

教学思考：

（1）跟持相同观点的人站在一起，可以看出和自己所持观点一致或不一致的人数的多寡。

（2）通过站位了解和自己持有观点不一致的其他人看问题的角度。

7. 记忆游戏法

记忆游戏法是人脑对已经验过了的事物进行识记、保持、再现或再认的过程，也是思维、想象、情感和意志等高级心理活动的基础。它可以分为瞬时记忆、短时记忆和长时记忆。

场景描述：

教师在短时间内将15个词语分三组，每组五个，按照不同的组合以及语速告知每一个学员，所有学员在听完之后，写出这15个词语。教师当堂对游戏结果进行点评。

教学思考：

这个记忆游戏是让学生充分体会到人大脑的记忆规律，从而更好地将其应用到学习中去。

学生对于新知识点的记忆和理解是有限的。教师不能进行填鸭式的教学，要尊重记忆规律和教学规律，合理安排好教学内容；要灵活应用先进的教学方法，引导学生不断温故而知新，增强学生对知识点的理解和记忆。

8. 教学情境法

教学情境法是指教师在教学过程中创设的认知和情感氛围。"境"指的是教学环境，既包括学生所处的学校所提供的物理环境，如多媒体教室、学习平台等硬件设施和软件设施等，也包括校园文化活动、虚拟仿真教学、课堂情境教学等软环境。教学情境是课堂教学的基本要素之一，创设有价值意义的教学情境是教师的一项常规教学工作，也是教学创新改革的重要追求。

场景描述：

一所高职院校的"习近平新时代中国特色社会主义思想概论"课程的教学现场，是在虚拟仿真教室里完成的一次课时的教学。在这样的教学情境中，学生可以模拟联合国大会讨论岛屿国家联盟的提议建立损失与损害资金机制。学生代表不同的国家，站在不同的立场，理论联系实践，运用教材中人类命运共同体和全人类共同价值观的理念，分析现在的全球温室效应、气候变暖、生物多样性损害等问题,以此深化对"合作共赢"理念的认识和理解。

教学思考:

传统教学与情境教学相比,有以下几点体会:

(1) 传统教学会出现惰性知识现象与忽视学习方法。惰性知识是孤立的,无法应用的,情境教学可以有效消除惰性知识现象。

(2) 职业教学情境的依据是工作的过程,从具体工作任务到完成产品制作的过程。

(3) 情境教学可以调动学生学习的独立性和主动性。

(4) 情境教学有助于学生对所学知识进行环境的迁移,实现理论和实践一体化。

(5) 情境教学可以提高学生的知识迁移能力。

9. 理实一体教学法

强调充分发挥教师主导、学生主体作用,围绕设定的教学目标和教学任务,学生在教师的引导下边学边做。全程注重构建素质和技能培养框架,确保教育教学质量。其中,理论和实践在整个教学环节中交替进行,线上线下融为一体,直观和抽象交错出现。

教学思考:

(1) 在职业教育教学中应做到理论结合实际、理论与实践相结合、思考与行动相结合。

(2) 在教学项目设计时,教学团队首先要解决理论与实践相结合的问题,兼顾考虑学生现在以及将来学习和生活的实际情况,让学生从如今以文字主导的抽象知识世界来到真实的现实世界。

(3) 以学生为中心是职业教育的基本出发点,一切职业教育教学活动的开展都要围绕学生未来所从事的职业岗位进行。

10. 伙伴拼图法

这是一种具体的行动导向教学方法。教师先将所有学生分成两组,分别学习A、B两组文章,要求学生在学习过程中用笔划出文章中的关键词,并将关键词做结构化的解释,准备好两组相互交换学习的信息。最后两组伙伴两两组合自由搭配,相互复述对方所理解的知识,以作为学习文章成果的检查。

教学思考：

这种通过伙伴间的相互沟通和合作学习的方法，不仅能培养学生透过素材或文章抓取关键信息的能力和正确的理论理解能力，也在潜移默化中提高了学生科学的认知判断能力、较为清晰的语言表达沟通能力和团结协作能力。伙伴拼图法教学变被动接受为主动探索知识，有助于调动学生的学习积极性和主动性，发挥同伴群体的相互影响，使学生在潜移默化中更有效地形成必要的职业行动能力。

11. 学习迁移法

学习迁移法指一种学习活动对另一种学习活动产生的影响，或习得的经验对完成其他活动带来的影响。

教学思考：

学习迁移有狭义和广义之分。狭义的迁移指的是前一种学习对后一种学习的影响或者后一种学习对前一种学习的影响。而广义的学习迁移指的是利用已有的知识经验不断地获得新知识、新技能和提升素养的过程。"迁移"广泛存在于各种理论知识、社会规范的学习和技能、素养的提升中。因为一切学习活动总是建立在已有知识经验基础之上的，而新知识技能的获得也会不断地扩充和丰富已有的知识经验，比如我们常说的"举一反三""触类旁通"的过程就属于广义的学习迁移。

12. 小组拼图法

每组只要思考完整行动"信息（收集）、计划、决策、实施、检查、评估"这六步中的一步，然后再汇集所有组的成果，组成一个完整的行动链条。

做法：

（1）组成基础小组，小组人数 4~6 人最佳；

（2）在基础小组中从 1~6 编号清点；

（3）根据号码探讨步骤 1、2、3、4、5、6；

（4）相同学习任务的同学组合在一起，成立专家小组，探讨共同学习任务；

（5）回到你的基础小组，确定计时器时间，"专家们"轮流报告他们的讨论成果。

教学思考：

（1）通过相互学习，学习效率高，学习能力全面得以提高；

（2）训练学生的时间管理观念；

(3) 培养学生的责任心；

(4) 系统组织学习内容，培养思维能力。

13. 思维可视化

思维可视化是指运用一系列图示或图示组合将思维（即思考方法和思考路径）变得清晰可见的过程。被可视化的思维可以有效提高信息加工及信息传递的效能，因为它们更有助于理解和记忆。因此，这是一种有效教学（工作）策略。

做法：

实现思维可视化的可视工具主要包括学科思维导图、概念图、流程图、模型图（考试规律模型、学科规律模型、思维方式模型）、鱼骨刺图等等。思维可视化教学是指在课前、课中、课后整个教学过程中，应用这些思维可视化技术工具，以"多环节助力，全程化贯通"的方式提高教学效能的一种教学方法。

教学思考：

以学习任务为载体，运用多样的教学方法，实现非专业能力的可视化。

14. 划分结构法

该方法包含独立工作与搭档活动两部分，是一种有效的综合学习方法。

实施过程：

(1) 学生独立研读一篇文章，在阅读过程中，将关键概念在文章中标出来；同时，将这些概念写在卡片上，一张卡片写一个概念，最多 10 张卡片。

(2) 将卡片按照合理顺序、条理或结构进行排列，使相互之间逻辑关联或过程可视化。

(3) 向搭档说明你的结构图。

教学思考：

(1) 概念卡片可以有效地提取知识要点，便于记忆和理解，也便于阐述。

(2) 自我逻辑关系的建立，也是一个主观构建的过程。这一过程将短期记忆锚定到自身已有的学习经验之上，并将之初步向长期记忆进行转化。

(3) 向他人讲述观点的过程，是对习得知识的固化过程。巩固是使之成为长期记忆的重要方法。

15. 建立逻辑关系法

建立逻辑关系法要求学习和理清重要概念间的相互联系。每位学生在卡片上写下一些重要的概念，从上位到下位将这些概念排列出来，并且设置一种能够反映概念间内容上相互联系的结构。学生要说明如此摆放的理由或在全体人员前介绍一种结构。

教学思考：

（1）这种方法可以有效促使学生阅读，通过找重要概念掌握所有知识；

（2）通过排列概念结构的过程加深理解；

（3）实施时，刚开始教师可以先给出关键词，之后学生可以对老师的关键词补充，最后由学生找出关键词；

（4）要鼓励多种逻辑结构。

16．项目教学法

项目教学法是师生合作完成项目、共同取得进步的教学方法，其最显著的特点是"以项目为主线、教师为引导、学生为主体"。老师指导并交给学生个人或团队一个相对独立的项目，包括从信息收集到方案的设计，再到项目实施及最终评价等各环节均由其负责处理。学生通过项目的开展，来了解并把握整个过程及每一个环节中的基本要求。

教学思考：

项目教学法强调学生的自主学习、主动参与和亲身体验，主张先学后讲、先练后教，从尝试入手，边学边练。通过师生角色换位，由学生唱"主角"，教师做"配角"，以此调动和激发学生的积极性和创造性，培养学生自学能力、判断分析能力和创新能力。

17．专业内容减少法

教师从教学项目设计开始，就要解决理论联系实际的问题，把教学中与实际不相符的内容主动减去，给学生更多时间学习更有实际意义的知识。

教学思考：

职业教育的基本出发点应以学生为中心，围绕他们未来所从事的职业岗位开展教育教学活动，培养具有独立解决任务和问题能力的学生。

18．点评法

学生对某一问题的回答是对还是错不是由老师直接评判，而是由另一位学生进行点评。如果是对的，就给予肯定；如果是错的，就提出自认为正确的答案，并说明理由。其他学生也可以补充点评，最后教师作总结说明。

教学思考：

这种方法更能培养学生的创新精神和科学探究精神，如针对学生的作业完成质量情况，教师先不做批阅，而是请学生互评。这种做法让学生参与的积极性很高，既提高学生相互间的合作能力，也增进了同学间的友谊，而且还能让学生对所学知识印象深刻。

19. 小组轮值汇报法

教师根据课本内容，提前布置选题。同学们以小组为单位，围绕选题收集资料，开展调研和学习探究，形成学习成果。其中的一组同学汇总其他组的学习成果，然后在课堂上将每个小组的学习成果展演给同学们。

教学思考：

学生之间开展互动已成为教学中的重要环节。教师给出主题，把学生分成几组，每一组学生选取其中的一个主题开展自主学习，并由学生确立教学内容的目标和重难点。最后，由轮值小组汇总每一组的学习成果，制作PPT，准备讲稿。轮值小组向全班同学汇报学习成果后，对教学主题和教学内容分析讲解透彻的同学给予一定的表扬，以调动同学们的学习积极性。

20. 辩论法

针对不同的教学内容，教师设计10～15分钟左右的课堂辩论，以此活跃课堂气氛，加深对问题的理解。

教学思考：

大多数学生参与这种教学很感兴趣，他们的积极性很高，而且争当主辩手。学生搜集信息的能力和思维应变能力也在课堂教学中得到提高。辩论法既可以穿插在课堂教学中进行，又可以整节课进行辩论。这种方法既能培养学生的合作意识、创新精神，也能发展学生的思维能力、语言表达能力和交际能力等。

以上列举的20种常见的行动导向的教学方法均基于OBE理念。如今，坚持以就业为导向的培养方向和能力本位的教育理念已成为高职院校课程建设的基本遵循，其丰富多样的教学方法也越来越受到广大基层教师的普遍欢迎。

第六章

基于 OBE 理念的高职院校思政课教学质量评价

高校思政课教学质量对人才培养质量具有重要影响，关系着"立德树人"这一教育根本任务的落实。教学质量评价是教学设计的重要组成部分。它利用科学的评价方法、借助便捷的信息技术手段，对教学实施过程和教学效果进行实态把握和价值判断。科学的教学质量评价是教学设计的反馈保障系统。它一般对照教学结果与教学目标，发现和分析其不足之处并及时反馈，进而加强对教学内容体系和教学策略设计环节的持续改进，以此形成教学设计的闭环系统，确保教学的方向性正确和教学质量有所提升。2020 年 10 月，中共中央、国务院印发的《深化新时代教育评价改革总体方案》强调，"有什么样的评价指挥棒，就有什么样的办学导向"，"坚持科学有效，改进结果评价，强化过程评价，探索增值评价，健全综合评价"，完善"评价结果运用，综合发挥导向、鉴定、诊断、调控和改进作用"[1]。课堂教学质量评价可以帮助教师及时发现并改进其教学中存在的问题，提高教学质量和学生学习效果。用好评价这根"指挥棒"，不断完善思政课评价机制，充分将高职院校课程思政施教主体的积极性和主动性发挥出来，切实提升教学实效，夯实思政课在"三全"育人中的主渠道、主阵地作用，才能更好

---

[1] 中共中央、国务院印发《深化新时代教育评价改革总体方案》[EB/OL].(2020-10-13)[2022-11-15]. http://www.moe.gov.cn/jyb_xxgk/moe_1777/moe_1778/202010/t20201013_494381.html.

地落实立德树人根本目标。OBE 理念不仅强调教育教学过程，还紧紧围绕"学习预期达成的成果"这一教学评价诉求。教学评价主要聚焦学生毕业后应达成的素质和能力要求，需通过对教育教学质量因子进行评价、反馈、调控与改进，精准纠正教学偏差，推动"学习成果"的持续获得，这为高职院校思政课教学质量评价提供了借鉴。

第一节
思政课教学质量评价面临的困境

目前高职院校思政课在"大思政"格局下已经架构起"主课堂＋"的立体化教学模式。在课堂、网络以及实践三位一体的教学实践中，思政课教师普遍设置不同比例的平时成绩和期末成绩进行过程性评价，从各个学习环节入手增设教学评价内容。但是，现有的思政课评价体系更多聚焦思政课教学评价，而不是对预期学习成果的评价，且未能充分发挥多元主体的评价作用。因此思政课教学质量评价仍然面临诸多困境，主要表现在重"评教"轻"评学"、重"静态评价"轻"动态评价"、重"工具理性"轻"价值理性"、重"单一主体评价"轻"多元主体评价"、重"终结性评价"轻"发展性评价"等现象。

一、从评价制度看，重"评教"轻"评学"

近年来，许多高校成立了独立的教学质量管理办公室，或者将教学质量管理办公室从教务处中独立出来，加强了对课堂教学质量的有效监督，这无疑对教学质量的提高有着非常积极的意义。但是，高校评价制度中也普遍存在只评教、不评学，或者过于看重学生评价结果，并以此来决定老师的工资绩效和职务晋升的情况。这么做的结果是致使老师要去迎合学生，最终导致课堂学习放任自流，课堂教学质量无法得到保证。在课堂教学中，教师的"教"是手段，学生的"学"才是目的。由此，一切课堂教学活动都必须围绕学生的"学"开展，衡量课堂教学质量的标准也应该是学生潜能"被开发"和对教学内容"内化"的程度。现有的课堂教学质量评价指标中，往往偏重于教师的教学内容、教学过程、教学方法等，而忽视了学生的情感态度、学习主动性等因素。美国著名高等教育学家阿丝汀（Astin, A.）的一项研究表明，"学生的学习投入与学习质量有直接关系，学习投入是评价课堂教学质量的关键因素"[①]，由此可见，我们需要打破传统的课堂教学质量评价标准，充分考虑学生的学习意愿、动机、兴趣、方法、投入度等因素，建立起以"评学"为主体的评价标准。"评学"的重心应在于对"学习成果"的评价，而当前高职院校对思政课教学质量监控范围的认知仍然局限于课堂教学这一狭义层面，而对影响思政课"学习成果"的其他教学工作方面的监控开展较少。在过程性评价中，思政课教师常常局限于检测学生学习过程，对学生学习质量、毕业跟踪、社会反响等监测不到位，缺乏对培养目标和毕业要求达成情况的评测。此外，当前仍然存在片面强调理论课堂教学环节的质量监控，而轻视了对实践教学环节的质量监控，且高职院校思政课尤其是校外实践教学仍普遍缺乏有效的监控措施和手段。

二、从评价过程看，重"静态评价"轻"动态评价"

课堂教学质量的评价从"静态评价"转向"动态评价"，可以从多个维度来进行解读。从评价主体出发，课堂的动态性描述就是将反思程序渗透到课堂教学评价之中。所谓课堂教学评价反思，指在课堂教学评价过程中，课堂教学主体需要对课堂教学中的各类问题进行反问，并最终达到自觉进行课堂教学评价的过程。教学是一个动态变化的、连续发展的过程，因此，在评判教学质量标准时，要运用动态性的评价方式，加强对教学过程的评价，且要注重教学质量评定后的反馈环节；而不能简单地通过对教学目标达成度、学生学业努力程度来加以判断。高职院校在构建思政课教学质量综合评价体系过程中，要促进效用评价和价值评价的统一、过程评价与结果评价的统一、量化评价和质性评价的统一，要将多种评价方法结合起来，尤其是要与新时代信息技术发展结合，形成更加切合实际的评价制度。思政课教学质量综合评价体系要通过设计多样化的考核细则，将项目汇报、研讨、课堂互动、课外实践等纳入考核项，精准了解学生的个性化学习需求，加强对阶段性考核的反馈，通过评价成果链的累积达成监测学生职业能力形成情况，并评估收集到的学生达成学习成果的证据，用评估结果及时改进教学内容、教学安排及教学设计，形成不断循环的闭环，实现基于学生学习成果评

[①] Astin. Studentengagement: A developmental theory for higher education[J]. Journal of College Student Development, 1984(25): 297-308.

价的教学质量评估体系。总而言之，课堂教学质量的评价指标和标准不应该是固定不变的。

三、从评价性能看，重"工具理性"轻"价值理性"

传统的思政课教学通过知识点考核、标准化考核和期末考核来评价学生，过于重视知识目标，使学生学习后只能达到认知记忆的浅层次学习。如果说现阶段，大学生应该培养其思维判断、综合运用知识、解决实际问题能力、道德品质和树立正确的价值观。那么，高职院校课堂教学质量评价到底是一种"管理工具"，还是一种"教育活动"？这涉及评价主体对高校教育活动所做的价值判断。大学作为一个学术性机构，必然需要开展计划、组织、协调、控制教学等各种教学管理活动，而教学质量评价无疑是一种非常重要的工具或手段。当前，由于多层次、立体化教学模式建设薄弱，评价方式较为单一，一些思政课教师在过程性考核中忽视对学生外化行为的评价反馈，却更关注大学生是否完成思政课的知识素养，将目标导向等同于成绩导向，而态度、情感、实践等多个要素均未被纳入课堂教学质量评价之中。另外，高校还普遍存在教学质量评价主观随意性强，比如在推进线上线下混合教学模式中，一些思政课教师通过布置观看视频、参与讨论、做测验、记读书笔记、撰写调研报告、拍微电影、拍情景剧等学习任务进行定量评价，还以学生的线上线下学习数据及完成度作为评价指标，将复杂的教学活动简单为表格和分数，其指标及其权重的设置主观性、随意性较大。最终，评价目标仅仅是被量化的数值，评价对象被工具所绑架。由于较少开展针对影响思政课学习成果的教学工作监控，高职院校往往忽视对大学生思政课学习内化品行特征和毕业前后达到的职业行动力评估，导致过程性考核评价反馈与教育目标的"脱节"，评价效果相对较低。而且，教学质量评价的权力在一定程度上掌握在高校行政人员手中，由他们左右和控制着教学质量评价的全过程。

四、从评价主体看，重"单一主体评价"轻"多元主体评价"

高职院校普遍存在过度重视学生主体对教学的评价。以本研究开展过程中对南京三所高职院校的调研为例，该三所职校的教学质量评价虽然设有学生评价、督导评价和领导评价，但其学生评价权重极大。据悉，甚至有因其他两项评价数据残缺或无法做到全覆盖，而使学生评价成为唯一评价，并被当成老师评奖、评优依据的情况。在高等教育中，学生是人才培养的中心，是受教育的主体，课程效果如何，学生会有最直观的感受。从受教育者的角度来看，让学生主体参与评价，能够了解课程受欢迎程度，也能更加直观地把握思政课的教学效果。但显而易见，仅仅依靠学生评价课堂教学质量的做法不具有说服力。众所周知，学生对课堂教学质量的认知水平有限，难以做到给予课堂教学以非常全面、客观的评价。实际上，高校管理者、教学督导、思政课教师同行和教师本人，都能从不同角度，对教学目标、授课内容的合理性以及内在逻辑等进行评价。此外，"他评"只是课堂教学质量评价的外力，"教师自评"才是提升课堂教学质量的内在动力。教师作为教学的主导者，理应成为课堂教学质量评价的主体之一，可在现实中却常常以一个"局外人"的角色而被动存在。因此，课堂教学质量评价中需要增加"教师自评"的份额，突出教师在课堂教学评价中的地位。当然，其他评价主体也不容忽视，来自多元主体的评价能让课堂教学质量评价活动更加全面和有效。当然，有些高职院校虽然也设置了多元主体对教学质量进行监控评价，主要包括教务处、督导组、学工部、二级学院和教研室等，但他们之间往往各自为政，缺乏协调配合，导致监控动力不足，难以形成系统规范并符合高职院校办学特色和专业实际的思政课质量监控体系，从而制约了监控评价所应发挥出的实效。

五、从评价效果看，重"终结性评价"轻"发展性评价"

当前，我国高校课堂教学评价方式是以行政导向下的终结性评价为主，且这一评价结果与教师的薪酬、职称、评优等挂钩，对老师有一定的激励作用。但是，这一评价方式也使得有些教师为了自身利益，追求短期效益而做出损害学生学习实效的行为，不利于高等教育和教师自身的长远发展。因此，我们倡导使用发展性评价的方式对课堂教学质量进行评价。评价只是手段，最终是要通过评价达到改进课堂教学质量的目的。高职院校思政课教学质量评价需要着眼长远，既关注眼前目标完成情况，又关注对受教育者成长产生的实际效果。当前高职院校片面强调"质量监督"的过程和结果。思政课教学质量监控更多地发挥着发现问题、总结经验的功能，而缺乏对质量的"调控、反馈、改进"的有效关注，这导致其整改激励功能难以得到发挥。高校往往发现影响教学质量的因素后，常因缺乏后续调控措施而无法持续改进。因此要建立线性评价和反馈机制，高校应关注教学评价后期发展情况，了解课程教学效果的真实情况并做分析，形成评价结果。教师是课堂教学环境的塑造者和学生学习的引路人,因而需要提高教师自身在课堂教学评价中的地位,才有利于扭转教师对课堂教学质量评价的应付态度。同时,高校需注重课堂教学评价的发展性作用,以评价管理带动教师真正提升思政课的育人实效;还要注重师生发展,促进师生发展也是教育的根本追求和终极目标。考核评价应合理设置一定的挑战度,在教学过程中增加教学任务和教学考核的难度。好的考核结果需要学生跳一跳才够得着,这样的考核也更能促使学生走出舒适圈,避免出现学生忽视课程学习、通过考试前的死记硬背获得高分的情况发生,否则,学生将逐渐失去学习动力,轻视课堂和课程,放弃对课程内容进行深层次的学习和思考。

第二节 基于 OBE 理念实施动态的多元化教学质量评价

OBE 理念为高职院校教学质量评价奠定了方法论基石。基于 OBE 理念的思政课教学评价以学生"学习成果、效果和能力"为重点,由强调教师本位、输入与过程层面到强调学生本位、过程与产出层面,强调达成性评价而不是比较性评价,注重学生个人达成学习成果的内涵和成长进步,弱化学生之间的比较和竞争。"通过教学评价对学生学习状态、学习体验、目标达成的明确掌握,持续改进教学活动,以保障课程教学能有效支撑专业学习成果达成,即始终与毕业要求相符合"[1],同时,根据时代发展和经济社会发展需求、用人单位反馈意见和学生个体全面发展需求,持续改进培养目标、毕业要求和教学目标,以保障其始终与内、外部需求相符合。评价反馈、持续改进是获得预期学习产出的关键条件。

一、思政课教学质量评价体系的基本框架

新时代,面对思政课改革新形势,高职院校要构建更加符合现实需求的教学质量综合评价体系,才能更好地推进思政课高质量建设。评价体系的构建是一个系统,一些关键的考核评价指标在整个评价过程中发挥着重要作用。考核评价指标是明确培养目标完成度的重要依据,也是检验教学质量及教学设计的参照

---

[1] 马国勤.基于 OBE 理念的高职课程教学模式研究与实践[J].职教论坛,2020,36(5):63-68.

系。它主要体现在教师的教学达成度和学生学习达成度两个方面的融合中。

（一）教学目标评价

建立高校思想政治理论课质量评价体系的根本目的在于实现思政课的人才培养目标。课程目标评价涉及四个指标：一是价值目标。价值目标主要反映了思政课的教学目标以及青年学生的价值取向，体现着中国特色社会主义建设中思政课教学的独特要求。"价值引领"是思政课学习成果获得的主方向，持续引导学生筑牢"科学素养、政治认同、家国情怀、道德素质、文化修养和法治意识"能使学生将所学中国化的马克思主义思想理论内化为坚定信念和正确价值，并外化为自觉的实际行动。思政课教学评价体系中的一个核心内容，就是要全面考评学生在理想信念、政治觉悟、价值观塑造等方面的习得与改进状况的指标。二是能力目标。能力指标主要考查学生运用所学思政课理论知识分析和解决问题的能力情况。在传授基本理论知识的基础上，思政课教学的重心应该放在着力培养学生科学的思维方法和思维能力，教会他们运用马克思主义理论的立场、观点、方法分析问题，增强他们把握社会生活之现象与本质、主流和支流的能力，提升他们科学判断时代发展趋势的能力以及与时代发展相适应的综合素质和方法能力。三是可操作性目标。思政课的目标多为定性表达，需要在质量评价时把定性指标转化成教育成果等可以量化的可操作性指标，通过质量成果对比，更公正地评价课程质量。四是总体目标。总体目标主要是要求教师在教学过程中，重点考虑青年学生的学习需求，尤其是个别学生的学习诉求，确保质量评价目标具有全面性。

（二）教学活动评价

思政课教学活动评价要围绕教学大纲、教学进度、课堂教学等关键环节有针对性地综合评价课程活动及课程有效性。它主要由四个指标构成：一是课程大纲指标。课程大纲指标反映的是思政课课程大纲的重点要求，确认大纲是不是结合新时代、新形势、新发展理念等进行了动态修订，是否可以适应思政课质量建设要求是该评价指标所要考核的内容。二是课程进度指标。它主要测评思政课质量评价内容的实施进度的合理性、科学性，以及教师对思政课质量评价进度的遵守程度。三是课程教案指标。评价主体需要定期对思政课质量评价指标的完整性进行检查，确保课程规划符合教育目标。同时，鼓励教师创新的原则也要充分反映在课堂教案的评价中。四是课堂教学指标。在课堂上，教师要把握教学节奏，呈现教学内容；确保思政课质量评价能够重视学生的主体作用，能对课堂进行高效管理，并以高质量的教学内容吸引大学生的注意力，提高课堂抬头率。该项评价指标比较偏重于课堂教学的组织管理和纪律方面，主要考查包括学生的到课率、抬头率和课堂互动等内容。

（三）学习成果评价

学生获得的学习成果是衡量教学质量的一个重要指标。学习成果评价表现在整个学习过程性中主要看六个方面：一是教师针对学生的学习成果、学习表现、运用理论认识和解决问题能力的考核；二是学生对教师课程的书面评价以及教师对每个学生利用"PBL法"（problem-based learning）范式解决问题的情况进行评价；三是教师针对各项目组及其成员在课外或校外实践活动中表现出的参与状态及其实践成果给予的评价；四是各项目组针对小组汇报展示的实践活动过程及其学习成果开展的自评和互评；五是在技术人员的辅助下，分院及相关职能部门运用信息网络系统对学生课程以外的言行举止表现进行全过程考核；六是课外或校外实践的指导老师等对项目组同学在学习状态和学习成果等方面给予的综合表现的评价考核。

（四）教学能力评价

教学能力评价主要考查思政课教学管理情况，包括教学资料的准备（教学大纲、授课计划和学生画名册等）、教学内容的设计（即教案）、课后对学生学习情况（作业、测验等）的考查、校内外实践教学的开展、课堂学习积累（课堂教学活动）的管控等。其具体考查指标有：一是指导态度指标。一类是课前是否精心准备的直接指标；一类是间接指标，包括教师的受欢迎程度以及学生对教师的态度等。二是思政课动态指标。它主要评价思政课教师是否在传统教学方法的基础上，进行了教学方法创新，以最大限度满足大学生需求；还评价教师的教学语言能否清晰地描述教育过程，满足教育需求。三是思政课教学实施情况。它主要评价教师是否做到立足教材、遵循教学大纲和计划开展教学，将"五史"和习近平总书记最新讲话精神融入课堂内容，引领学生价值观培育、提升学生理论素养和实践能力等。四是课程组织指标。主要涉及课程管理制度、课程体系建设、课程师资队伍建设等，还涉及课堂进度、教学过程的组织与实施、学生行为管理等。

（五）教学反馈评价

思政课教学是一个循序渐进的过程。课程反馈可以有效发现教学中隐藏的不足，课程反馈评价指标则主要涉及教师反馈指标与学生反馈指标。前者主要评价教师对思政课质量评价的态度和认知，如各门思政课程的有效衔接、集体备课制度规范、学时和学分的保障、教研室教学保障、影响教学的环境条件等；后者则包括教师在教学中是否对学生关心的问题、思想困惑或学习困难等予以定期、不定期的反馈等，如"立德树人"根本要求的贯彻落实、价值引领功能的强化、政治立场的坚守、道德品格和法治意识的践行等。此外，运用定性和定量相结合的方法，借用信息技术手段进行结构方程模型设计、数据挖掘，教师可针对学生课程过程性学习表现、日常生活行为、毕业生追踪调查、用人单位意见和实地访谈等各种信息进行数据采集，并对其思想素质及行为养成展开调查研究和统计分析。

（六）教学效果评价

思政课教学效果的评价涵盖课堂内外、校园内外、线上线下等，主要包括课堂上课表现、课外实践表现、自学表现。从本质上讲，大学生思想政治素质的培养伴随着自我认识的发展而逐渐形成自我教育和自我监督的良性发展过程。教育者一方面要适应大数据时代的要求，充分利用大数据，构建信息时代思政课质量评价模式，不断提高评价的全面性、准确性和客观性。另一方面，高校思政课质量的效果评价不但要评价学生课堂教学表现，还应评价学生在课外活动中的表现。为此，高校要重视对学生价值观的意义建构，强调评价的语境性和真实性，实行多主体评价，包括教师评价、学生自我评价、同伴评价、辅导员评价、班主任评价、社区评价、用人单位评价等。同时，教师也要注重学生在实践研究活动、志愿服务活动、日常学习生活中的表现，以此准确评价思政课在学生实际行动中的实施效果。

二、基于 OBE 理念实施高质量教学评价的关键点

高校思政课教学质量监控是一个系统工程。习近平总书记强调，"学校思想政治工作不是单纯一条线的工作，而应该是全方位的"，"推动思想政治工作贯通人才培养体系，发挥融入式、嵌入式、渗入式的立德树人协同效应"[①]。基于

---

① 习近平主持召开学校思想政治理论课教师座谈会强调 用新时代中国特色社会主义思想铸魂育人 贯彻党的教育方针落实立德树人根本任务[N].人民日报，2019-03-19(01).

OBE 理念实施高质量教学评价关键在于建立多元主体参与的立体化评价体系，推动现代数字技术赋能教学评价，开展动态的行程式教学评价，形成持续改进的评价结果反馈机制。

（一）建立多元主体参与的立体化评价体系

评价结果客观性与评价主体的主观因素存在密切关联性。为了全面确保评价客观性，评价者自身必须具备客观评价的专业能力，对所评价事物的运行机理要有专业认知，不仅如此，他还需要将评价者的主观干扰因素降到最低。多元主体参与评价在一定程度上能降低主观因素带来的干扰，确保评价的客观性。多元主体评价具体表现在：

一是要发挥教师评价的主力军作用，建立党委主体责任考核体系。思政课教学中涉及教师、学生两个主体，要发挥各自不同的作用，促进评价的科学性。高校要成立由分管教学校长、马克思主义学院分管教学院长、课程负责人、教研室主任、教学督导、教师代表及学生代表等组成的评价小组，在充分调研的基础上，科学研判各门思政课的学习和考核情况，明确主要职责、评价目标、评价内容、评价流程，形成校院各级党组织协同推进的良好局面。高校也可以由思政课教师和团学工作队伍联合开展学生综合素质评价，持续掌握从课堂教学到日常行为各环节思想政治教育教学的实际效果，形成对学生价值观、思想政治素养、道德修养和政治认同培养的综合评价数据，客观反馈思政课的教学实效。

二是突出学生评价的主体性，引导学生正视评价、参与评价。高校除了组织学生开展网上评课评教外，还要定期进行线下的学生评课评教座谈会，并由专人梳理、总结分析良好的经验和存在的问题。目前，高校一般采用学生自评和小组互评相结合的方式进行评价，学生自评可根据指标要求自己来检验和评价学习状态和进步情况，以此来激发学习的内生动力；学生互评一般是学生通过对某一特定主题进行分组研讨，在课上展示研究结果，然后组间开展竞争与评估的评价过程，可激发学生学习的主动性和积极性，促进相互学习和共同进步。

三是多元主体进行评价要各有侧重。如在课堂教学活动中，学生评价侧重于将自己或小组学习成果对照信息（收集）、计划、决策、实施四个步骤中要完成的各项任务进行检查和验证，以检验学习成果的达成度和合理性。小组互评侧重于学习成果的任务达成度和创新性的分析。每个小组的可视化成果不同，体现了小组的个性和不同的理解。每个小组有自己的特点，每个人采用适合自己的表达方式，对于信息的理解不一样，教师评价时在整个过程中不必关注细节，只要关注学生表达的逻辑关系，即可大致把握学生掌握知识的程度。

四是重视全体参与的学习评价。如对学生课堂笔记的评价，可以有效改善课堂教学效果。一方面，记录的过程本身就是记忆的过程。高校教学虽然不是以记诵知识为主，但思考必须以记忆为前提，没有记忆就没有思考。书写的过程就是记忆的过程，同时也是思考的过程。所以，高职院校思政课应培养大学生记录笔记的习惯和能力。我们不能设想在课堂上教师进行了问题讲解，学生就能够醍醐灌顶，就会对这些问题有深入透彻的理解。学生需要把自己在课堂上的所思所想即时记录下来，特别是要把一些理解和掌握得不是特别透彻的问题记录下来，以便在时间比较充裕的时候能够进行深入的思考、消化和吸收。另一方面，记录课堂笔记，也可以提升学生的专注度，把学生的注意力从其他方面转移过来。由于大学学习相对宽松，学生学习专注度不足，特别是有些学生对思政课重视程度不够，经常在思政课课堂上完成其他专业课程的作业，或者表面看是在听课，实际上脑海里早已是天马行空。记录课堂笔记可以让学生动起手来，没有时间去完成其他专业课程的作业，也不会在精神上开小差，让学生把注意力集中于教师的课堂教学中来。

（二）推动现代数字技术赋能教学评价

随着大数据、云计算等数字技术的发展和应用，高校不断推进信息技术和教育的融合。教学评价中运用数字化技术，能够很好地丰富教学评价的方法和手段，更好地提升评价的精准度，实现评价方式的智能化、动态化。如何运用现代数字技术赋能教学评价？一是推动校企合作，发挥技术力量。高校应整合学校内部、网络运营商以及相关的研究机构等校外资源的力量，促进思政课评价需求与现代技术的对接，寻求合作切入点；通过购买服务建立合作关系，打破单向度、单一方式、传统方式获取评价的片面性、局限性。二是建立思政课教学质量评价数据平台。高校要积极构建多元参与、多种信息分析、多角度立体化的评价平台，并完善相关的管理制度，形成数据搜集、分析、反馈、查询、调用和消除等管理规范，保障科学、合理、有效使用相关数据。同时，高校应注意数据平台评价与人工评价之间的协同配合，兼顾技术理性和人文关怀。充分应用网络技术、大数据统计等手段构建教学评价信息平台，对学生的知识增长、能力发展和素养提升进行可视化定量评估，可以反映出学生个体的隐性和显性特点，有利于思想政治工作者"量体裁衣"因材施教，最大限度地挖掘学生潜在的资质和价值，也为学生理性正确地发现自我、认识自我、定位自我提供更好的平台和空间，从而促进学生积极健康地成长成才。大数据记录下学生网页浏览、消费状况、学习情况，这些数据有效地描述出学生的思想观念、个性心理、思维模式、行为特征、价值取向等大量信息内容，反映出学生个体或群体的精神状态和个性化全貌，有助于教师对学生进行个性化的思想政治教育。教师还可通过数据挖掘技术对学生的思想数据进行轨迹跟踪、挖掘处理并生成数据图像，从以往数据预判出学生发生的思想转变和可能发生的未知行为，加强针对性教育和疏导，及时有效地主动规避过激行为的出现。

（三）开展动态的行程式教学评价

行程式教学评价是一种关注学生学习全过程的行程性考核方式。它充分尊重学生的个性差异，密切关注每一位学生学习过程中每一阶段的收获，注重考评学生自主学习的过程，包括课前的资料阅读、任务准备，课堂上核心问题的讨论、知识点分享、观点批判质疑，课后的总结、反思、检查与评估等，以此培养和发展学生的学习能力和综合能力。行程式过程评价应始终以学生成长发展为评价目标，动态评估及反馈成长过程，并持续改进教学，使得教学方向始终在正确的道路上。一是做好课前评估。课前评估主要包括教师备课、学生课前准备。当前，部分高校存在不重视教师备课的情况，认为这是教师个人的事情，难免会在管理和质量把关上产生疏漏。其实，课前备课是思政课教学很重要的环节，而且在很大程度上影响授课质量。因此，高校要通过全过程管理，做好前期学情调研和质量把控，采用问卷调查、访谈、座谈会等方式开展学情调研，了解学生的学习基础、学习需求和学习困惑；通过集体备课、说课、试讲等活动，了解教案情况，做好课前的评价、评估，提升教师备课质量。由于思政课需要学生在课外结合实际生活、社会发展做一些准备，从而很好地提高学习效果，因此，学生课前的准备也非常重要。管理部门要了解教师开展课前辅导、布置课前作业的情况，督促教师对学生课前准备做出安排，并进行相关管理。二是做好课中教学的评估。思政课教学包括理论教学和实践教学，首先，教师要针对不同的教学内容和形式，提高平时成绩在总评中的占比，设置能够使学生主动表达个人观点的主观题目，并且利用信息技术平台和通过数据分析，及时跟踪和发掘学生在学习目标、学习态度、学习动力和思想认识等多方面的变化。其次，在评价信息采集方面，教师可在课前和阶段性考试中适当添加少量问卷调查型题目，了解学生对教师教学节奏、教学内容、教学策略和教学方法的认同情况，为持续改进教学提供依据。三是做好课后评估。课后评估以短期内的课后情况为主，教师需重点了解学生课后考试情况，通过了解课堂随机测试、闭卷开卷考试、实践报告撰写情况，对课堂教学情况进行分析。

（四）形成持续改进的评价结果反馈机制

高职院校各学期往往设置了不同的思政课程教学，尤其需要教师开展持续评价和改进各阶段性的教学质量，为后续教学连续性评估提供依据。

一是以数据驱动精准诊断，改进评价提升功能。高校应着力于基于成果链的评价数据系统分析和精准诊断，建立评价反馈、"教学—课程—专业"递进整改和评价考核等结果评价运行机制，保障评价赋能有效改进。并且，教师要将评价、诊断、改进落实到每位学生和每个教学单元，形成"评价—反馈—改进—提高—再评价"的良性循环，以此推动教学手段、教学环境方面的持续改进，从而实现以数据驱动课堂教学的持续改进，强化评价的改进提升功能。

二是合理利用评价结果，切实提高教学质量。高校思政课教学质量综合评价不能陷入"为评而评"的负循环，而要重视评价结果的使用，形成一个反馈、提升的螺旋上升趋势，切实提高思政课教学水平。思政课教学质量评价涉及的因素较多，评价过程涉及比较多的主观因素，所以，最终得出的评价结果是相对的，要注意合理运用考核评价结果，要有选择地与教师的绩效考核、津贴分配等相关薪酬制度落实挂钩。对于评价结果比较好的，要给予肯定和支持；对于评价结果一般和较差的，要找出问题、分析原因，发挥平台教学管理作用，帮助教师切实提升思政课教学效果。

三是基于评价结果，探索思政课教师课堂教学退出机制。对于综合评价结果确实比较差的课程，高校负责评价监督方可及时将评价结果反馈给任课教师，作为课程建设和进一步改进的依据，把握好课程发展方向和内容制定；对于无法胜任或者不愿意进行纠正的教师，要建立教师课堂教学退出机制，从而更好地帮助老师寻找适合自己的教学课程或岗位，也为学生成长建立良好的质量筛选机制，促进教学质量提升。

第三节
基于 OBE 理念构建"三全"教学质量保障体系

思政课教学质量受制于教学目标、教学管理、教学设计、教学实施和教学激励以及组织机构、队伍建设和制度保障等复杂因素的交互影响,它们之间有机衔接的和谐程度直接影响着"学习成果"的产出及其质量。高职院校思政课教学质量监控应整体协同联动,构建"全员、全过程、全方位"的"三全"教学质量保障体系。就"全员"而言,要求高职院校优化质量监控的组织机构在课程、教研室(即课程组)、课程体系等不同层次上,加强"全员"持续参与的教师队伍建设,做好预期学习成果的协同设计和评价;就"全过程"而言,高职院校要结合现代互联网技术,不断加强对思政课"全过程"影响因素的长效监控,形成"监督—反馈—调控—改进"的严密逻辑闭环,实现基于成果链的质量生成过程精准监测,促进思政课教学的"持续改进";就"全方位"而言,高职院校应建立合理运用评价结果的良好循环机制,不断加强学生反馈和联动反馈机制建设,加强对"学"的过程和结果与目标契合度的关注。评价结果为修订思政课教学大纲、整合课程内容体系、优化教学方案、改进教学方法等提供依据。为此,思政课必须以质量监控为抓手,持续加强问题反馈机制建设,制定具体的长效整改措施,推进思政课教学各要素和环节持续优化,为确保高素质人才培养质量奠定基础。

一、强化"全员"持续参与的组织队伍保障

要凝聚课堂教学评价工作合力,增强课堂评价工作的统一性与协调性,必须充分发挥各级党委及高校党委书记、校长的引领作用。换句话说,他们对学生思政课堂教学评价的重视,对改进和提升学生思政课堂教学评价、确保教学质量具有深远意义。因此,高职院校要不断加强党委领导下的"全员"持续参与机制建设,从而为思政课教学质量监控提供坚固的组织队伍保障。

(一)建立健全思政课教学质量监控组织机构

思政课教学质量监控组织机构主要包括组织领导机构、教学管理监控机构和教学督导机构。其中,在质量监控中发挥引领作用的是组织领导机构,其主要职能是在党委统一领导下,根据人才培养总目标要求,对思想政治教育教学质量目

标及其配套政策等进行统筹规划，并且从整体上发挥领导指挥和调配资源的作用，以保障贯彻落实各项教学措施；教学管理监控机构的主要职责是，根据教学质量目标，调研、监督、评估和反馈思政课教学质量与质量标准的契合度，并拟定改进的对策建议及其举措；教学督导机构的工作职责是，确保思政课各项教学管理制度和教学改革方案的有效施行，及时掌握思政课教学过程中师生的实时状态，纠正教学质量发生的偏差，有效达成教学质量目标。"完善校、院两级质量监控机构，落实对教学各要素和各环节的分层监控。学校可由教学管理部门牵头，包括教务处、教育质量评价处等，根据上级政策制定学校质量监控制度及教学管理规范，对全校思政课教学质量总体监控，督促指导教学改革方案的落实"[1]，学院层面则由马克思主义学院全面负责统筹指导教研室推进思政课程建设和改革，具体落实对各教学环节的质量监控。

（二）全面落实思政课教学质量全员监控

思政课教学质量全员监控关键在落实。除了加强学校从管理层面对教学质量监控的领导、管理和督导外，重点要落实马克思主义学院对思政课教学质量的全员监控和反馈改进。一要加强马克思主义学院领导层面的组织职能。马克思主义学院应成立由分管教学院长、教务办、教学督导、教研室主任构成的质量监控领导小组，负责加强教师队伍、教材和课程资源库建设、优化课程内容体系、监督教学计划实施、改革教学载体和教学方法、规划思政课基本教学活动（涵盖课堂教学、实践教学和网络教学等环节），组织教师和学生代表开展教学满意度调研，并结合调研反馈情况持续改进教学。二要加强马克思主义学院教研室层面的执行职能。教研室具体负责课程各教学环节的质量管理，制定并落实课程标准和授课计划，组织首课说课、集体备课和听课评课等教研活动，并形成统一的参考教案和课件，抓好线上线下教学活动质量，包括作业批改、讨论引导、辅导答疑、实践教学等。三要加强马克思主义学院教学指导委员会层面的指导职能。指导委员会要组织和汇聚多方力量（包括思政领域的资深专家、领导和教学名师等）对课程建设与教学改革方案的制定进行统筹指导，并帮助提升青年教师的教学能力，监督指导规范化安排和落实课程标准、教学大纲、教学设计、授课计划和教学任

---

[1] 张蕴,李莎,芦智龙.OBE理念"持续改进"原则下高校思政课教学质量监控的路径取向[J].重庆第二师范学院学报,2022,35(4):95.

务等。四要加强马克思主义学院教学督导层面的监督职能。教学应督导秉持"跟踪考察—发现问题—反馈建议—指导解决"的工作理路,全方位、全过程和多层次督查教学活动及教学管理,协同学校教务处和质管处,开展好日常教学过程的信息反馈以及学期初、学期中与学期末教学督查工作。五是加强学生的信息反馈职能。高职院校可选拔对思政课感兴趣且思想政治素养高的学生担任学生信息员,协助马克思主义学院开展任课教师的教学情况反馈和学生思想道德、政治认同及行为养成的日常监控,并将他们采集到的教学信息作为学生评教的重要补充。六是加强"大思政"课联动队伍的协同职能。学校要坚定党委领导,加强校教务处、团学、各专业教学分院和马克思主义学院的联动配合,实现思政课教学和"三全育人"体系的融合。

二、夯实"全过程"持续推进的长效监控机制

传统教学监控往往只重视学期初和学期末的监控,而忽视学期中教学实施过程中的监控,导致教学监控阶段性错位和乏力。确保教学质量关键要健全思政课教学质量长效监控机制,并加强和持续推进全过程质量监控。

首先,制定科学完备的制度规范。制度是基石,只有针对性地制定教学管理运行规章制度,才能确保思政课教学质量监控有章可循和有据可依。完备的教学监控制度主要包括思政课教学质量监控实施办法、思政课实践教学管理办法、思政课混合式教学实施方案、思政课教师岗位责任制、新开课或开新课制度、集体备课制度、听课评课制度、思政课教学档案保管制度等。此外,制定和完善教学准备(包括教学计划、教学大纲、教案、学生画名册等)、理论教学、实践教学、混合式教学和考核评价等各教学环节的质量标准,有助于以制度规范课程建设、教学设计与实施、教学质量管理各环节,并约束和规范教师从教行为。

其次,加强全过程的协同监控。长效监控机制要以制度建设为基础,重点加强以下三个方面的协同监控。一是持续推进校、院两级领导听课和同行听课制度。2018年教育部印发的《新时代高校思想政治理论课教学工作基本要求》提出"高校党委书记、校长,分管思想政治理论课建设和分管教学、科研工作的校领导,对每门思想政治理论课必修课,每人每学期至少听1次课,思想政治理论课教学科研二级机构领导班子每位成员,在一个任期内要对所有授课教师做到听

课全覆盖"①。以笔者所在的南京信息职业技术学院为例,学校为此专门出台了《中共南京信息职业技术学院委员会关于进一步加强和改进思政课建设的实施意见》,规定"实行全面听课制度,辅导员每周至少听一次思政课;党总支负责人每月至少要听两次思政课;党委工作部门负责人每月至少听一次思政课;校领导和党委委员每学期至少听两次思政课;听课情况分别纳入辅导员年度考核、党组织负责人年度党建述职内容,由学工部、组织部和党办分别牵头落实",从不同层面、不同岗位的领导和同行的听课活动及其反馈意见来看,"实施意见"确实对思政课教师时刻保持备课质量起着重要的督促作用,也能够有力促进教学质量的提升。二是持续推进"三课堂"的有效衔接和全过程监控。其中,课堂教学监控要结合不同群体听课以及各阶段教学检查情况,加强对课堂教学准备、教学设计、教学实施、教学方法和效果反馈等督查。实践教学要以质量监控为抓手,推动实践基地建设,打造具有特色品牌的实践教学运作模式、规章制度和保障措施;网络教学应注重引导学生通过微视频、文本等主动参加学习,通过测验、作业及时检验学习成果,在讨论区通过主题带动、教师答疑、生生互助、师生互动等环节营造浓郁的学习氛围。三是持续推进各阶段教学常规与专项督查。高职院校学期初主要针对教学准备情况开展督查指导,重点落实对新开课和新聘任教师的听课考评。学期中主要针对课堂教学常规运行及质量反馈开展教学督查,组织教学经验交流分享和教学问题研讨。学期末主要针对期末测验、试卷与阅卷以及教学材料整理归档等,开展好督查和总结,从而在全过程监控中推动思政课教学的持续改进。

最后,提升过程考核标准。思政课教学是对学生思想道德和政治素养的教育,是一个长期的由量变到质变的过程。传统教学中仅仅在考试前突击背诵理论知识点就可以考出高分的时代一去不复返了。依据一张期末试卷的分数来反映一个学生的思想道德素质的考核方式是不科学的,死记硬背的知识点也只是过眼云烟,考完试就忘记,这样的效果完全违背了思政课的教学初衷。因此,教师要树立过程性与结果性相结合的考核思维。考核应该贯穿于思政课教学的全过程,要建立教评结合的实时反馈机制,通过对学生的过程考核结果及评价,即时调整教学方案,落实落细实现每一堂课的教学目标、反思教学效果,以期实现教学的内

---

① 教育部印发《新时代高校思想政治理论课教学工作基本要求》[EB/OL].(2018-04-26)[2022-10-15]. http://www.moe.gov.cn/jyb_xwfb/gzdt_gzdt/s5987/201804/t20180426_334273.html.

在价值，提升思政课的教学实效性并切实落实立德树人的最终目标。对于过程考核的标准，教师要做到具体问题具体分析，依据本教学班的实际情况而制定，要提高过程考核在最终考核成绩中的占比，只有这样才能实现过程考核的意义。针对学生旷课、逃课的现象，教师要严格考勤，将课堂出勤率纳入考核标准；针对思政课堂前排空座的现象，要以激励的方式鼓励学生在课堂积极参与教学，并将学生的课堂表现纳入考核标准；针对学生应付性完成小组实践作业的现象，要认真落实学生的实际表现，多与学生负责人沟通，将最终作业成绩和学生实际表现纳入考核标准。只有提升过程考核的标准，才能督促学生积极主动参与思政课教学，提升思政课日常的教学质量。面对当代读屏时代的大学生，课堂上智慧教学工具的使用（以"智慧职教"为例）不仅可以吸引学生的注意力，同时在过程考核方面也可以帮助教师全面客观地考查学生的学习情况。运用"智慧职教"开展混合式教学，从课前预习、上课回答问题到课后完成的作业情况，每一环节都会被系统记录下来，形成课堂小结反馈给教师，教师可以根据"智慧职教"提供的数据了解学生的学习情况而给出公正合理的过程考核成绩。

三、推进"全方位"持续贯通的良性循环机制

"全方位"持续贯通教学质量监控是推进高校思政课"反馈—改进"良性循环的必由路径。在教学实施过程中，教师必须经常性地重新审视思政课堂教学实际与评价指标之间的关系，对照指标不断总结经验教训，大力优化并持续改进教学评价指标体系，从而不断提升其对课堂教学的规范、引领作用。多元主体全方位视角审视思政课教学质量是全方位持续贯通质量监控的关键，能有效优化教学信息反馈机制，改变学生评教、学习成果相关信息、社会用人单位需求等相关信息反馈的滞后现象，促进教学质量信息的及时反馈与改进，形成"客观评判—跟踪反馈—持续改进"的严密逻辑闭环，以确保教学质量信息反馈的及时性与指导性。

首先，应畅通学生信息反馈渠道。学生对思政课教学实效最为感同身受，因为他们是学习活动的直接参与者，也是教学质量的最终体现者。学生反馈有助于学生自身在学习过程中反省自问，激发他们参与"教与学"过程的积极性，也是一个接受隐性教育的过程。学校教学管理部门和教学单位组织过程性反馈和终结性反馈，并建立健全思政课教学质量反馈制度，可以通过问卷调研、定期或专项

访谈和座谈会、网上量表反馈等多元化反馈形式，开展学生获得感调研、教学满意度调研和综合素质调研等，适时对学生思想认识水平、政治认同和文化素质开展摸底测试，才能够收集到教学质量存在的问题，形成具有改进意义的指导性意见。做好教学质量反馈信息的深入探究，切实抓住问题的实质，有针对性地分析存在的问题和学生的关注点、兴趣点，及时向思政课教学部门提出解决方案，是推动思政课教师完善教学计划、优化教学内容、改进教学策略的有力保障。

其次，要健全联动反馈机制。高职院校应健全由学校、马克思主义学院、教研室、思政课教师和第三方专业调研机构共同构成的联动反馈机制。一是高校要完善校、院二级教学督导工作实施办法，深入思政课教学一线获取质量信息，组织开展好思政课学期初、期中、期末检查，及时总结课堂教学、网络教学、实践教学各教学形态中考核评价存在的问题，并将其及时反馈给相关职能部门、教学管理决策者和实施人员，并由相关职能部门、教学管理决策者针对存在的问题进行诊断，组织教学工作坊、教师培训等方式提高教师的教学水平。教学实施人员则针对反馈意见从教学设计、教学实施、教学评价等各具体教学环节持续改进教学质量。二是教研室应组织专、兼职思政课教师积极开展教学总结，通过集体研讨，落实教学督导和学生的反馈意见；在专家的指导下，结合人才培养要求和教学目标，修订完善教学大纲及授课计划、优化教学设计和教学实施方案。三是教师应通过各类"教、学、评"渠道，积极了解教学督导或同事对教学工作的评议，分析了解学生学习效果；通过参加听课、说课和评课的教学研讨活动，学习先进的教学经验和优秀教学案例，以集体智慧助力教学提质增效。四是适时引入第三方专业调研机构与学校合作开展社会追踪反馈。比如，学校教学质量管理处可协同第三方机构共同开展社会需求调研和毕业生追踪调研，全面掌握用人单位和毕业生的信息反馈情况，及时总结分析毕业生成长成才情况，追踪用人单位对人才培养规格、素质能力体系等需求信息，为思政课课程培养计划及课程建设提供依据。五是建立"教学诊改"机制。"教学诊改"相对"教学评价"而言，是将专项工作常态化，从"有限性"到"长效性"的体制建设。"教学诊改"以长效机制为目标，建立一套"自我发现问题、主动响应问题、及时解决或改进问题"的常态工作机制，将诊改工作与日常工作有机结合，构建覆盖全员、贯穿全过程、纵横衔接、网络互动的常态化教学诊断与改进制度体系。

参考文献

一、著作类

[1] 中共中央马克思恩格斯列宁斯大林著作编译局. 马克思恩格斯全集:第一卷[M]. 北京:人民出版社,1995.

[2] 中共中央马克思恩格斯列宁斯大林著作编译局. 马克思恩格斯选集:第三卷[M]. 北京:人民出版社,2012.

[3] 中共中央马克思恩格斯列宁斯大林著作编译局. 马克思恩格斯全集:第四十二卷[M]. 北京:人民出版社,1979.

[4] 中共中央马克思恩格斯列宁斯大林著作编译局. 马克思恩格斯文集:第一卷[M]. 北京:人民出版社,2009.

[5] 中共中央马克思恩格斯列宁斯大林著作编译局. 马克思恩格斯选集:第一卷[M]. 北京:人民出版社,2012.

[6] 中共中央马克思恩格斯列宁斯大林著作编译局. 马克思恩格斯文集:第十卷[M]. 北京:人民出版社,2009.

[7] 毛泽东. 毛泽东选集:第一卷[M]. 北京:人民出版社,1991.

[8] 费尔巴哈. 费尔巴哈哲学著作选集:下卷[M]. 荣震华,王太庆,刘磊,译. 北京:商务印书馆,1984.

[9] 毛泽东. 实践论:论认识和实践的关系:知和行的关系(汉英对照)[M]. 商英,注释. 北京:商务印书馆,1965.

[10] 习近平. 论党的宣传思想工作[M]. 北京:中央文献出版社,2020.

[11] 习近平. 高举中国特色社会主义伟大旗帜 为全面建设社会主义现代化国家而团结奋斗:在

中国共产党第二十次全国代表大会上的报告(2022年10月16日)[M].北京:人民出版社,2022.

[12] 习近平.习近平谈治国理政:第二卷(英)[M].北京:外文出版社,2017.

[13] 习近平.之江新语[M].杭州:浙江人民出版社,2007.

[14] 中国大百科全书总编辑委员会《政治学》编辑委员会.中国大百科全书:政治学[M].北京:中国大百科全书出版社,1992.

[15] 陶行知.生活即教育[M].武汉:长江文艺出版社,2021.

[16] 陶行知.陶行知文集[M].南京:江苏教育出版社,2008.

[17] 教育部课题组.深入学习习近平关于教育的重要论述[M].北京:人民出版社,2019.

[18] 张耀灿.思想政治教育学科建设研究[M].北京:中国人民大学出版社,2017.

[19] 沈壮海.思想政治教育有效性研究[M].武汉:武汉大学出版社,2016.

[20] 郑永廷.思想政治教育方法论[M].北京:高等教育出版社,2010.

[21] 骆郁廷.思想政治教育原理与方法[M].北京:高等教育出版社,2010.

[22] 骆郁廷.高校思想政治理论课程评价新探[M].北京:中国社会科学出版社,2011.

[23] 陈建波.中国特色社会主义共同富裕道路研究[M].天津:天津人民出版社,2015.

[24] 张文喜.方法与反方法:基于哲学与人文社会科学的思想对话[M].成都:西南交通大学出版社,2016.

[25] 韩震,朱明光.普通高中思想政治课程标准(2017年版2020年修订)解读[M].北京:高等教育出版社,2020.

[26] 裴娣娜.教学论[M].北京:教育科学出版社,2007.

[27] 吴学兵.思想政治理论课程学习研究[M].北京:中央编译出版社,2012.

[28] 姚利民.有效教学论:理论与策略[M].长沙:湖南大学出版社,2005.

[29] 余双好.思想政治理论课程教学法探析[M].北京:中国人民大学出版社,2018.

[30] 关于深化新时代学校思想政治理论课改革创新的若干意见[M].北京:人民出版社,2019.

[31] 深化新时代教育评价改革总体方案[M].北京:人民出版社,2020.

[32] 戴红,蔡春,黄宗英.OBE教育理念下三全育人理论与实践[M].北京:知识产权出版社,2019.

[33] 郭凤志.高校思想政治理论课程建设研究[M].2版.北京:北京师范大学出版社,2024.

[34] 姜新生.个别化教学策略[M].北京:北京师范大学出版社,2010.

[35] 刘川生.大学生日常思想政治教育实效性研究[M].北京:北京师范大学出版社,2009.

[36] 陈新汉.评价论导论:认识论的一个新领域[M].上海:上海社会科学院出版社,1995.

[37] 陈玉琨,代蕊华,杨晓江,田圣炳.高等教育质量保障体系概论[M].北京:北京师范大学出版社,2004.

[38] 刘宝杰,杨世宏.高校思想政治理论课实践教学:理论与实践[M].北京:光明日报出版社,2021.

[39] 权麟春.新时代高校思想政治教育工作质量评价研究[M].北京:中国社会科学出版社,2021.

[40] 宋刚.大学生日常思想政治教育简论[M].成都:西南交通大学出版社,2009.

[41] 吴学兵.思想政治理论课程学习研究[M].北京:中央编译出版社,2012.

[42] 张蕾蕾.网络时代的智慧思政课:翻转课堂新论[M].上海:上海社会科学院出版社,2021.

[43] 严中华.学习成果导向高等(职业)教育专业与课程开发指南:基于OBE专业(群)认证与高水平建设[M].北京:清华大学出版社,2020.

[44] 张敏.教师合作学习[M].杭州:浙江大学出版社,2013.

[45] 巩建闽.高校课程体系设计研究:兼论OBE课程设计[M].北京:高等教育出版社,2017.

[46] 何静.基于DQP成果导向的人才培养探索与实践:美国学历资格框架中国化的应用实践[M].广州:中山大学出版社,2017.

[47] 陈华栋,等编著.课程思政:从理念到实践[M].上海:上海交通大学出版社,2020.

[48] 周永凯,王文博,田红艳.现代大学教学设计与案例[M].北京:中国轻工业出版社,2010.

[49] 冯刚.理直气壮开好思政课:把握新时代思政课建设规律[M].北京:人民出版社,2019.

[50] 徐龙.行为导向教育的理论与实践:关于教师与学生行为优化的研究[M].上海:学林出版社,2012.

[51] 格朗伦德,布鲁克哈特.设计与编写教学目标[M].盛群力,郑淑贞,冯丽婷,译.北京:中国轻工业出版社,2022.

[52] 里琪.可见的学习与思维教学:让教学对学生可见,让学习对教师可见[M].林文静,译.北京:中国青年出版社,2017.

[53] 王贵林,徐章华.OBE理念下的六步教学法研究与实践[M].广州:暨南大学出版社,2022.

[54] 艾斯纳.教育想象:学校课程设计与评价[M].李雁冰,主译.北京:教育科学出版社,2008.

[55] 徐菁忆.人工智能时代提升思想政治理论课教学质量的研究[M].天津:天津大学出版社,2021.

[56] 布卢姆,等.教育目标分类学:第一分册 认知领域[M].罗黎辉,等译;施良方,校.上海:华东师范大学出版社,1986.

[57] 布卢姆,等.教育目标分类学:第二分册 情感领域[M].施良方,张云高,译;瞿葆奎,校.上海:华东师范大学出版社,1989.

[58] 哈罗,辛普林.教育目标分类学:第三分册 动作技能[M].施良方,唐晓杰,译;瞿葆奎,校.上海:华东师范大学出版社,1989.

[59] 布卢姆,等.教育评价[M].邱渊,王钢,等译.上海:华东师范大学出版社,1987.

[60] 申克.学习理论:教育的视角[M].韦小满,等译.南京:江苏教育出版社,2003.

[61] 比格斯,唐.卓越的大学教学:建构教与学的一致性[M].王颖,丁妍,高洁,译.上海:复旦大学出版社,2015.

[62] 杜威.学校与社会·明日之学校[M].赵祥麟,等译.北京:人民出版社,2004.

[63] 罗杰斯,弗赖伯格.自由学习[M].王烨晖,译.北京:人民邮电出版社,2015.

[64] 杜威.我的教育信条:杜威论教育[M].彭正梅,译.上海:上海人民出版社,2017.

[65] 赫尔巴特.普通教育学[M].李其龙,译.北京:人民教育出版社,2015.

[66] 凯尔纳.媒体文化:介于现代与后现代之间的文化研究、认同性与政治[M].丁宁,译.北京:商务印书馆,2004.

[67] Spady W. Outcome-based education: Critical issues and answers[M]. Arlington: American Association of School Administrators,1995

[68] Bollaert L, Brus S, Curvale B, et al. Embedding quality culture in higher education: A selection of papers from the 1st European Forum for Quality Assurance[M]. Geneva: European University Association,2007

[69] Lsaise Marley. Quality and Power in Higher Education[M]. Bucking-ham: SRHE and Open University Press,2003.

二、期刊文章类

[1] 姜大源."学习领域"课程:概念、特征与问题:关于德国职业学校课程重大改革的思考[J].外国教育研究,2003(1):26-31.

[2] 王晓典,田文君,陈桂香,等.成果导向教育的理论内涵及对高职教育改革的启示[J].职业技术教育,2018(3):26-31.

[3] 赵昱,庞娟,杨传喜.成果导向的管理学课程教学模式探讨[J].高教论坛,2016(2):65-67.

[4] 吴宏政.论大中小学思政课一体化建设中的几对辩证关系[J].思想理论教育导刊,2021(11):77-82.

[5] 张婕英.行为导向教学法在"思想道德修养与法律基础"课中的教学设计与实践[J].扬州大学学报(高教研究版),2016,20(6):80-83.

[6] 黄建龙.当代大学生政治认同的影响因素与对策分析[J].人民论坛,2013(8):150-151.

[7] 程仕波.论大学生思想政治教育获得感的生成机制[J].黑龙江高教研究,2020,38(6):108-112.

[8] 于智慧.多重话语空间对高校思政课话语体系建构的影响[J].社会科学,2017(11):34-42.

[9] 蒲清平,何丽玲.高校课程思政改革的趋势、堵点、痛点、难点与应对策略[J].新疆师范大学学报(哲学社会科学版),2021,42(5):105-114.

[10] 冯颜利.新时代哲学的使命:范式创新、思维革命、方法论自觉[J].中国人民大学学报,2018,32(6):33-41.

[11] 雷骥.文化自觉视域下思想政治教育环体的创设[J].学校党建与思想教育,2016(7):24-26.

[12] 靳诺.新时代思想政治理论课改革创新的着力点[J].思想理论教育导刊,2019(5):15-17.

[13] 马国勤.成果导向的高职教学质量评价改革探索与实践[J].职教论坛,2021,37(5):62-69.

[14] 侣咏梅.打造新时代高质量思想政治理论课[J].中国高等教育,2020(20):41-43.

[15] 核心素养研究课题组.中国学生发展核心素养总体框架[J].中国教育学刊,2016(10):1-2.

[16] 曾维华,王云兰.立德树人:新时代高校思想政治理论课的使命与责任[J].学术探索,2021(2):136-143.

[17] 曲江滨,张薇.传统文化在大学生思想政治教育中的价值与应用[J].学校党建与思想教育,2012(1):68-69.

[18] 刘素娟.基于高中思想政治学科素养的法治意识培育探究[J].思想政治课研究,2017(2):56-58.

[19] 陈勇.例谈基于核心素养的教学目标设计[J].中学政治教学参考,2019(35):27-28.

[20] 钟兰芳,曹鑫,方坤.建立现代大学制度下的高校管理职员考核评价机制[J].中国行政管理,2013(4):86-88.

[21] 韩喜平,王晓阳.论思政小课堂与社会大课堂的结合[J].思想理论教育,2019(10):68-71.

[22] 马国勤.基于OBE理念的高职课程教学模式研究与实践[J].职教论坛,2020,36(5):63-68.

[23] 张蕴,李莎,芦智龙.OBE理念"持续改进"原则下高校思政课教学质量监控的路径取向[J].重庆第二师范学院学报,2022,35(4):93-97.

[24] 徐建飞,王莹.新时代高校思政课供给侧结构性改革:意涵、问题与路径[J].广西社会科学,2021(2):169-174.

[25] Harden R M. AMEE Guide No. 14: Outcome-based education: Part 1—An introduction to outcome-based education[J]. Medical Teacher,1999,21(1):7-14.

[26] Kudlas. Implications of OBE: What should you know about outcome-based education? [J].

The Science Teacher,1994,61:32-35.

[27] Towers G W,Towers J M. An elementary school principal's experience with implementing an outcome-based curriculum[J]. Contemporary Education,1996,68(1):67-72.

[28] Spady W,Marshall K. Beyond traditional outcome-based education[J]. Educational Leadership,1991(49):67.

后 记

本专著为 2021 年江苏省教育科学"十四五"规划重点课题（项目编号：B/2021/03/22）的结项成果，也是 2023 年江苏省高校哲学社会科学一般项目（项目编号：2023SJSZ0360）的阶段性成果。本专著由 2023 年度江苏省"青蓝工程"学科带头人项目资助，是笔者近年来基于 OBE 理念创新教学改革的集成之作，它凝结了自 2017 年 9 月以来我从事思政课教学岗位期间教学实践经验结晶。

选择这样一个研究题目，最初源于我参加德国职业教育专家托马斯·胡格教授（Thomas Hug）的培训产生的深深触动。我所就职的南京职业信息技术学院是"《悉尼协议》应用研究高职院校联盟"的成立发起单位之一。2016 年 6 月，学校开始参照《悉尼协议》范式，开展专业建设研究和实践。思想政治理论课程作为通识课，成为试点建设课程。2016 年的暑假，学校第一次邀请胡格教授来我校对教师进行培训。当时，我还在学校宣传部就职，作为一名会务人员参与了摄影和新闻宣传工作，那时胡格教授的教学理念就给我留下了深刻的印象。胡格教授及其团队从行动导向教学的研究视角，对职业教育模式进行了系统的探索，开创了"胡格模式"，成为德国职教发展的助推器。行动导向教学以建构主义为理论基础和依据，以"行动"为导向，重构了教学理念、课程体系、教学内容、师生关系、教学设计、教学组织、情境创设、教学评价等基本要素，将"可视化"贯穿于教学始终，使学生由被动学习转为主动学习，从传统教学中单一的知识性学习转向知、情、意、行多维人格的协调发展学习，从而形成了独具特色的职业教育课堂教学形态。博士毕业后，2017 年 9 月，我从行政岗转至教学岗，成为一名思政课教师。当时学校正处在基于 OBE 理念创新教学改革的初期探索阶段，在学校教务处的引领下，我作为一名思政课教师参与到教学实践探索中来。2019 年，学校被确定为国家"双高计划"重点课程建设单位，学校教务处再次邀请到了胡格教授对我校的骨干教师进行了系统的培训，这次我是以思政课程负责人的身份参与了培训。在胡格教授的引导下，结合我在相关教学理念和教学方法上的亲身实践和反思，我对"OBE 理论"用于思政课教学的理解深刻了。之后，我作为一名课程负责人，全程参与了由教务处牵头的基于 OBE 理念的教学探索，包括结合学校办学特色开展专业建设标准研讨、对思政课程标准和教学大纲系统梳理以及后期的试点班级的教学探索等工作。同年，为响应职业教育教学数字化转型发展的国家号召，学校投资 300 多万元建成了思政课虚拟仿真体验教学中心，这为我的教学研究和实践提供了很好的平台。

  随着教学改革实践的推进，我主持申报了江苏省教育科学"十四五"规划重点课题，撰写并发表了《高职院校思想政治理论课行动导向教学模式探索》《唯物史观视域下推动课程思政协同育人的四重维度》《基于 OBE 理念高职院校思政课教学供给侧改革探索》三篇论文。通过抽丝剥茧式的教学研究和实践，我对基于 OBE 理念的思政课教学改革与创新有了更深刻的认识，这促使我坚定了通过出版一本专著来对近几年的研究做一个总结的决心。如今我的愿望即将落地，心里有着满满的喜悦感和成就感。

  本研究具有重要的理论和实践意义。在理论上，课堂教学价值观是一切教学改革的出发点，它决定着教学改革的内容、方法、手段乃至成效。OBE 理念的核心是重视学生学习过程结束后所获得的学习成果，强调教学质量，以学生受教育后的产出成果（outcome）来衡量。成果不是学生的课程分数，而是学生受教育后真正拥有的能力，即学习成果代表了一种能力结构，这种能力主要通过课程教学来实现。相比传统教育，成果导向教育强调从学科导向向目标导向转变、从教师中心向学生中心转变、从质量监控向持续改进转变。这一价值观的改变将决定教改基于成果导向、问题解决的改革方向，且对于教师来讲是颠覆性的，势必要求教师改变课程教学设计范式、改变课堂教学整体模式。在实践上，本研究立足于目前大部分高职院校的办学实际和学生实际，以 OBE 理念审视高职院校思政课建设面临的困境，探索了将该理念融入高职院校的思政课教学设计、教学实施过程和教学评价中，对职业教育、学校、企业和学生个体的发展等方面有着较

后 记

强的实践价值。

如今《基于OBE理念高职院校思政课教学改革研究与实践》一书终于要面世了，我感觉到轻松之余，也不免心存忐忑和惶恐，因为我所研究的对象就现有掌握的资料来看，鲜少有人对此方向进行专门系统的研究，这对我而言极具挑战。因此，尽管这个专题我已探索和研究多年，书中难免存在力有不逮和疏漏错误之处，这肯定逃不过学养深厚的读者诸君法眼，在此我敬请各位专家不吝赐教和斧正。

最后，在书稿将要付梓之际，我要由衷地感谢张丽萍编辑在繁琐的编校工作中的辛苦付出。同时，我也要感谢南京信息职业技术学院人事处冷育荣处长、马克思主义学院邢玲院长和芮鹏、周永红、王爱芳、王晶晶、居雅静、熊群荣、吴雅莉等同事在教育教学、项目申报、经费等方面给予的支持。更要感谢刘希刚教授为我的拙著贡献了一篇优美的序言。

王增芬

2020年1月